史料纂集

新訂増補 兼宣公記 第一

八木書店

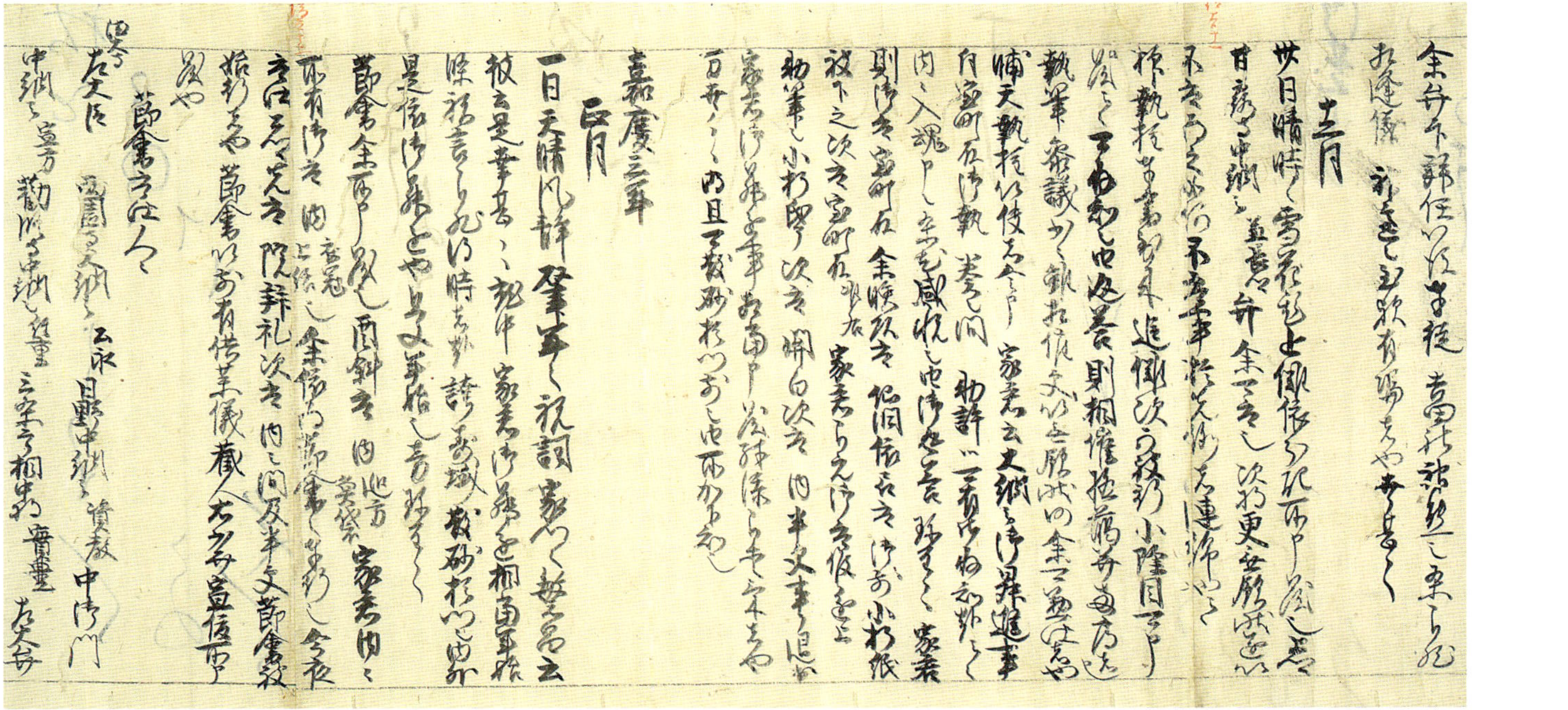

兼宣公記　嘉慶二年十二月三十日～同三年正月一日條（18～20頁參看）

國立歷史民俗博物館所藏

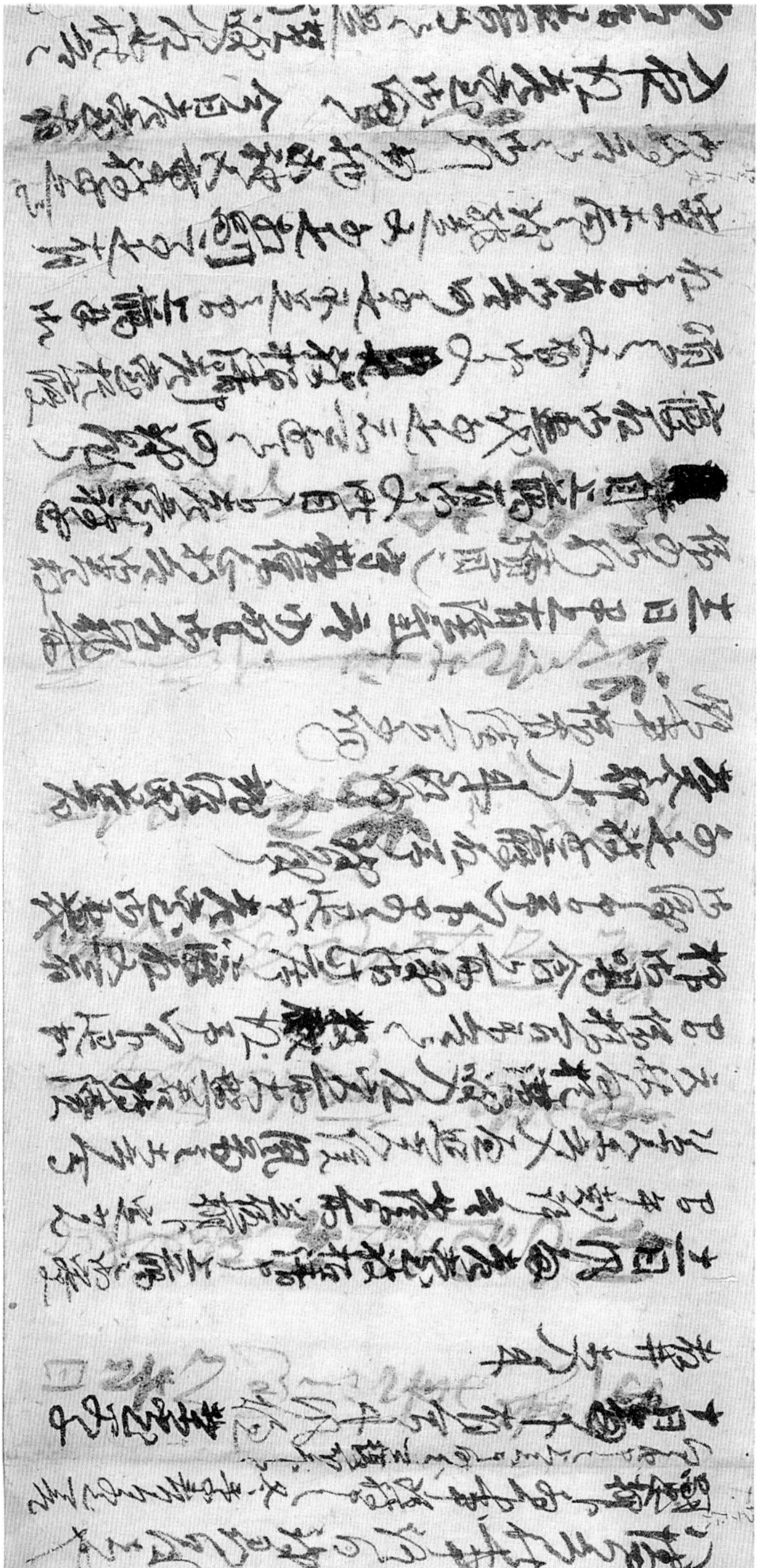

兼宣公記　應永十年二月十一～十二日條（123 頁參看）

國立歷史民俗博物館所藏

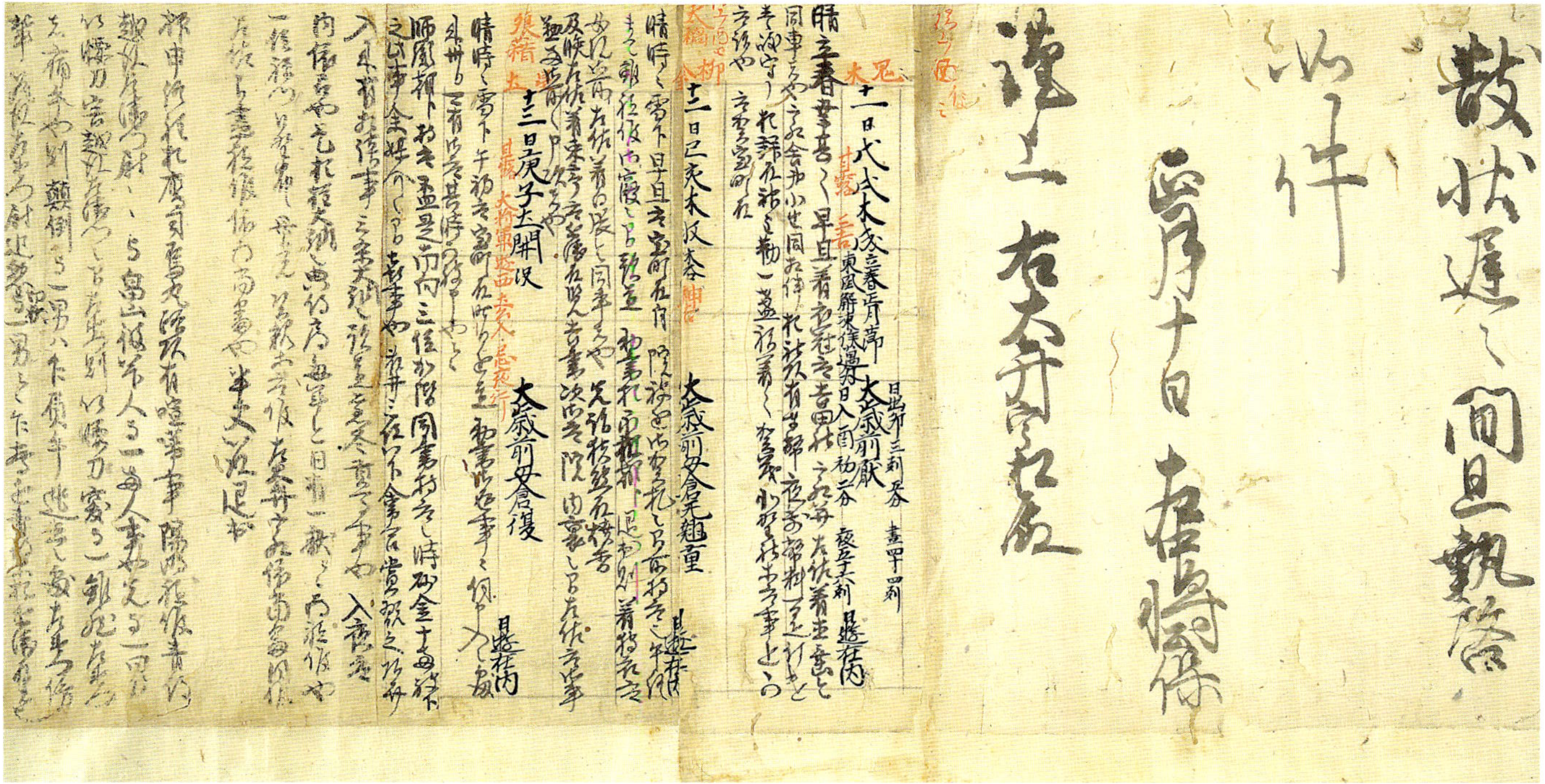

兼宣公記　應永二十四年正月十～十三日條（259～261頁參看）　　國立歷史民俗博物館所藏

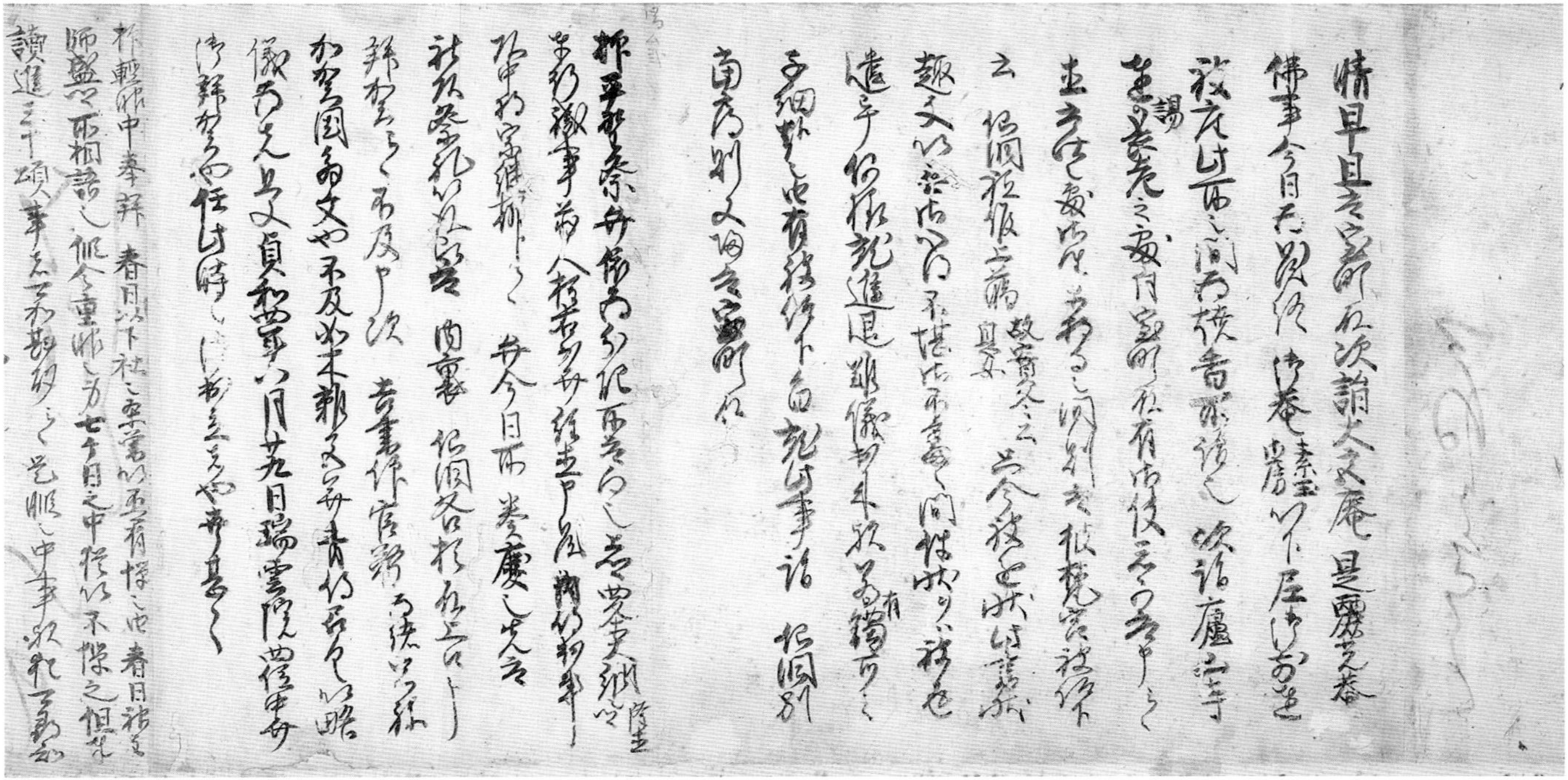

兼宣公記殘闕　（412～413 頁參看）

國立歷史民俗博物館所藏

凡例

一、史料纂集は、史學・文學をはじめ日本文化研究上必須のものでありながら、今日まで未刊に屬するところの古記錄・古文書の類を中核とし、更に既刊の重要史料中、現段階において全面的改訂が學術的見地より要請されるものをこれに加へ、集成公刊するものである。

一、本書は准大臣從一位廣橋兼宣の日記であり、原本は國立歴史民俗博物館などに藏されている。

一、本書には、「兼宣公記」の他に、「兼宣公暦記」「宣記」などの別名があるが、本叢書では最も通行の「兼宣公記」の稱を用ゐた。

一、本書には、至德四年（一三八七）正月から正長元年（一四二八）七月までの間、自筆の日次記・別記の他、諸種の寫本が存するが、間々缺けている部分がある。本冊は『兼宣公記』第一として、至德四年（一三八七）正月から應永二十九年（一四二二）十二月までの記事を收める。

一、本冊の底本には國立歴史民俗博物館所藏の自筆日次記・別記の他、下郷共濟會所藏「廣橋文書」所收の自筆日次記斷簡、佐佐木信綱氏所藏の自筆日次記斷簡、また自筆記を缺く部分について

は、宮内廳書陵部所藏の柳原本「兼宣公記」の他、廣橋興光氏所藏寫本、國立歴史民俗博物館所藏廣橋綱光書寫「兼宣公記」、「公宴和歌部類」、進獻記錄抄纂所收「後瑞雲院内相府記」（原本は公益財團法人徳川ミュージアム所藏、東京大學史料編纂所所藏謄寫本）、東京大學史料編纂所所藏謄寫本廣橋賢光書寫「兼宣公記」を用ゐた。

一、國立歴史民俗博物館所藏の自筆日次記には、墨の剝落が甚だしい部分があり、寫本によってこれを補つた部分がある。その際、柳原本「兼宣公記」によって補つた部分には（㋳）の記號を附した。また、國立歴史民俗博物館所藏公宴和歌部類によって補つた部分には（㋙）の記號をそれぞれ付した。

一、校訂上の體例については、本叢書では、その史料の特質、底本の性格・形態などにより、必要に應じて規範を定めることがあり、必ずしも細部に亙つて畫一的統一はしないが、體例の基準は凡そ次の通りである。

1、翻刻に當つては、つとめて原本の體裁・用字を尊重したが、適宜改めた部分がある。とくに具注曆に記載された自筆記については、曆注は月の大小及び日とその干支を除き、これを省略した。

2、解讀の便宜上、文中に讀點（、）と並列點（・）を加へた。

3、底本に缺損文字のある場合は、その字數に應じて□・□などで示した。
4、底本の脱落を他の本で補ふ場合は、「　」をもつて圍んで本文中に組み入れ、使用した寫本を傍註、又は按文で示した。
5、底本に抹消訂正文字のある場合は、その左傍に抹消符（ミ）を附して右傍に訂正文字を記し、塗抹や墨の剝落により判讀不能の場合は▨で示した。
6、挿入符の附された文字・文章は、挿入符（○）を示して同様の箇所に翻字した。
7、底本の右側（ないし左側）に訂正されている文字は、同様の箇所に翻字した。
8、自筆記に於いて、文字の上に重ね書きした箇所は、後に書かれた文字を本文に採り、その左傍に（・）を附し、また下の文字が判別できる場合には、（×）を冠して右傍に註した。
9、校訂註は、原本の文字に置き換へるべきものには〔　〕をもつて表記した。
10、參考又は説明のために附した人名・地名等の傍註には（　）を附して區別し、概ね月毎の初出に附した。
11、校訂者の附した按文には、（○　）を附し、これを本文と區別した。
12、上欄に、本文中の主要な事項その他を標出した。
13、朱書は『　』で示した。

14、外題・奥書・異筆などは「　」で示した。

15、底本の紙繼ぎ目及び改丁の位置には」を附し、新紙面に當たる部分の行頭（又は表裏の冒頭）に紙數を(1オ)(1ウ)等と標出した。

16、底本に用ゐられている古體・異體・略體などの文字は原則として正字に改めたが、字體の甚だしく異なるもの、頻出するものは底本の字體を用ゐた。その主なものは左の通りである（括弧内は正字）。

欤（歟）　釼（劍）　号（號）　帋（紙）　条（條）　忩（怱）　双（雙）

躰（體）　着（著）　勅（敕）　才（等）　与（與）　礼（禮）

17、底本の用字が必ずしも正當ではなくても、それらが當時通用し、且つ誤解を招く懼れの無い場合には、そのまま存し、傍註を施さなかつた。例へば左のようなものである（括弧内は正當な用字）。

尺奠（釋奠）　丁聞（聽聞）　比巴（琵琶）　弁（辨）

18、底本の用字が正當ではない形で頻出し、かつ當時通用していない場合には、これを適宜正當な用字に改め、傍註を施さなかつた（括弧内は底本の用字）。

頃之（項之）

19、假名文字はすべて現行字體に改め、ハ（八）・ニ（二）及びミ（三）に限ってこれを保存した。

また女房奉書については原形の散書を改め、讀下し文に整へ収載した。

20、自筆日次記・別記には、間々紙背文書が存在するが、これを省略した。

一、本書の公刊に當つて、國立歴史民俗博物館は種々格別の便宜を與へられた。特に記して深甚の謝意を表する。

一、本書の校訂には榎原雅治・小瀬玄士が專らその事に當つた。また女房奉書の解讀には、末柄豐氏の御教示を賜つた。

一、本書は、科學研究費補助金・基盤研究（B）「古記録の史料學的な研究にもとづく室町文化の基層の解明」（課題番號二〇三二〇一〇〇、研究代表者榎原雅治、二〇〇八〜二〇一一年度）の成果の一部である。

平成三十年五月

新訂增補の辭

『兼宣公記』第一は、㈱續群書類從完成會より、村田正志氏の校訂で昭和四十八年に刊行された。南北朝末期から室町初期における重要な公家日記の一つであるが、長く入手困難な状態となっていた。

この間、廣橋兼宣自筆にかかる『兼宣公記』日次記、および別記の大半の所藏者は、東洋文庫から國立歴史民俗博物館に移り、整理が進むとともに、舊版には收錄されていない部分や、舊版では寫本を底本としていた部分の原本の存在することが明らかになつた。他方、室町期の公家日記を用いた研究は增えてきた。

こうした狀況をふまえ、學界・研究機關の要望に應えるため、新たに組版を行い、新訂增補として刊行することとした。今回の刊行にあたつて行つた主な改訂は次のとおりである。

一、嘉慶三年二月記（十九日〜二十一日條）及び同年五月記は宮内廳書陵部所藏柳原本、應永二十三年

八月「義持公南都下向申沙汰記」は國立歴史民俗博物館所藏原本、應永二十五年四月記は廣橋興光氏所藏寫本によつて新たに補つた。

二、應永二十六年三月「仙洞和歌御會記」は、底本を東京大學史料編纂所所藏廣橋賢光寫本から國立歴史民俗博物館所藏原本に變更するとともに、缺落箇所を同館所藏「公宴和歌部類」によつて補つた。また應永八年十月「應永八年禪閤母儀卅三回忌修法記」、應永二十五年七月「禁裏御修法申沙汰記」については、底本を柳原本から國立歴史民俗博物館所藏原本に、應永十一年十二月記（十九日〜二十六日條）については、底本を柳原本から佐佐木信綱氏所藏原本に、應永十九年九月二十七日條の一部、同二十三年三月十日條の一部については、底本を柳原本から下鄕共濟會所藏原本に變更した。

三、應永二十九年の二月記、三月記、四月記、五月記、十二月記については、舊版に大幅な錯簡と若干の脫落があつたため、錯簡を改めるとともに、脫落箇所は國立歴史民俗博物館所藏「兼宣公記殘闕」（原本）、「法勝寺大乘會申沙汰記」（原本）及び下鄕共濟會所藏原本によつて補つた。修訂を必要と判斷するに至つた詳細については、榎原雅治「「兼宣公記」應永二十九年記の錯簡について」（『東京大學史料編纂所研究紀要』二〇、二〇一〇年）を參照されたい。

四、舊版では應永二十三年末尾に收錄されていた采女養料に關する記事については、『愛知縣史史料編九』の考證に從ひ、應永十九年十月に移した。その他の錯簡の補正は本文中に注記した。

五、文字の判讀、傍注、頭注については全面的に再檢討し、修正、増補の必要なものについては變更を加へた。

なお、本册に續く第二は、平成二十四年にすでに刊行しており、第三も續刊の豫定である。

平成三十年五月

榎原雅治
小瀬玄士

目次

目次

兼宣公記　第一

○日次記抄本原本

（標紙題箋）「兼宣公記　自嘉慶元年正月一日至康應元年十二月廿日　自筆本　壹卷」

（1オ）

至德四年

正月

朔日、壬〔癸〕丑、天晴、風靜、迎三元之初節、誇万方之吉慶、家門之榮昌、官位之昇進、云彼云是、宜任所存之春也、幸甚々々、

禁裏供藥申沙汰
元日節會
内辨足利義滿
日野資教奏慶

殿上淵醉
藏人方分配を
掲示す

後小松天皇元服
理髮二條良基
加冠義滿

禁裏供藥、依分配申沙汰、申終程着束帯（色目如例、付魚袋、右、）參　内、御藥後取少納言言長（西坊城）朝臣、子剋事終者也、無一事之違亂申沙汰、所自愛也、節會頭左大弁資衡（柳原）朝臣奉行、内弁左大臣（足利義滿）（室町殿）殿、（准后、）外弁万里少路大納言、（嗣房卿、）以下濟ゝ焉、家君（廣橋仲光）今日者無御出仕、今日日野亞相（資教）被奏慶之間、前駈一人（宮内少輔親重、）被沙汰遣者也、腋御膳事、就奉行之与奪、余所奉行也、

二日、甲寅、天晴、未剋參　内、（依可有淵醉、着半臂、）依供藥奉行所早參也、侍醫等遲參之輩、仰出納加催促、寮頭邦成（和氣）朝臣依重服不參、以修理大夫全繼（和氣）朝臣爲代、中務權少輔康行（丹波）朝臣・前兵部少輔重世（丹波）朝臣等參、後取余懃之、晩頭事了、入夜有殿上淵醉、半更事了、其後押藏人方分配、舊冬不押之、尤不可然事也、淵醉之」時分室町殿御參　内、

（2オ）

三日、乙卯、天晴、拂曉着束帯（巡方、魚袋、）參　内、是今日爲天皇（後小松天皇）御元服之間、供藥儀、早速可申沙汰之由、依被仰下也、午一點供藥之儀事了、侍醫等如兩日、後取極﨟（高倉永俊）懃仕之、御元服之儀、藏人左少弁資藤（日野町）申沙汰、午初攝政殿（二條良基）令參　内給、（御直衣、）兩殿之御裝束等令檢知給者也、其後令渡直廬給、供藥事了後、余先退出、
酉初家君御參室町殿、（左相府、）御參　内之時、爲御扈從也、余直參　内、入夜事之儀始、能冠内藏頭教興（山科）朝臣、御理髮攝政太政大臣、加冠左大臣殿、御元服之儀無爲事終由被申

兼宣勅使として元服無爲遂行を後圓融上皇に申す

仙洞(御圓融上皇)、余爲　勅使參　院、則參御前、委細被尋下者也、　勅答之儀別無仰旨、天明程事終、家君御退出、余同所退出也、每事無爲被果行之條、聖運至、尤珍重〻〻、

元服後宴

四日、丙辰、天晴、御元服後宴也、申初家君御參　內、余同參、酉初攝政殿御參、上壽新中納言隆鄉(四條)卿懃之、年齡六十二云〻、曉更事終、家君御退出、余同之、

仲光室町殿に參賀す
松囃參入

今朝早旦家君御參賀室町殿、昨日大儀無爲事爲被賀申也、松囃入來之間、余給小袖一重、靑侍扌給單物畢、非無其興者也、」

(3オ)
五日、丁巳、晴、於淨菩提寺有風爐、家君御出、余扌同之、翰林元範(藤原)朝臣、參賀、今度　天皇御元服、攝政賀表此朝臣可草進之間、可持參哉否事、爲談合申也、張行白散、言談祝詞、幸甚〻〻、

敍位

六日、戊午、餘寒甚、今夜可被行小除目之由、「敍位儀歟、」(後筆)頭右大弁賴房(萬里小路)朝臣相觸之間、秉燭程着束帶參　內、家君內內御祗候　攝政直廬儀也、抑頭右大弁稱歡樂不參、當日事、可申沙汰之由被仰下之間、余所奉行也、

執筆正親町三條實豐

參仕公卿

万里少路大納言・坊城(俊任)中納言・勸修寺(經重)中納言・三条宰相中將(正親町三條)實豐、執筆、

攝政殿令座簾中給、撰定時分頭右大弁參仕、頭左大弁資衡朝臣・權弁重光(裏松)朩稱所勞不參、賴房朝臣・資藤(日野町)・余以上三人候、余取目六、申文只四通也、乏少至也、六位侍中尤可取目六之處、依無其人、余就最末取之也、勸盃賴房朝臣、瓶子余役之、

入眼坊城俊任

入眼上卿坊城中納言、淸書右中弁家房朝臣(清閑寺)也、曉天事畢退出、小折紙持參　仙洞者也、

七日、己未、王〔立カ〕春之吉兆、人日之祝詞得時、幸甚〻〻、雨雪交下、及斜陽屬晴天、酉半剋

攝政賀表

家君御參內、余同參、入夜被始賀表之儀、攝政殿於殿上令加御署給、自余公卿於陣加之、左大將殿(一條經嗣)・中山中納言(親雅)兩人」未着陣之間、於陣腋被加署歟、

(4オ)

白馬節會

節會頭右大弁申沙汰、腋御膳事、就与奪余所申沙汰也、一獻後入御之間、余退出、依窮屈也、家君節會畢後御退出、及天明了、

御齋會

八日、庚申、晴、御參賀　內幷女院(崇賢門院、廣橋仲子)御所、御齋會、余依分配申沙汰之、

九日、辛酉、自夜深雪、寶〔豐〕年之瑞者哉、今日立春也、幸甚〻〻、

崇賢門院廣橋邸を訪ふ

十三日、乙丑、晴、　女院御所樣臨幸、此春初度也、上﨟(兼宣姉)・御菴・近衞殿局朩參御共給、及晩　女院樣內〻御參　內、今夜者御逗留此御亭、

十四日、丙寅、晴、　女院樣還御、

踏歌節會

十六日、晴、節會、依分配所申沙汰也、申終着束帯付魚袋、參　內、家君御參室町殿、入夜家君内々御參　內、秉燭以後節會被始行、腋御膳事与奪資藤者也、曉天退出、

義滿近衞兼嗣を訪ふ

廿五日、朝間雨下、及晡屬晴、室町殿御入近衞殿（兼嗣）御家門、家君御參會、戌剋許當南有燒亡、及晩室町殿自陽明御歸、其後家君同御退出、

縣召除目

廿六日、晴、自今夜被始行縣召除目、家君御參　內、余聊依有歡樂事不參　內、除目々六（5オ）重光」取之云々、

廿七日、陰、午一點參　內、依當番也、除目中夜也、家君御參　內、

嘉慶二年去年八月廿四日改至德四年爲嘉慶元、

正　月

一日、天晴、風靜、犧年迎節之時、鳳曆無窮之春、幸甚々々、

元日節會

秉燭程家君(廣橋仲光)御參　內、余同之、節會左少弁重光(裏松)所申沙汰也、

參仕人々

左大臣殿(足利義滿)・內大臣(德大寺實時)・西園寺大納言公永、・万里少路大納言嗣房、・新大納言資康(裏松)、・家君帥中納言、・四辻中納言季顯、・日野中納言資教、・坊城中納言俊任、・勸修寺中納言經重、・中御門宰相宣方、・正親町宰相中將公仲、・九条宰相氏房、・三条宰相中將實豐、

禁裏供藥

腋御膳事与奪之間、余所申沙汰也、曉天事了、家君御退出、余同之、供藥藏人右中弁資藤(日野町)奉行、

殿上淵醉

二日、晴、白馬節會、余可申沙汰之間、御教書多以書之、可爲殿上淵醉今夕之由、被相催之間、秉燭程着束帶(着半臂)、參內、曉更事終退出、

仲光室町殿等に參賀す

四日、自夜雨下、及午屬晴、家君御參賀室町殿(足利義滿)幷攝政殿(近衛兼嗣)・管領宿所(斯波義將)ホ、次又御參　內、

白馬節會

(6オ)

七日、雨雪交下、人日之吉兆、每事可任所存春也、珍重〻幸甚〻〻、今日節會室町殿可有御參　內、剋限殊忩可申沙汰之由、昨夕(自室町殿)蒙仰之間、未初參　內、事具後申終程、家君以御狀被申事之由於室町殿之處、自夜前聊有御歡樂之御氣、雖然片時自御直廬可有御參之由、被進御返事者也、御參　內以前、北陣事早〻申沙汰者也、晚頭室町殿御參　內、其

義滿參內

後被始行節會、内府參列之時分參、室町殿御早出、内府又同之、今出河大納言(實直)續内弁、腋御膳事与奪資藤了、白馬奏取次事、就右將之便實淸(三條西)朝臣懃之、樂前五位事、諸家前駈之内、可被召二人歟之由、大外記師香(中原)朝臣雖申之、近年不及其沙汰云〻、於踏歌者勿論事也、曉天無爲事了退出、

兼宣仲光と吉田北野兩社に詣づ

十一日、夜前之雨氣未休、家君御參吉田・北野社、余同參仕、御還向以後、入御余方、奉勸來樂、幸甚〻〻、

十二日、晴、入夜有室町殿之御書、明旦可被待申之由也、不殊事、

室町殿に博奕御遊あり

十三日、晴、午一點家君御參室町殿、入夜御歸、有博奕之御遊云〻、遍照光院參賀、

崇賢門院北野社に參籠す

十五日、天晴、女院(崇賢門院、廣橋仲子)御所樣密〻御參籠　北野社之間、家君所(有)御參社也、

踏歌節會雨儀にて始行も三獻後晴儀となす

十六日、陰、及晩雨下、晩頭家君御參　内、余同之、室町殿御參　内、以下公卿廿人也、

(7オ)

節會雨儀也、一獻之後、室町殿御退出、内府先之退出、久我右大將(具通)續内弁、三獻後、可爲晴儀之由、内弁被奏聞、腋御膳余令奉行者也、節會頭右大弁賴房(萬里小路)朝臣所令申沙汰也、

崇賢門院密かに廣橋邸を訪ふ

十八日、雨下、女院樣密〻臨幸、

廿日、晴、家君御參室町殿、依博奕之御會也、入夜御退出、

一色範光逝去

廿六日、晴陰不定、或人云、一色(範光)入道去夕死去云々、武家之元老、勇士之名譽歟、可惜事也、抑自　女院御所被進御書於家君云、妙法院宮(堯仁法親王)入御候、就新門主(堯性法親王)御進退、珍事出來云々、

崇賢門院堯性法親王自害の由を仲光に報ず

仍忩御參、酉下剋御退出、被仰云、妙法院新門主今朝有御自害、雖然未御事切云々、則御參彼御門跡、入夜御歸、思召立御意趣何事哉、尤以驚入者也、

廿七日、晴、早旦自妙法院殿有御使、新門主此曉御事切云々、家君則御參女院御所、無程御歸後、御參室町殿、被申此題目畢、

仲光堯性自害を義滿に報ず

二月

三日、晴、室町殿(足利義滿)入御陽明、攝政殿(近衛兼嗣)

義滿近衛兼嗣を訪ふ

五日、晴、家君(廣橋仲光)御參室町殿、依有御使也、入夜御歸、博奕之御遊云々、

室町殿に博奕の御遊あり

(8オ)

九日、晴、三条內府(實繼)入道第糸櫻被堀(ママ)渡室町殿、以外古木」云々、

三條實繼邸の糸櫻を室町殿に移植す

十日、自曉天雨脚休止、家君御參室町殿、時正中被行法事讃、爲御丁聞也、室町殿御出大聖寺之後、家君幷新亞相(裏松)資康卿、御同道、御渡芝之勸修寺第云〻、

室町殿彼岸會
義滿大聖寺を訪ひ次で勸修寺邸を訪ふ

廿日、雨下、依有御使家君御參室町殿、博奕之御興遊云〻、

廿一日、晴、(武藤)乘祐下向但州、被引遣馬於守護代者也、

武藤乘祐但馬に下向す

廿三日、晴、鷹司殿花盛也、新亞相・中山民部卿(親雅)ｷ於花下有一獻、可有御出之由、以(吉田)兼敦朝臣被申家君之由、則御出、余所持參盃ｷ也、其後面〻御入新亞相亭、及曉天御歸、

鷹司殿に花見あり

廿四日、晴、地藏講如每月、

地藏講

廿五日、晴、自淨菩提寺被進八重櫻小木之間、被植庭者也、

廿六日、晴、家君御參室町殿、終日有御遊云〻、

廿七日、晴、當番之間參　內、

廿八日、雨下、及晡屬晴、室町殿爲花御覽、御出安居院(心憲)坊間、家君所有御參也、

義滿安居院坊に花を見る

廿九日、晴、室町殿御落馬之間、雖被損御事、無殊儀云〻、

義滿落馬するも難なし

三月

一日、晴、家君(廣橋仲光)御參賀室町殿(足利義滿)、依朔日也、

仲光等と清涼寺西芳寺に詣づ

八日、陰、家君爲念佛御結縁御參清涼寺、余幷慶松以下同參、木部法師父子三人(綱圓、廣橋兼綱息)同參、御經歷西芳寺、及晚御歸、

廬山寺彌陀四十八願講

九日、晴、於圓興寺有風呂、依木部法師張行也、家君入御、余以下參御共、自昨日於廬山寺一七日被講彌陀四十八願也、乘祐(武藤)自但州上洛、

十日、和暖、家君御入廬山寺、爲御聽聞也、」

(9オ)

五月

廿三日、晴、爲藏人右中弁資藤(日野町)奉行相催云、來廿六日可被行任大臣節會、可早參云〻、可存知之由出請文、

義滿左大臣を辭すとの說あり

或說云、室町殿(足利義滿)有御辭退左大臣、兩大將可有任槐歟云〻、

義満兼宣の任右少辨を執奏す

義満左大臣を辭す
後圓融上皇慰留す

右少辨に任ぜらる

近衞家靑侍喧嘩により夭亡す

廿六日、晴、早旦家君（廣橋仲光）御參室町殿、申剋許御歸、被仰云、余弁官事無子細、被載御執　奏之小折紙云々、自愛々々、就其者、今夜節會早參事、雖出請文、指無所役之上、則可奏慶歟之處、車未及用意、先於今夜之參　內者、可存略歟之由、依家君之貴計不參、節會半更程事了云々、

廿七日、天晴、門前散砂、人々多參賀、夜前聞書到來、室町殿左相府御謙退事不可然之由、自　仙洞（後圓融上皇）再三雖被申之、猶以御辭退、德大寺內府（實時）轉左大臣、久我右大將（具通）任右大臣闕、一条左大將（經嗣）任內大臣給、鷹司中納言中將殿（冬家）任大納言給、閣數輩之上首御拜任、尤以珍重、賴房（萬里小路）・資衡（柳原）兩頭共昇八座、家房（淸閑寺）・知輔（安居院）兩朝臣被補藏人頭、共以不兼帶弁官、資藤・資國（日野西）・重光（裏松）等次第轉任、余任右少弁者也、祝着幸甚々々、万里少路大納言（嗣房）奉書到來、正五位上藤原朝臣資藤、宜敍從四位下、可令　宣下云々、

陽明祇候靑侍進藤太郎左衞門尉爲豐与齋藤左衞門尉以盛兩人、於藤井中將嗣尹朝臣宿所有喧嘩事、兩人共以夭亡云々、希代之珍事歟、

六月

義満攝政辭任の奉行を兼宣に命ず

(10オ)五日、晴、勧修寺中納言(経重)奉書到來、攝政(二條良基)復辟事、今」明之間忩相尋日次、可申沙汰也云々、可存知之由出請文了、但弁官拜任之後、未及車之沙汰之間、拜賀不可事行候、至當日奉行者被仰他職事歟、可被得其意之旨、自家君(廣橋仲光)被仰之者也、重奉書到來、於小八葉車者爲上可被召下云々、此上者當日事猶可存知之由、自家君被申之、是室町殿(足利義満)仰也、相尋日次於陰陽頭有茂(安倍)朝臣之處、可爲來十三日之由注進之間、伺申入之處、十三日以前可宥用之日次如何之由雖被尋仰、更以難得之由有茂申之、然者可爲十三日云々、

二條良基の病危急により辭任を急ぐ

攝政殿御病氣危急之間、及如此之御沙汰者也、

六日、晴、家君御參室町殿、復辟條々爲被伺申也、

切物見の小八葉車

長物見の小八葉車

抑小八葉車事、藏人右中弁重光(裏松)車可借渡之由雖被申家君、此車者切物見也、新宰相資衡(柳原)朝臣車爲長物見小八葉、件車可然之由及御沙汰者也、拜賀忩申之時、雖爲異姓他人之車借用之条有先例、況於一門中者、不可有難之条勿論、

八日、天晴、及晩家君御參攝政殿、二条、余同參、復辟条々爲伺定也、

義満常在光院に詣づ

九日、晴、室町殿自夜前御座河東常在光院云〻、自此所被進御書於家君、攝政殿御病氣火急之由有其聽、復辟事、今日申沙汰可爲何樣哉之由雖被申之、兼宣(廣橋)拜賀裝束才、雖一物未沙汰出、可如何仕哉之由被申之、及晚自河東還御云〻、依有御使、忩御參室町殿、鷹司(冬家)大納言殿爲御礼御出室町殿、御車皆具、自家君被召進者也、

鷹司冬家御禮のため室町殿に參ず

(11オ)

良基の病危急により忩ぎ兼宣拜賀奏慶

十二日、天晴、復辟事可爲明日之處、猶被忩之間、今日被行之、此事依奉行、余今日所奏弁官之慶也、依無日數車不及新調、仍柳原新宰相車所借請也、

柳原資衡に車を借る

午剋出立、着束帶巡方帶、色目如恒、如木雜色一人、同童一人、小雜色四人、今日不召弁侍、依家例也、早旦官・藏人方吉書尋取之、官方吉書以內〻之狀召取之、藏人吉書仰出納親(安倍)右召取之、下立庭上二拜、不及申次、次於門外乘車、先參室町殿、舞踏之後堂上、內〻進上吉書、次參院、(後圓融上皇)申次不祗候之間、舞踏後堂上、吉書內〻付女房進上者也、次參內、(後小松天皇)於殿上口　奏慶、六位藏人永俊藤原(高倉)懃申次、次堂上、雖可着殿上、未儲座之間、不及着座、內〻付內侍進上吉書者也、家君內〻御祗候、

室町殿仙洞內裏に參じ吉書を進む

攝政辭任

上卿中御門宣方

宣方著陣

復辟、上卿中御門中納言宣方卿、參、先可遂着陣、可覽陣申文云〻、上卿則着陣、余先着床子座、大外記師香(中原)朝臣・兼治(壬生)宿祢才在座、余一揖安座、次上卿經床子座前間、余以下

立座前、上卿向余一揖、余以下答揖、次師香朝臣起座退去、次余仰申文之由於座頭史、兼治、史目六位史高橋秀職、次秀職起座退、持文來立余前、次余置笏於座下尻下、以兩手取文、次六位史拔笏揖退、次余置申文於座上方、自腰以上、頗向東、展懸紙文三通一〻取之、見了如元卷懸帋、以兩手取上之、目座頭史、〻〻〻目六位史、次秀職來余前、余以左手下」給申文於秀職、〻〻取之退去、次余取笏、次申文史秀職插申文於杖立小庭、次余一揖起座、進陣座立第一參議之座後一揖、（脫沓）着座一揖、則垂面申申文之由於上卿、〻〻目許之間不上面、顧左之時、申文史捧文杖進小庭、此時余直足安座、不引直裾、依爲小弁也、依上卿氣色、史着軾捧文杖、上卿取文一〻披見、畢被返下史、〻一〻結申之後、史退出、次余一揖起座、着沓一揖退出、不歸着陣座也、次余下藏人方吉書於上卿、〻〻見了則被返下、余於軾結申之退出、於宣仁門邊取笏、取副吉書於笏着床子座、如先、下吉書於史、〻結申、乍座、余仰〻詞、但氣色許也、次揖起座、經本路退出、

(12オ)

詔書の作成を命ずる仰詞

次上卿自元着端座、余着軾仰〻詞、改攝政爲關白、令作詔書ョ、

上表なきにより勅答なし

　今度不被上表之間、無勅答、如何、先例不審事也、

次上卿進弓場、被　奏詔書之草、余出逢取之、　奏聞、則被返下、仰〻詞、令淸書ョ、次上卿歸着陣、

清書を奏す

更又進弓場被奏清書、奏聞如初、取之入筥、持參御前、主上出御晝御座、御引直衣、余覽

御晝日

詔書、乍入筥、主上御覽被加御晝御座、次余給之退出、於弓場返給上卿、仰〻詞、御覽シツ、

晝御座御釼・御硯寸兼置之、六位藏人沙汰也、

大將還宣旨

復辟事了有大將還宣旨事、余出陣、仰上卿云、」内大臣如舊可爲左近衞大將、上卿微唯、(13オ)

余退出、

關白宣下 二條師嗣を關白となす

次又有關白宣下事、余出陣、仰〻詞、前左大臣藤原朝臣(二條師嗣)可爲關白、令作詔書ヨ、氏長者・

兵仗・牛車如舊、上卿唯、余退、次被奏詔書草并清書如先、次上卿以官人被召余、〻着

軾、上卿被仰云、關白藤原朝臣可爲氏長者、余奉仰退出、於宣仁門邊取笏、着床子座仰

兼治宿祢、次余揖起座退出、

攝政辭任と關白宣下同日兩人の例を聴かず

攝政復辟与關白宣下同日兩人例、未聽先蹤事也、上卿着陣之時、不尋申陣申文事、又

不申大弁不參之由、共以豫中談、如此所進退也、

邂逅大儀、弁官初度申沙汰、每事無爲之條、自愛無極、幸甚〻〻、

八月

當番により參內

十七日、時々雨下、當番之間、所祗候　内裏也、

安居院知輔奏慶

藏人頭無兼官、號頭殿、(安居院)知輔朝臣去五月廿六日補貫首、今夜　奏慶云々、禁色事、今朝余所令宣下也、秉燭以後參　内、極﨟藤原(高倉)永俊懃申次、着殿上後、以極﨟申吉書候之由、其後永俊指脂燭參臺盤所妻戸口、知輔朝臣付内侍進吉書、被返下之間、脂燭猶在之、被返下後歸着殿上、上卿不參之間不出陣也、無爲拜賀珍重候、可參賀之由余賀之、

十一月」

兼宣左少辨に轉任す

(14オ)四日、天晴、午一點吉田神主右馬頭(吉田)兼敦朝臣以狀申入家君(廣橋仲光)云、余弁官轉任事、今朝被　宣下了、若未御存知歟、珍重之間馳申入云々、曾未觸御耳、早々告申条、感悅之由被謝仰云々、去五月昇弁官、不經幾則轉任、早速　朝奬之至、自愛々々、宣俊(中御門)新任故者、山門六月會依山訴當年未被行之、今月可被遂行、爲　勅使可登山料云々、藏人左少弁資國(日野西)未

申拜賀之間、被解官云〻、仍如此及轉任・新任之御沙汰云〻、
抑來十三日春日祭官方事、依分配余可參向之處、轉任之上者、宣俊可參向哉如何之由、
自家君御談合中御門黄門(宣方)之處、宣俊者可祭山(登)、於春日祭者、猶余可存知之由、御沙汰決
定云〻、

仲光室町殿に參じ兼宣轉任を謝す
義滿湯治のため伊勢邸を訪ふ

家君御參室町殿(足利義滿)、弁官轉任事爲被畏申也、依御湯治御座伊勢宿所(貞繼)云〻、於此所御對面、
於新亞相(裏松資康)休所奉勸一獻云〻、余春日祭參向事、不依轉任猶可存知之由、有室町殿仰云〻、
八日、微雨下、弁官分配弁侍持來之、書寫返本了、
十一日、霙時〻下、明後日吉田祭可參向之間、自今日始　神事、平野祭同可存知云〻、

吉田平野祭
上卿裏松資康

十三日、朝間雨雪交下、自午一點屬晴、今日吉田・平野ホ祭礼也、未剋許新大納言資康卿、
(15オ)
送使者、已欲參吉田社、忩可參會云〻、仍則參社頭、先於拜殿兼熙(吉田)卿勸一獻、一次着〻到
殿、鳥居前東腋也、上卿南上東面、次余着上卿北方、南面、次外記・史・召使ホ着座、一獻後自
下﨟起座、有官別當不參之間、所掌定申儀ホ略之、
次上卿・弁ホ於鳥居下洗手、參居一御棚下、上卿正笏引裾、解釼、次余同參居上卿西方、
次兼敦朝臣參候御棚南方、以上三人舁御棚、上卿裾以左手持之、奉居一御殿之御前薦上、自下﨟起

座、余拔笏一揖退出、直着庭座、次社司才次第昇御棚、内侍下車參社頭、次神馬、次拍手次上卿并弁奉幣、次拍手、次上卿以下起座、着直會殿、北上西面、次余着座上卿ノ南、同西面、外記・史才着座、一獻後上卿召ゝ使、外記持參見參、次上卿被下見參於余、ゝ取之下史、其儀上卿目余、ゝ一揖聊居向上卿方取之、（依程近也、）取副笏一揖、（向上卿方、）居直安座、（不立座間不及揖、）次余目史、ゝ來座下、余下給見參、史取之結申、了退、次余起座、（兩度揖、）次上卿同起座、

余直參平野社、ゝ家相具所待參向云ゝ、片時着座許也、神主（卜部兼内カ）勸一獻、其後退出、于時申終程歟、

余弁官拜任以後、奉從　吉田社神態之条、自然相逢儀　神慮之至歟、有憑者也、幸甚ゝゝ、

十二月

追儺

卅日、晴、時ゝ雪花飛、追儺依分配所申沙汰也、上卿甘露寺中納言、（兼長卿、）弁余可參也、次將更無領狀、遂以不參、爲之如何、不參事、於先例者連綿也云ゝ、

小除目

義滿仲光の大納言昇進を執奏す

明旦門前に砂を散ずべし

（16オ）抑執權（勸修寺經重）奉書到來、追儺次可被行小除目、可申沙汰云〻、可存知之由返答、則相催極﨟（高倉永俊）幷兩局（壬生兼治・中原師香）者也、執筆參議少〻雖相催、更以無領狀、仍余可懃仕者也、晡天執權以使者令申

家君（廣橋仲光）云、大納言御昇進事、自室町殿（足利義滿）御執　奏之間　勅許候、可有御存知哉云〻、內〻入魂申之条、尤感悅之由御返答、珍重〻〻、家君則御參室町殿、余晚頭參　仙洞、依召參御前（後圓融上皇）、小折紙被下之、次參室町殿、准后、家君自元御參候、進上　勅筆之小折帋、次參關白（二條師嗣）、次參　內、半更事了退出、

家君御昇進事相當申沙汰、殊添自愛氣者也、万幸〻〻、明旦可散砂於門前之由、所加下知也、

嘉慶三年

正　月

一日、天晴、風靜、肇年之祝詞、家門之繁昌、云彼云是幸甚〻〻、就中家君（廣橋仲光）御昇進相當年

元日節會

始條、祝言自然得時者哉、誇壽域、散砂於門之內外、是依御昇進也、且又年始也、旁珍重〻〻、

院拜禮
禁裏供藥

節會余所申沙汰也、西斜參　內、(巡方、魚袋、)家君內〻所有御參　內(衣冠、上結、)也、余依爲節會之奉行也、今夜」參仕公卿、先參　院(後圓融上皇)拜礼、次參　內之間、及半更節會被始行者也、節會以前(17オ)有供藥儀、藏人右少弁宣俊(中御門)所申沙汰也、

節會參仕人〻

左大臣(德大寺實時)・西園寺大納言公永、・日野中納言資教、・中御門中納言宣方、・勸修寺中納言經重、・三条宰相中將(正親町三條)實豐、・左大弁宰相資衡(柳原)朝臣・少納言言長(西坊城)朝臣・弁資藤(日野町)朝臣、次將左爲衡(三善)朝臣・基親(持明院)朝臣・滿親(中山)朝臣、右教遠(山科)朝臣・宗量(松木)・實淸(三條西)、以上如此、一上參之間、不仰內弁、〻〻早出、西園寺續之、

內辨德大寺實時著陣

節會以前內弁被遂着陣、〻中文左大弁覽(又傳)之、余候直藏人吉書、頭卿知輔(安居院)朝臣下之、次召余被下之畢、及曉更無爲事了退出、家君是以前御退出、

人々仲光の昇進を參賀す

二日、天晴、日和、人〻多以參賀、是依御昇進也、於淨菩提寺有風爐、家君御出、余亦同之、

殿上淵醉

殿上淵醉可爲今夜云〻、仍秉燭以後參　內、

室町殿參賀

四日、晴、家君御參賀室町殿(足利義滿)、余同之、家君者直入御管領(斯波義將)宿所、

五日、小雨下、家君御參賀女院(崇賢門院、廣橋仲子)御所、

先例不快により敍位を停む

連年停止の例を知らず

敍位儀事、去年已被行復辟之上者、可爲御前之儀處、自敍位於御前被行之例不快歟、先蹤邂逅歟、」(18オ)平治之後無其例云々、然者於陣可被行歟之處、建久・建長・延文ホ例又不快、其上又關白不可參給云々、被停止者也、去年者依攝政殿(近衞兼嗣)御籠居不被行之、當年又被停止了、兩年不被行之事(×例)、何度例哉、可尋知事也、」

裏松重光兼宣を超越す

近日武威により權勢を振ふ

(19オ)六日、時々雪下、有世卿(土御門)參賀之次相語云、管領幷永行(高倉)・重光(裏松)三人一級事、自室町殿御執奏、各被宣下之由奉及云々、重光避夕郎敍四品也、驚存者也、余者自重光上首也、夕郎相竝之輩將以超越條、爲之如何、令周章者也、但資康(裏松)卿者、越俊任(坊城)・經重(勸修寺)ホ令昇進畢、近日依武威振權勢、何輩可相爭哉、無力事不限一身者哉、

白馬節會

七日、晴、人日幸甚々々、及晩着束帶參　內、節會、頭卿申沙汰、

參仕公卿

今出河大納言(實直)・日野中納言(資教)・坊城中納言(俊任)・勸修寺中納言(經重)・九条宰相(氏房)・三条宰相中將(正親町三條實豐)・左大弁宰相資衡(柳原)朝臣ホ也、

腋御膳事、依与奪余所申沙汰也、聽曉鐘退出、」

(20オ)
九日、天晴、日野中納言家木本庄判官宗成死去云々、
日野資教家僕本庄宗成逝去

十一日、晴、家君御參詣吉田社以下、余同參、幸甚々々、
仲光と吉田社等に詣づ

十三日、晴、三寶院僧正(光助)(アキママ)他界云々、日野前大納言資康一服(腹)兄弟也、年齢四十云々、可
三寶院光助逝去

惜々々、

十六日、晴、節會、藏人頭家房(清閑寺)朝臣申沙汰、余秉燭之程參内、色目如例、久我右府(具通)申拜賀、可
踏歌節會
內辨久我具通拜賀

勲內弁云々、先參室町殿、有御答拜云々、次參院(後圓融上皇)、被下御馬云々、次參内、先被遂

着陣、余下吉書、兼日依被入魂也、參仕公卿、藏人方

右府・花山院大(通定)・中院中(通氏)・坊城中・勸修寺中・持明院中(保冬)・藤宰相資俊(武者小路)・左大弁宰相

資衡(柳原)朝臣才也、

家君今日尤可有御拜賀□(之)處、依不事行被延引了、

(21オ)
十七日、晴、依當番參内、所着直衣也、丞相之子幷孫二代者、自五位職事御免直衣事
仲光の拜賀延引
大臣の子孫二代は五位職事の時より直衣御免の先例あり

先例也、仍宿侍始之時着用了、其後直衣違亂之間、自然不及着用之處、自家君被下之、

仍今日又所着用也、」

蓮華王院修正

(22オ)十八日、雨雪交下、蓮華王院修正也、依仰余所參向也、寺役無沙汰之御教書、一兩通書之後退出、

中原師香頓死

廿一日、晴、元範(藤原)朝臣入來、相語云、一昨日三条大外記師香(中原)局務也、令頓死云々、不便々々、

改元定ありとの說

同語云、可有改元定、頭卿知輔朝臣已奉仰之由、有其說云々、

崇賢門院密かに廣橋邸を訪ふ

廿三日、春天高清、寒嵐猶甚、女院樣密々臨幸、當年初度也、幸甚々々、抑改元定可爲來月四日、可有御參之由、頭卿催申之間、御拜賀事可被如何哉之由有仰、」

地藏講

(23オ)廿四日、晴陰不定、地藏講如例、

廿六日、晴、參賀　女院御所、當年初參也、被下御盃幷御重寶、祝着畏入者也、

義滿近衛邸を訪ふ

廿八日、天晴、室町殿御入陽明(近衛良嗣)、家君御參、

二月

改元定延引

四日、改元定可爲今日之由、雖有其沙汰延引、可爲來十九日云々、

日野西資國拜賀

七日、天晴、當番之間參　內、權右中弁資國(日野西)申拜賀、申次藏人式部丞藤原永俊(高倉)懃仕之、着

殿上　奏聞吉書、上卿甘露寺中納言(兼長)參陣、召左中弁資藤(日野町)朝臣被下吉書、史不參之間、後日以狀可申之由相語之、

抑陣官不參之間、上卿未着陣以前、主殿寮置軾了、召弁事、依無官人左中弁相計時分、參軾了、每事如形歟、公事之陵遲也、莫言〻〻、

官人等不參　公事の陵遲

九日、天晴、今夕改元定之次、家君可有御拜賀也、未之程余參室町殿、今夕申次事伺申入之處、可爲敎遠(山科)朝臣之由所被仰下也、

仲光拜賀

秉燭程御出門、令下庭上給之時、余獻御沓、前駈傳之、御車簾余褰之、前駈取御沓、前駈一人開替戶立榻、

前駈二人　如木雜色二人

小雜色四人　車副二人下絬、

牛飼童如木、　退紅仕丁持雨皮、

(24オ)

白張舍人持笠、

於榻者牛飼雖可持之、內〻白張持之、不可然事也、

余同扈從、靑侍一人下絬、所召具也、先御參室町殿、申次敎遠朝臣懃之、次御參　仙洞、

次御參　內、申次事權弁資國可懃仕之處、遲參之間余懃之、退入之時蹲居如例、依家礼也、御着座殿上之

後、則御着陣、〻申文事左中弁資藤朝臣勲之、藏人吉書頭卿知輔(安居院)朝臣奉下之、被下史事
被召余者也、」

改元定

(25オ)

參仕公卿

右大臣(久我具通)・家君(廣橋仲光)・中院中納言(通氏)・坊城中納言(俊任)・勸修寺中納言(經重)・左大弁宰相資衡(柳原)朝臣等也、
頭大藏卿知輔朝臣出陣、奉下勘文於右大臣、〻〻〻披見一通之後、仰〻詞歟、職事退後
上卿入懐中勘文於懐中移着外座、召官人令敷軾、次自懐中取出勘文、次第見下之、一通別〻、
悉至左大弁宰相前、取聚勘文、如元加懸紙置前、次可定申之由有上宣、左大弁退座下足
正笏、定申歟、不聽者也、次勸修寺中納言定申、不退足、次第自下﨟定申畢、上卿以官人召頭
卿、諸卿定申之趣被奏聞歟、頭卿歸出、猶一同可定申之由被仰歟、諸卿一同可爲康應之
由擧申之旨、重被　奏聞歟、次頭卿參　仙洞(後圓融上皇)、經　奏聞歸參之後、仰〻詞、後頭卿相語云、
改嘉慶三年爲康應元年、任建永例令作詔書ヨ、其後家君御退出、直御參　女院御所、余
扈從同參、御拜賀申次余勲之、曉天御退出、」

嘉慶三年を改め康應元年となす

○宮内廳書陵部所藏柳原本一

今日之儀、」(24オ)毎事無爲、尤以珍重、前駈二人之馬鞍、皆具□□、

兼宣春日祭奉行のため南都に下向す

春日祭

(24ウ)廿日、(二月)春日祭勿論也、□□分配也、依上卿之□□(持明院)保冬卿、所參行也、內藏□□伯少將領狀之處、俄申所勞之由不參、內侍出車、菅原(東坊城)長賴獻之、辰刻出門、騎馬、申半剋着南都之新藥師寺、尤雖可着社頭館、家重(大中臣)宿所近々、依有其便兼點定此坊者也、資秀(藤原)父子・武藤乗祐等所召具也、賴廣年少之間、自京都所召具也、晩頭上卿幷□□着束帶參社頭、先私奉幣、□□別致沙汰、各下行代□□及半更事終、退出宿所、毎事無爲、所自愛也、

春日社興福寺等に詣づ歸洛

廿一日、晴、早旦參社頭幷若宮殿、次詣興福寺・東大寺等、次歸洛、申終程歸參、賴廣令同道者也、――

五月

洛中騷動あり

十五日、晴、早旦軍兵馳走、世間騷動、是何事哉、不審□□□富侍、確執事出來、□

□赤松也、着黒糸鎧、打出鷹司□　□室町殿之御成敗無爲云々、珍重□　□条室町云々、餘煙及廣□　□、」

〇日次記抄本原本

〔七月〕

〇前闕、

二條師嗣關白拜賀

(26オ)廿一日、時々小雨下、秉燭以後屬晴、今夕關白(二條師嗣)被申拜賀、家君(廣橋仲光)御扈從事、度々雖被催申、被申御故障之由畢、余殿上前駈事、頭大夫家房(清閑寺)朝臣爲家司雖被相催、令申難治之由之處、別而有室町殿(足利義滿)仰、仍所參申也、依馬之沛艾令遲參之處、於二条烏丸邊已參會之間、於此所下車騎馬者也、以雜色男可申請散狀之由、仰遣季尹(月輪)朝臣之間、則送給之、先御參室町殿准后、有御答拜、其後御堂上御對面、次御參　仙洞(後圓融上皇)、頭大夫懃申次、御舞踏後御堂上、有　出御、々對面云々、次御參　內、申次頭卿知輔(安居院)朝臣懃之、御着座殿上之後、

義滿の命により殿上前駈を勤む

有御前召、主上(後小松天皇)出御南殿、母屋御簾垂之、庇御簾卷之、關白令候簀子圓座給、次御退出、
公卿
中御門中納言宣方、三条宰相中將(正親町三條)實豐、左大弁宰相(柳原)資衡朝臣
殿上人
(坊門)信藤　季尹　(飛鳥井)雅縁　(西坊城)言長　頭修理大夫家房　頭大藏卿知輔　(鷹司)頼冬朝臣
余　(中御門)宣俊　(東坊城)長遠　(粟田口)長方　(東坊城)菅原長頼
地下前駈
(秦)重冬朝臣　(高階)敏經　氏經　(源)則秀　知量　知隆
余今夜乘用馬、日野中納言(資教)借与之、鹿毛駮也、
廿五日、晴、住吉神主(津守國量)申荒垣功事、任官敍爵才少々付給之間、爲伺申入參　仙洞、將又座(入道)
主宮(明承親王)被申江州唐崎太明神々階正一位事、同經　奏聞者也、頃之退出、抑住吉社奉行事、
(27オ)
去比爲西園寺大納言(公永)傳　奏被仰下之間、所申沙汰也、此　奏事付傳　奏可申」入之處、
彼大納言此間籠居之間、經　直奏者也、

住吉社荒垣功及び近江唐崎大明神神階の事を奏す

住吉社傳奏西園寺公永籠居により直に奏す

九月

地震あり

六日、晴、午一點大地震、又及晩地動、可恐〻〻、

仲光鴨光冬を訪ふ

七日、晴、早旦家君(廣橋仲光)御參室町殿、頃之御退出、故右大弁宰相頼房(萬里小路)朝臣他界之闕、弁官未轉任、如然事室町殿(足利義滿)被申談家君云〻、

八日、陰、家君御出前祝光冬(鴨)宿所、日野中納言(資教)所有御同道也、入夜有御歸、

重陽平座

(27ウ)九日、晴陰不定、重陽佳節、幸甚〻〻、晩頭着束帯參　內、是依平座之奉行也、上卿日野中納言、少納言言長朝臣(西坊城)、弁余所候也、參議不參、近例位次公卿不及參仕也、今夜可被付遣駒牽之由、頭大夫(清閑寺家房)兼日相語之處、無其儀、式日延引何事哉、

駒牽延引す

兼宣弟慶松丸消息を絶つ

十四日、晴、家君御出市河林下、余參御共、此所御社被修造者也、抑黃昏之時分、慶松丸余弟、不見吾方之由、其沙汰出來、

慶松丸發見さる

十五日、晴陰不定、慶松丸逐電之条無子細、仍方〻令相尋之處(〆者也)、酉半剋許大膳大夫俊重(大江)有入魂旨、尋出者也、

十一月

山門六月會十一月會の序を以て行ふべし

二日、晴、山門六月會、依山訴當年未被行、以十一月會次、可付行之由、自座主(入道明承親王)被申云々、余可登山之[由脱カ]嚴密雖被仰下、難治故障候之由申入之、

東大寺轉害會勅使を命ぜらる

三日、晴、左大弁宰相(柳原資衡)奉書到來、被仰下云、來廿三日可有東大寺之轉害會、爲　勅使可參向云々、余請文云、轉害會參行事謹奉候了、山門六月會可登參之由雖被仰下候、申入故障之由候畢、六月會事」御免候者、轉害會事可存知之旨申入者也、左大弁東大寺之長官也、仍自寺門申遣之歟、可尋知、

(28オ)

四日、晴、左大丞送狀云、於六月會　勅使者、被仰他人也、轉害會參向弁事、可存知之由被仰下云々、此上者早可存知之由、出請文者也、

十四日、晴、來十九日吉田祭、藏人方依分配、余所申沙汰也、參向弁右少弁宣俊(中御門)也、件日春日祭也、依分配右少丞可參向之間、吉田祭參向不可叶、可得其意由申給者也、

犬死の穢により吉田祭參向は叶はず

十五日、晴、吉田祭可參向之處、去夜犬死穢出來、可爲五个日之穢歟之間、神事不可叶、仍相觸事之子細於頭大夫(清閑寺家房)者也、

兼宣書状

吉田祭、依分配此間申沙汰候つ、上卿左大弁宰相申領状候、内侍出車藤原永俊(高倉)可獻之由申候、外記惟胤、史秀職(高橋)可參向候、分配弁宣俊春日祭計會之間、兼宣(廣橋)可參向之由存候之處、犬死穢出來之間難治候、幣料事者、已相觸日野中納言(資教)候了、可存知之由令申候、可得御意候也、恐惶謹言、

十一月十五日　　兼宣

頭大夫殿

豊明平座停止

可爲豊明平座之處、依支干之相違被停止畢、

鴨光冬宿所に風爐あり

廿日、晴、來廿三日爲東大寺轉害會參向、自今日始神事、家君(廣橋仲光)同可有御社參也、於鴨(×前)前祝」光冬宿所有風爐、家君御出、余同參、御共者也、

(29オ)

轉害會勅使として南都下向

廿二日、陰、辰一點出立、家君御輿、余騎馬、出羽守資秀(藤原)・資世(藤原)・資行(藤原)父子三人、武藤乘祐ホ所被召具也、申斜御下着南都、以東大寺眞言院點進勅使坊者也、

轉害會

廿三日、陰、今日轉害會剋限、可爲何時候哉之由、尋申東南院宮(觀海法親王)之處、可爲午一點、其時分自社家可申案内云〻、手輿力者ホ事、自彼宮所召給也、依所望申也、抑午一點參　社

神輿出御

頭之處、神輿已出御之間、事更令着座欲退出之處(×候之間)、三綱自假屋立出云、神輿還御不可

神輿還御を待たず退出す

有程候、暫可着座云々、稱損事早出、此時分小雨洒、頃之自社家申送云、只今神輿還御候、可出仕云々、損事之由返答、其後重無申送旨、

出仕之僮僕ホ、靑侍二人、雖上結(×結)・着紅衣也、小雜色四本、笠持舍人ホ也、兼帶職事之弁也、尤可召具童事也、社家下行物、纔千五百疋沙汰進者也、

天明以前歸洛

廿四日、晴、天未明以前御歸洛、御參　春日社・南圓堂・興福寺・東大寺ホ、

十二月

足利義詮追善等持寺八講始行す

(30オ)二日、天晴、自今日五个日ホ持寺例年之御八講也、仍巳初家君(廣橋仲光)御出、御束帶、以略儀令駕八葉之御車給、余參　女院(崇賢門院、廣橋仲子)御所、

八講結願

六日、晴、早旦御出如此間、今日御八講之結願也、五个日御出無爲、珍重々々、

初雪により盃を持ち參內

十一日、初雪降之間、余持參御盃於　禁裏(後小松天皇)、入夜退出、

西坊城言長宿所月次會

十三日、晴、言長(西坊城)朝臣宿所月次會也、

勸修寺經重逝去

十五日、晴、勸修寺中納言經重卿、夜前他界云々、　仙洞執權也、今年卅五歲云々、所勞危急

遺跡は經豐に安堵

近衛良嗣元服加冠義滿

理髪安居院知輔

之間、俄昨夕拜任大納言云〻、可惜可哀、遺跡事經豐安堵云〻、

家君御參室町殿（足利義滿）、依被申貢馬料足傳　奏事也、

廿日、天晴、酉斜家君（又束帶）御直衣、下絬、・余（又同）束帶、・參近衛殿（良嗣）、是依冠礼之儀也、爲御加冠准后室町殿、渡御、

秉燭以後事之儀始、頭大藏卿知輔朝臣（安居院）申沙汰、懃理髪、每事無爲珍重、委細事追可記之、

○日次記原本

「（標紙題簽）兼宣公記　明徳元年十二月廿六日廿七日　自筆本　一巻」

〔明徳元年〕

〔十二月〕

除目
執筆久我具通

○前闕、端ニ文字ノ殘畫見ユ、

（1オ）
（廿四日條カ）短尺、次取目六、不成草也、申文以裏□（紙）書之、不及續、以一枚書之、書□（畢）後、盛御硯蓋、十年勞帳幷目六八横置之也、如常、其後關白（二條師嗣）令着殿上給、（以下、行間補書）「此間執筆（久我具通）以下着陣、有召仰、頭弁仰之、奥座、次執筆移端座召外記、仰之歟、次召弁、權弁經豐（勸修寺）參、仰之、次又召外記、被問文書具否歟、次頭弁出陣、召公卿、次（×以下）大臣召外記、被仰筥文、次大臣以下列立弓場、大臣北上西面、納言東上北面、參木南上東面、筥文外記才列納言後、東上

北面、次大臣入無名門、令着殿上端座、次關白令移御前座、次大臣同着、次葉室中納言揖離列、立上大臣跡、西面、見遣
外記方、〻〻持參筥、次納言指笏取筥、次外記拔笏、退本列之後、納言持筥一揖、〇（公卿答揖、）離列入無名門、昇小板敷東端入青瑣
門代前沓脫入同□參進（×參進）、入西面妻戶、自納言座末程、左鰭袖ヲ頗御簾ニ〇（下關、）」
次執筆自儀所進着殿上、作法〻如常也、入眼上卿葉室中納言（宗顯）、參議菅宰相祗候、曉天事
了人〻退出、予依爲當番猶祗候、寒氣入骨者也、月落霜滿退出、
獻盃之瓶子并〇（衝重・）續紙・入內・一加階勘文〻事、予一人所懃仕也、」
〇中
闕、

（2オ）

出御

內覽事了　奏聞、抑　主上（後小松天皇）出御如例年、出御朝餉西面之處、頭弁申關白云、可有出御南
面之〇（格子）遣戶間之条、先規勿（×短）論候、只今出御之間、參差之由申入之間、關白無左右又被改
御座之間了、仍頭弁（×弁）退之間、予申云、近年西面勿論候、南面ハ如何樣次第哉、頭弁答云、
故一位夕郎（廣橋兼綱）之時、每度出御南面之由記置云〻、予又申云、御殿御修理以前ハ、爲（×依）決小（狹カ）之
間、依無便宜、若南面候哉之由申之仍葉室中納言雖令返答、已〇（爲）出御以後之上、時剋押

奏聞

移之間、無益也、頭弁已奏聞、其儀於（×伺）臺盤所南廂伺御天氣參進、其儀如常、退出之後、
予插申文出上戶、至臺盤所南廂第二間簷下中央、頗寄南、向坤（艮）伺御目天氣、立揚參進、向

關白內覽

（3オ）

北以左手檯（褰）御簾、指入申文、令拔取給之後、持空杖逆行祗候、（龜居、持空杖也、）令出申文給之後、置杖（右方、）膝行參進、以左手押文下、以右手取」請之、內覽、其儀跪文杖ノ下、取杖鳥口在左方、插申文、其樣左ノ手ニテ（以左手）取杖、以右手取文插杖、文ノ上下ヲ聊取ヒシキテ、鳥口ノ金ヲ聊引チカヘテ、杖ヲ能程ニ取引テ立上▨▨、其持樣、兩手遠程一尺五寸許歟、鳥口ヲ左ノ目ノトヲリ程ニ指上テ持之參進、其路殿上ノ自上戸出、經年中行事障子南、東行朝餉臺盤所南庇（〔椽〕）、南行南殿西椽、至鬼間西面妻戸、伺御目、〇昇長押、（立揚）聽突膝行一兩之後、平〇（テ）捧文杖、主人（二條師嗣）拔取文置前給後、逆行兩三之後、立揚左廻降長押、持空杖平居、次主人見文給之後、指出給、次杖ヲ長押ノ下ニ、長押ニ副テ無音ニ置之、立揚昇長押、如前膝行、取申文儀、以左手取文首、以右手取文下付地、文ノ下ヲ廻テ取之、（文首在左、）逆行膝行兩三之後立上、如前左廻」（三）降長押、至本所文ヲ置前、刷兩袖結申〻文、其儀懸紙中央

（4オ）

マテ拔テ、以右手懸紙ノ上ノ角ヲ引テ、次同下ヲ引、右手ニテ下ノ角ヲ抑テ、殘半枚ヲ拔畢（〔了〕）、文ヲ右ノ手テ懸紙ニ付テ右端ヘ渡シテ、左ノ手ニテ懸紙ノ角ヲ引、今度ハ先下ノ角、次上ノ角ヲ引也、次文ヲ懸紙ノ中央ニ渡シテ、取上テ座下ニ向テ拔之、押合テ向御前テ、高持上讀之、〇（但文字ノ間ヲ讀渡許也、）次押合テ候氣色、次御目、微唯、文端文奥半枚許ヲハ片手ニテ卷テ、文端

奏聞

（５オ）

ヲ左手ヘ引懸テ卷之、卷了申文ヲ懸紙ノ左ノ方ニ置テ、右ノ手ニテ懸紙ノ右ノ下ノ角ヲ抑テ、紙ノ中程ニテ板ニ付地卷也、次取上テ〇殘半枚是も左ノ手ヘ引懸テ、〇頗有音、以兩手卷也（又之）、以左手持文、右ノ手ニテ取杖、右ノ（又ノ）文ノ上ニ乘テ持杖之退出、至本所跪テ」立杖、退申文ヲ懷中、立揚退、此後宣俊（中御門）覽申文、〻內覽了後奏聞、其儀出御朝餉、申文奏聞儀、先頭卿（安居院知輔）奏聞申文、次予奏聞、作法同內覽、自殿上〻戶出、於臺盤所妻戶邊伺御目、立上テ參進、持以右手持杖、以左手挑御簾、〇密指入杖、　主上令拔文給後、杖ヲ引、膝行逆行、結申儀ホ作法ホ同內覽、其後申文撰定、目六宣俊取之、職事無人之間、每事遲〻、頭大夫知輔（安居院）朝臣此間依服暇籠居、權右中弁資國（日野西）稱所勞不參、

今夜參仕公卿執筆久我右大臣（具通）、公卿葉室中納言・大宮宰相（四條隆仲）以上兩人也、筥文參議重役云〻、除目以後可有　宣下事、僧事之間、〇於宣俊ハ不可奉行不可叶、予可存知之由、奉行頭雖被催、」可爲明夜之間、御教書ホ忩書遣了、

任右中辨の奏慶
內侍所神樂

（６オ）

廿七日、自昨夜雨晴曉來雪降、終日不休、秉燭之程、着束帶參　內、故奏慶、今夜行幸內侍所、又御神樂ホ奉行之間、別而所早參也、

○日次記原本

「（標紙題簽）
兼宣公記　明徳二年六月二十一日｜八月十二日
自筆本　一巻」

〔明徳二年〕

〔六　月〕

○首闕、第一紙端ニ文字ノ殘畫見ユ、

（1オ）（廿一日條カ）
井田結庄□（言カ）付之狀ホ早、

雙六あり

廿二日、晴、及晩雨下、俊重（大江）・鴨□□□利ホ參入、有雙六興、又有盃酌、

廿三日、自夜雨下、連〻降雨、尤珍重、時〻又見日影、平ホ寺執行覺慶參入、家君（廣橋仲光）御參妙（堯仁）法（法親王）院宮、余終日文書▨蟲拂、大秝藏人方事分配之間、書出御教書者也、

文書蟲拂

講演

廿四日、陰、講演如例、資秀（藤原）申沙汰者也、家君御參准后（足利義滿）、

地震あり

廿五日、自夜雨下、終日不休、又風烈、申一點大地震、此時分自乾向巽天變飛、可恐〻〻、

自南都五色到來、及夜漏屬晴天、

廿六日、▨（高）天雲收、大陽暑也、翰林（藤原元範）入來、終日文談、又有聯句、

義滿子息の病癒ゆ

抑准后之若君、自去月比御疾病、此間御落居之間、今日御沐浴云〻、仍面〻引進祿馬之間、□家君被進御馬栗毛也、被立置御馬也、

廿七日、陰、入夜雨降、依當番參　內、終夜有御短尺、

廿八日、雨下、家君御參　女院（崇賢門院、廣橋仲子）、是妙法院宮御參之故也、

守護土岐頼益崇賢門院領美濃國衙の事を談ず

六月祓

廿九日、陰、時〻微雨洒、美濃守護池田入道（土岐頼益）使者僧參入、是　女院御料所美濃國衙事、依有申入旨也、於淨菩提寺有風爐、家君御出、余才同之、六月秡如例、

七月

一日、晴、初秋朔、幸甚〻〻、大理卿（十御門有世）參申、有盃酌、

室町殿に喧嘩出來す

抑入夜世間動揺、尋聽子細之處、室町殿（足利義滿）准后御在所、諠譁」（2オ）出來云々、仍遣行李令伺見處、御所中寂寞、馳集之兵士等、自北少路邊引返云々、中山中納言（親雅）・別當（柳原資衡）等雖參申、密退出云々、仍家君（廣橋仲光）不及御參、濫觴何事哉、可謂天魔所行、

仲光等と石山寺に詣づ

叔父綱圓坊に逗留す

五日、天晴、殘暑甚、家君御參石山寺幷櫻谷、余・礼部（竹屋兼俊）參御共、大膳大夫俊重（大江）・出羽守資秀（藤原）・筑後守康敏等參御共、卯刻御出門、上下皆以騎馬、自松本（近江滋賀郡）扁舟取棹、午一點御參石山、於此所木部綱圓法印參會、於石山馱餉、其後所有御參櫻谷也、御秡畢後、入御木部坊、于時秉燭程也、（此法印者、家君御兄弟儀也、余兄弟小童、又此坊ニ養育、今日則在此座、）

六日、晴、御逗留、有風爐、

歸洛す

七日、晴、天未明以前御歸洛、二星相逢秋、幸甚々々、

和氣廣成病む　來る九月義滿春日社參あるべし

十日、晴、廣成卿（和氣）病惱之間、家君令見訪給、抑來九月准后可有御參　春日社、余御共參事、万里少路大納言（嗣房）爲奉行內々被申家君、

兼宣住吉社奉行たり

十二日、天晴、醫師廣成三位所勞興盛之間、遺跡事爲申（奉）談家君、伊予局（廣成卿息女、）參申事々（者也、）、住吉神主（津守國量）參申、此間在京云々、當社事余奉行事也、仍所參申也、

室町殿北御所立柱上棟

十三日、晴、室町殿北御所立柱上棟也、仍被引進御馬者也、

仲光盧山寺に詣づ

十五日、晴、爲御燒香、家君御出廬山寺・圓興寺ホ、

義滿兵庫に下向す

十九日、晴、室町殿自夜前御下向兵庫(攝津八部郡)、是爲當所御歷覽云〻、

八月

八朔

一日、天晴、仲秋朝、南呂朔、毎事幸甚〻〻、爲家君(廣橋仲光)御使參室町殿(足利義滿)、被進御小直衣・御牛ホ、御還礼小袖三重・白麻ホ」被進之、珍重〻〻、抑 仙洞宮御比丘尼、此間數日御病

(3オ)

後圓融上皇皇女逝去

惱間、御坐 女院御所(崇賢門院、廣橋仲子)、夜前遂以御圓寂、所驚入也、 女院樣御悲歎無極御事也、

崇賢門院黑衣を著す

二日、晴、 女院御所樣自夜前令着御黑衣御坐云〻、是年來之御願也、且又此御悲歎次、令果御願御坐也云〻、且此御願之旨、自去比被申置 仙洞(後圓融上皇)幷准后(足利義滿)柳營、畢、

北野臨時祭

四日、天晴、北野臨時祭、依分配申沙汰之、無御拜・御禊儀、是 主上(後小松天皇)御服未被沙汰整間、不及出御、爲之如何、宣命事、上卿無領狀之間、任近例內〻召進之、使事大內記

方違別殿行幸

長遠(東坊城)參懃、自臺盤所被出之畢、今夜爲御方違 行幸別殿、頭大夫(清閑寺家房)申沙汰、余參候、及曉更退出、

六日、晴、被行祈雨奉幣、

（祈雨奉幣を行ふ）

九日、晴、老堂(兼宣母カ)去比自四國御上洛之由、粗雖觸耳、先年就家君之仰、不音信申之處、於今者可申奉之由、有家君仰、兄弟輩皆以歡喜〻〻、

（老堂四國より上洛す）

十日、晴、烏丸故一位(裏松)資康卿、一廻佛事也、招請房淳法印、有佛經供養事、仍家君入御一条烏丸宿所、余同參、被遣諷誦、余同捧之、今朝相國寺長老(空谷明應)來臨、有拈香云〻、

（裏松資康一回忌）

十二日、時〻雨下、北山殿上﨟局(兼宣姉妹)於淨菩提寺遂出家、令着黑衣給、御名字尊喜、尊海上人爲御戒師、

（兼宣姉妹出家し尊喜と號す）

○宮內廳書陵部所藏柳原本一

「(表紙)
極祕
兼宣公記　目錄在內
一　」

(40ウ)
兼宣公記

明德三年

閏十月

後小松天皇後龜山天皇より三種神器を受く

五日、

□沙汰也、余可供奉之由、蒙催仰者也、抑今日參御迎公卿、日野新大納言資教卿、去□此御要□

劍璽を新調の唐櫃に納む

內侍所に安置す

早參也、仍先可奏慶、余爲見訪者可爲本望之由、□被申家▨君（廣橋仲光）、未申〔半〕天着〔爲〕楚々束帶、巡方帶、依准行幸儀也、於門外乘車、相具糸鞋、依可歩行也、小雜色六人、笠持舍人才也、先詣新亞相亭、一條東洞院、先之万里小路大納言嗣房卿、直衣、下結、・別當（柳原資衡）資ー卿、衣冠、・藤宰相（武者小路）資俊卿、衣冠、・頭左大弁資藤朝臣（日野町）雲客悉束帶、・左中弁資國朝臣（日野西）・伯中將資忠朝臣（白川）・藏人左少弁資家（土御門）・左兵衞權佐重房（萬里小路）才停〔留〕立中門、頃之亭主（日野資教）出座東面之賓筵、万里小路已下皆悉着此座、侍從有光（日野）練貫直衣、紫指貫、在此座、盃酌三巡後人々起座、徘徊中門

（41オ）

邊、此間亭主於公卿座見日時勘文歟、身固事、有世卿（土御門）着衣冠致沙汰、〔次〕頭弁已下列立擁笠、庭上、西上南面、亭主自中門切妻下庭上、

「此後一枚闕、」

次舁立劔璽之御唐櫃新調、於中門廊、自寝殿東面妻戸至中門廊敷筵道、次〔中山〕中將滿親朝臣闕腋袍、老懸、壺、帶劔、參入、蹲居妻戸邊、次中將資忠朝臣裝束同滿親朝臣、參進、兩羽林滿親北、資忠南、跪妻戸左右、北上西面、次着束帶俗號頭中將、（後注）「私於南方也、」一人進出、卷上妻戸▨間御簾、次取御劔出妻戸、授滿親朝臣、々々請取

（41ウ）

之、經筵道上、奉入御辛櫃、」次被渡璽筥、資忠朝臣請取之、奉入御辛櫃事同御劔、次自南殿〔庭〕假屋、奉出內侍所、先之公卿殿上人着糸鞋、列立庭上、此間雨脚休止、人々歩行、但相談人々相互乘車、大覺寺邊又於陣中敷筵道者也、

義滿湯治

十三日、朝間天晴、家君御參室町殿(足利義滿)御湯治之所、自晡時陰雲掩殷雷發聲、雨雹(雹)如沃、天時乖違、爲恐不少、及夜景月蒼〻、

十一月

義滿相國寺に詣づ
朔旦冬至

(42オ)

一日、天晴、爲家君(廣橋仲光)御使、參室町殿(足利義滿)之處、御出相國寺間、空退出者也、朔旦冬至旬也、頭左大弁資藤朝臣(日野町)所申沙汰也、傳奏事、家君申御沙汰之(也歟)、余申半剋着爲楚〻束帶參內、先之頭弁在小板敷、余加着者也、只今兼治(壬生)宿祢〻▨▨▨▨御裝束奉仕程也、秉燭程家君御參內、(無文玉帶、蒔繪劔、)先於御前、」有三獻之御盃、新大納言(日野資教)參內、遂着陣、小雨灑、戌ｏ(初)剋事之儀始、可爲雨儀之由奏聞、於敷政門邊家君令加署給、

後小松天皇出御
初て劍璽を帳中に出す
御暦奏

天皇(後小松天皇)出御南殿、關白(二條師嗣)令候御裾給、內侍取劔璽候前後、(此兩寶今日初而出御帳中、)公卿着堂上之兀子後、雨脚屬晴之間、御暦奏以下爲晴儀、御膳ｏ(之)事、藏人左少弁宣俊(中御門)所申沙汰也、半更事了後、家君・新大納言〻御前御盃三獻後御退出、邂逅之儼儀、無爲被遂行之条、聖運之至、尤以珍重〻〻、

(中間奥書)
「右以或家古巻令書寫了、可祕〻〻、「比校、」
寛政八　八　十六　　(柳原紀光)(花押)」

○日次記原本

（標紙題箋）「兼宣公記　自應永元年正月一日至十二月廿日　自筆本　壹巻」

〔應永元年〕

〔正　月〕

○首闕、

（1オ）

□□作善事、

□行事、

□國御拜賀沙汰事、

□

□」

（2オ）

□

□

（一日）□（將）迎鶯花之令節、宜誇犧□云壽福、併可追累祖之

□安寧、子孫之繁昌□幸甚〻〻、

（二日）□□ホ、次參家君（廣橋仲光）御方、給料同□□家君入御余方、進來樂幷

御□□祝、珍重〻〻、

禁裏供藥

（三日）□右少弁經豐（勸修寺）申沙汰之、□□參仕云〻、參議不參、少

納言□云〻、貞治・應安近例此分欤、□□□宣俊（中御門）申沙汰、參仕侍醫

ホ可□

兼宣等室町殿に參ず

（3オ）

（四日）□□□□室町殿（足利義滿）、余所參也、刑部少輔盛興（源）着布衣參御共、□□□參會、皆以吉服直衣〻」□

□、下絬、余衣冠、上絬、准后御（足利義滿）□有御對面、公卿各拜領銀釼、頃之御退出、

近衛良嗣邸に參賀す

□中納言中將殿（近衛良嗣）御出、御對面、次余參□□管領（斯波義將）宿所、則引進御馬、珍重

〻〻、□ホ參賀家君御方、幸甚〻〻、

（五日）□御參賀　女院御所（崇賢門院、廣橋仲子）、新典侍局同□□被引遣右大弁宰相（裏松重光）許者也、

六（日）□一獻、家君御出座、大膳大夫俊重（大江）□□（高）橋秀職等參賀、候此席、

白馬節會停止

七日、時々雪降、豐年之嘉瑞歟、人日一段之祝言、幸甚々々、今日節會停止、」

仲光初詣のため神事を始む

（4オ）九日、雨下、家君自今夕被始御神事、是依可有明後日御初詣也、余□始之、康敏男服暇之間、□□□下知也、

□來、此春初度也、有讀書幷聯句、

仲光吉田社北野社に詣づ

□家君御參吉田社・北野宮寺等、余□□（衣）冠、下絬、余同衣冠、上絬、

（5オ）盛興着狩衣參、」□

□或雨雪交下、來月二日春日祭、上卿□□之由、藏人左少弁（中御門宣俊）觸申入之間、

（6オ）被遣」御領狀之請文事、

善法寺登清八幡社務に還補さる

十八日、天晴、家君御參室町殿、八幡前社務（田中）曾清法印同道、前社務舍弟（善法寺）登清法印參申者也、是登清令還補社務之故也、田中高清法印此間之社務也、神事違例之由、依社家之訴被改補畢、就當□奏所有申御沙汰也、

仲光北野社に參籠す

自今日七个日依可有御參籠、晩頭家君御參北野社、余・礼部（竹屋兼俊）同所參詣也、

廿四日、晴、早旦自　北野御還向、無爲御參籠、尤以珍重〻〻、

仲光春日祭上卿のため神事を始む

卅日、自今日被□(始)御神事、依春日祭也、

二□(月)

一日、月朔幸甚〻〻、栗尾僧都上洛、

仲光と南都に下向す

二日、有陰□(氣)、辰剋御進發南都、被用四方輿、力者二手、刑部少輔盛興(源)・左衛門尉丶丶等着狩衣在御共、余・礼部□□(竹屋兼俊)直垂騎馬、武藤(乗祐)・秀景等所召具也、於宇治(山城久世郡)邊雨下、申半剋御下着宿院□御師家重(大中臣)所致用意也、入夜　若宮巫女一人參賀、給少幣料畢、

春日祭

及深更御社參、弁資家(土御門)、近衛使定清(白川)等參仕、祭礼無爲事終御歸宿院、」

歸洛す

(7オ)三日、天晴風烈、天明以後出門、御歸洛、晡以後着御、

義滿來月春日社參あるべし

四日、雨下、栗尾法師申沙汰一獻、万里少路大納言(嗣房)奉書室□(町)殿仰、到來、申入家君(廣橋仲光)云、來月可有御參春日社、御共事可申旨候云〻、可有御存知之由被申之者也、

尊號宣下

廿三日、天晴、爲頭中將(油小路隆信)奉行相催云、今夕可有　尊号宣下、可參陣云〻、仍入夜參　內、

所着亮陰服也、上卿大宮中納言（西大路）隆仲□〔卿〕、□〔參〕陣、

三月

源盛繼藤原資興首服

一日、晴、月朔幸甚〻〻、室町殿（足利義滿）南都御下向可爲來十二日云〻、是爲常樂會御見物云〻、家君（廣橋仲光）御出立外無他事、

十日、天晴、盛繼（源）今日（×日）首服、明後日爲諸大夫依可御共也、出羽入道（藤原資秀）息阿賀丸同首服、所号資興（藤原）也、

義滿南都に下向す
仲光も同道す

十一日、晴、乘祐（武藤）法師下向南都、具足等少〻所召下也、自所〻人夫・馬・力者等到來、

十二日、自夜有陰氣、卯剋家君御參室町殿、

御狩衣香、生薄物、
指貫青朽葉、張目綾、
袙蘇芳志〻良、練貫、
四方輿陽明（近衛良嗣）御輿也、

（8オ）

力者三手也、雖可爲二手、公方御力者依爲三手也、

諸大夫二人刑部少輔盛興、和泉守盛繼、（源）兄弟共以五位者也、

各着狩衣、懸總鞦、舍人笠持才如恒、

青侍一人、兵衞尉資興、上紺、

退紅仕丁、持雨皮、

笠持舍人、持唐笠、

雜色六人、

路頭行列

雜色六人二行、先行、

次御輿、次退紅、次笠持、次諸大夫二人、左右、次侍、

家君御出門後、余・礼部（竹屋兼俊）騎馬下向南都、直景・秀景・武藤才所召具也、自木幡（山城宇治郡）邊雨下、

自木津（山城相樂郡）邊屬晴、於天神森（山城綴喜郡）邊見物御路、未剋御下着一乘院殿、余才下着松井下坊、寺中也、頃

之家君御退出、入夜又御參一乘院殿、是依有延年之興也、

練貫御狩衣、香帷、青朽葉御指貫、白今日御着用同物也、

仲光出門の後兼宣等も下向す

義滿一乘院に著す

延年あり

春日社に詣づ

公卿・殿上人大略着改狩衣云々、余以直垂躰騎馬、參社頭、忩先爲奉拜　社頭也、

一乘院に猿樂あり

十三日、晴、於一乘院殿有猿樂、家君御參、

花田志々良練貫御狩衣、白綾袙、白張目綾御差貫等也、

諸大夫・侍等如昨日、及晩御退出、

義滿春日社に詣づ

（9オ）

十四日、晴、□日也、如法午一點家君御參、

御衣冠、下絬、手輿、諸大夫兩人・侍等着新調狩衣、無張目綾御指貫・白綾引部〔倍〕木御着用、

御僮僕歩行、行列之儀、同騎馬之時者也、午剋出御、於便宜所拜見、

室町殿准后、御衣冠、下絬、

番頭□二人、二行、

次衞府侍十人（十人(×二)）、二行、以下﨟爲先、上首持御釼、

次御輿、手輿、

次退紅・御笠持等、

次殿上人十一人、以上首爲先、二行、各着淨衣襲衣、

次公卿五人、各衣冠、下絬、
万里少路大納言(嗣房)・家君・日野大納言(資教)・左衛門督(中山親雅)・右大弁宰相(裏松重光)、
次地下諸大夫二人、各淨衣、
前大膳大夫俊重(大江)・右馬權頭行敏(惟宗)、
自春日社直有御參東大寺八幡、申剋家君御退出、其後御參　御社、余・礼部才同參、

次で東大寺八幡に詣づ

十五日、晴、天漸明程、室町殿已御出常樂會御棧敷云〻、家君忩有御參之處、遲參人〻不可參之由被仰出之旨、万里少路大納言雖觸申、先御參御棧敷邊、被歎申之間、則家君御一所可有御參之由被仰出云〻、就其者、先夜御着用之練貫御狩衣可令着給云〻、是有御狂言之子細也、仍着改御參御棧敷、珍重〻〻、今日御狩衣才色目、

義滿常樂會を覽ず
義滿公卿等遲參を怒る
仲光赦さる

(10オ)

薄色文濃、御狩衣、白綾袙、青朽葉織色、指貫也、
白練貫御狩衣、香大帷ニ令着改給了、
日野大納言・左衛門督以下殿上人才數輩、遂以不被免云〻、入夜御歸、

日野資教等赦されず

十六日、天晴、今日□〔又〕可有御出棧敷之間、卯剋御參、
御狩衣、花田文濃、御袙、蘇芳織物、指貫、無張目白綾、

資教中山親雅は赦さる日野西資國等猶赦されず

諸大夫・青侍ホ如昨日、〻〻突鼻之輩、日野大納言・左衞門督今日御免、頭弁(日野西資國)以下雲客猶不被免云〻、

余・礼部ホ、依召參大乘院(孝尋)御棧敷、所令見物也、

義滿興福寺東大寺を巡禮す

十七日、自曉天雨下、自未初屬晴、此時分人〻參集云〻、家君御參如□、□一點也、是依可有興福・東大寺ホ御巡礼也、家君御裝束色目、

御狩衣、文濃薄色、御袙、白綾、御指貫、白張目綾、

正倉院を開く

兩寺御巡礼後、被開東大寺之寶藏、次入御大乘院御坊、大飮御酒也云〻、入夜御歸、

義滿歸洛す

十八日、陰、卯剋□(家)君御參一乘院、是今日室町殿依可有御歸洛也、天明程御出門、余・礼部ホ參 御社、直上洛、自木津邊雨下、於宇治駄駒(餉)、至洛中雨脚休止、室町殿自南都

路次逗留なし

(11オ)

直御京着、無路次御逗留間、扈從人〻皆以不及駄駒(餉)云〻、公私惣別無爲、尤以珍重、

十九日、晴、入夜余向右大弁宰相重光朝臣亭、是爲賀南都之儀無爲事也、心靜雜談、有盃酌興、

西坊城長政獻策

廿二日、朝間有陰氣、言長(西坊城)朝臣息長政(西坊城)、今日遂獻策云〻、

七月

一日、或晴或陰、初秋朔誇壽域、奉拜　祖神以下如毎朔、幸甚〻〻、遣五色於油少路尼公故武藏入道(細川頼之)後家、宿所、

一條經嗣著陣

抑左大臣殿(經嗣)一条、轉任一上給後、今夕令遂着陣給、陣申文▨▨事可可存之由、內〻有被申家君(廣橋仲光)之旨、仍着束帶、秉燭程參　內、先之藏人權弁(勸修寺經豐)一人祗候小板敷、權尙書相語云、藏人方吉書事、可存知之由被仰云〻、自菅宰相(東坊城秀長)宿所、以步儀令參　內給云〻、少納言言長(西坊城)朝臣着床子座、余加着、兼治(壬生)宿祢・師豐(中原)朩所令動座也、左相府過床子座前給之時、於兩局輩者則蹲居、至弁・少納言者、答揖後跪者也、左相府一揖歩過給後、言長朝臣起座退出、次余仰申文事於座頭史、兼治宿祢、次六位史高橋秀職持來申文以下如例、度〻懃此事之間、令記六者也、仍不及記也、上卿以官□(人)被仰云、申文可忩云〻、余揖、兩局輩動座、着參議座朩如毎度、事了退去、次權弁奉下藏人方吉書欤、」(12オ)先御拜賀、次令遂着陣給也、

室町殿に列參したる興福寺學侶捕へらる

二日、天晴、抑興福寺學侶三人列參室町殿(足利義滿)之處、被召籠、被預大名三人、於兩人者卽被遠

仲光改元勘文を義滿の見參に入る
延文改元の例を裏松重光に示す

流云々、今度學侶五人被處罪科、彼ホ与同故云々、事次第孝俊得業委細相語者也、大乘院御代官(孝尋)
申剋許家君御參室町殿、來五日改元御勘文爲被入見參也、次御入右大弁宰相重光朝臣宿(裏松)卿
所、依招請申也、此卿可參改元定之間、進退ホ并勘文書樣所談合申者也、延文度御參陣
之御記ホ被寫遣了、依家君仰、余同所行向也、晩頭御歸、

(13オ)
四日、晴、入夜向右大弁宰相許、依招請也、是明日參陣次第ホ、有不審事ホ、更闌歸華、
五日、晴、早旦文章博士元範朝臣(藤原)・良賢眞人(清原)ホ參入、年号事有御談合、藏人權弁改元奉行也、以狀
申入云、今日定剋限被忩、々申剋可有御參云々、
右大弁以狀申云、今日參陣事、不定子細出來云々、其故ハ自室町殿有被仰下旨、所詮不
可參陣歟、

改元定
義滿參內陣定
明德五年を應永元年となすとの仰詞詔書を作らしむ

酉初家君御參內、前駈一人所被召具也、余同參內、先之奉行一人祗候、頃之人々參集、事具後、權
弁參室町殿、申入事之由之處、則可有御參內、忩可申沙汰陣之儀云々、奉行歸參內
之後、人々着陣、次室町殿御參內、殿下(二條師嗣)・室町殿於陣邊令聽仗議之趣給、人々大略擧
申應永歟、右大弁勘進之字也、決定後、奉行仰々詞、改明德五年爲應永元年、任承暦之
例、可令作詔書云々、此後人々退出、上卿(洞院公定)一人留着、次上卿奏聞詔書草、被返下

之時、於弓場則取替　淸書、又　奏聞云々、雖〔爲〕最略之儀、近年之風情也、」(14オ)

赦を行ふ

赦事召官人於軾、直被仰之云々、是又近年之儀也云々、不打任事歟、

後小松天皇出御

詔書被返下之後、（後小松天皇）天皇出御南殿、是爲官藏人方吉書御覽也、余覽官方之吉書、其儀跪文杖下文杖豫立殿上御倚子腋、至取出吉書、〔自〕□懷中取出、插文杖、出上戸、經年中行事障子南頭幷臺盤所南廣庇・御殿西簀子、至南簀子東行、至　御眼路跪、垂面伺　天氣、更立揚東行、至御座之次間長押下跪、昇長押立揚進寄、膝行兩三度之後、捧文杖於御前、次令拔取文御座、次持空杖逆行、右廻退、於長押上跪、南面、乍跪下長押、乍居左廻向御前、持空杖龜居、次御覽、了令置文於御前御座、次置空杖於欄下、乍跪昇〔昇〕長押、立揚參進、膝行兩三度後、左ノ手ニて吉書ノ南ノサキヲ押て、右ノ手ヲ先ニ成て、文ノ北ノ方ヲ取て板ニ付て、右ノ手を廻て、左右ノ手ニ文ヲ取テ、逆行兩三度ノ後、立揚て先ノ如クニ長押ヲ下て、文ヲ前ニ置、文ノ首上ニアリ、左右ノ袖ヲ聊刷て、礼紙ヲ披、文ヲ見、

官方吉書御覽

其儀、礼紙ノ右ノ下ヲ右ノ手ニて押て、半許披て、右ノ手ニて礼紙ノ上ノ方ヲ引展て、同手ニて同紙ノ下ノ方ヲ引也、其まゝ右ノ手ニて礼帋ヲ押て、左ノ手ニテ相殘礼帋ヲ悉披て、右ノ手ニて文ヲ取て、礼帋ノ」(15オ)右ノ端ニ置、右ノ手ニテ押ルナリ、左ノ手ニて礼

帋ノ奥ノ方ノ下ヲ引ク、次同上ヲ引て、次右ノ手ニて文ヲ礼帋ノ中央ニ置て、礼帋ノ翻ラヌ様ニ展置て、右ノ手ニて文ヲ取上て、座下左、方ニ向て文ヲ披て、左右ノ手ニて押合て、前ニ持廻て更披見、行ヲ數ハカリ也、更ニ押合て、天氣ヲ伺て、又押合、面ヲ垂て、左ノ片手ニて巻事半ハかりの後、右ノ手ニ持所ノ半牧〔枚〕ハカリヲ、左ノ手ノ上ニ懸て、巻終左右ノ手ニて巻終て、礼帋ノ奥左ニ置て、右ノ手ニてハ礼帋ノ右端の下ヲ押て、左ノ手ニて礼紙半許板ニ付て巻て後、取上ノ時、右ノ手ニて礼紙ヲ左ノ手ノ上ニ引懸て、左右ノ手ニて巻テ後、文ヲ左ノ手ニ持、文ノ首ノ方ヲ先ニナスナリ、右ノ手ニて杖ヲ取て立揚て、經本路退出、立杖ヲ本所也、

杖ヲ左ノ手ニ持タル文ノ上ニモタせて、杖ノ本ヲ右ノ袖ノ下ニ入ナリ、

次下吉書於上卿、其儀、

吉書ヲ左右ノ手ニ持、文首在左、胸ノ程ニ持之也、出陣着軾、上卿若着奥座者、於奥座下也、下上卿、〻〻結申仰〻詞、則被下余、〻於軾結之、如例、結申了起軾退、於仙〔宣〕仁門邊取笏、着床子揖如例、下史、〻結申、余仰〻詞、次起座堂上、

藏人方吉書御覽

藏人方吉書頭弁覽之、及曉天退出、

今夜余覧官方吉書事、自然相叶永和御例、自愛者也、」

(16オ)

十一月

青蓮院大法結願
義滿內々青蓮院に詣づ

二日、戊戌、晴、午一點家君(廣橋仲光)衣冠、下結、御參青蓮院(入道尊道親王)御門跡、是爲室町殿(足利義滿)御祈禱、此間被行大法、今日依爲日中之結願也、着座公卿万里少路大納言(嗣房)以下濟々焉云々、室町殿內々入御云々、酉初程御歸、

義滿湯治を始む

四日、庚子、天晴、早旦御參室町殿、自今日被始御藥湯云々、

近衛家年預に補さる
美濃生津庄東方を料所として充てらる

抑陽明(近衛良嗣)年預事、可被補余之由、自室町殿有御計、仍藤井宰相(嗣尹)奉書到來云、殿中年預事可存知、將又美濃國生津庄(本巣郡)內東方、爲料所可致奉行云々、先以令祝着者也、幸甚々々、岡(近衛兼經)屋殿御代、民部卿殿(藤原經光)爲年預有申御沙汰き、今又關此撰、自然相逢芳躅之条、可謂家之餘慶・身之好運者乎、殿中諸大夫康世・俊仲(大江)卞、則以賀來、

關白宣下
軒廊御卜

(17オ)六日、壬寅、天晴、秉燭程、着束帶參　內、是依可被行」關白　宣下幷軒廊御卜也、兩條共頭中將(油小路隆信)申沙汰事也、可早參之由依相催也、

上卿坊城俊任

一條經嗣を關白氏長者となす

詔書をなす

經嗣を一上とし牛車兵仗を聽す

詔書をなす

頭中將相語云、　關白　宣下事、此間頭弁(日野西資國)申沙汰了、當日申沙汰事、只今俄与奪云〻、
不參何障哉云〻、　宣下条〻可爲五个条之由、自左相府(一條經嗣)注給云〻、(關白、氏長者、一座、牛車、兵仗、)頃之
上卿坊城中納言(俊任)着陣、(奥、)頭中將出陣、仰〻詞歟、次上卿移着外座、令敷軾、召大內記長(東
坊城)遠、被仰詔書之趣歟、次少內記高橋秀職持參　詔書草、(入筥、)次召余、〻參進(懷中笏、)着軾、上卿
仰云、以左大臣藤原朝臣、令諮詢万機ヨ、以關白左大臣藤原朝臣令爲氏長者ヨ者、余奉
仰退、於敷政門邊自懷中取出笏(最略儀也、可令持弁侍若僮僕也、)着床子(兩局輩動座如例、)座、揖如例、座定後、聊居向
左方、仰〻詞於座頭史、(其詞同上卿、)史微唯、〻〻〻余揖起座次上卿召外記、被仰同事歟、次　奏聞
詔書之草、淸書於弓場取替　奏聞、(近來之略儀歟、)歸着陣座、次召中務省給　詔書、召內記返給筥
蓋、次頭弁出陣、仰〻詞、(是一座・兵仗・牛車、)次上卿召內記、被仰　詔書事歟、內記持參　詔書草、
次上卿召余、起座揖參進(於仙〔宣〕仁門邊入笏於懷中、)着軾、上卿被仰〻詞云、
(18オ)
關白左大臣可列太政大臣(德大寺實時)之上、關白左大臣乘牛車可」出入宮中、以左右近衞府生各一人・
近衞各四人、可爲關白隨身兵仗者、奉仰退出、(於敷政門下取笏如先、)着床子座、(如先、)仰〻詞於史、(如先度、)次
上卿召外記被仰同事歟、次　奏聞　詔書草幷淸書、每事如先度、次上卿歸着陣座、召中
務省被下　詔書歟、次召內記(秀職、)返給筥蓋、

關白　宣下儀、大略如此、
抑余不持笏進軾事、殿上弁ハ進軾之時、不可持笏之由一説也、不兼夕郎之弁者、猶可持歟之由、又有一説、猶可尋知事也、○能〻可勘決先規者哉(〻事也)、

軒廊御卜

次被行軒廊御卜、上卿猶坊城中納言着陣、在端座、頭中將出陣、下社解、仰〻詞歟、次上卿召余、〻參進、如先度、上卿仰云、可被行軒廊御卜、官寮座、余退仰史、進退如先、次余起座堂上、次召外記、被問官寮參否歟、次官寮着座、次召官寮、被下社解、次余退出、

伊勢賀茂怪異につき御卜を行ふ

今夜御卜、　伊勢內宮幷賀茂下・上社怪異才事也、

近衛家年預として吉書を覽ず

八日、甲辰、天晴、秉燭程、着束帶參陽明、被補年預以後、始而爲覽吉書也、今朝所召仰政所忠清(藤原カ)也、着障子上、着南二个間北間端座、揖如例、(19オ)藤井前宰相來示云、御出座候云〻、仍召政所吉書、入筥蓋、忠清自座上及手指寄簀子奧、余置笏取之、撤懸紙持參之、雖可指笏、入懷中、於東向四个間覽之、聊膝行進之、取出笏逆行候、御覽了返給、懷中笏、給之經本路退出、不結申例也、

吉書に袖書を加ふ

歸着障子上、加袖書、所司可持來硯之處、兼置之、政所沙汰歟、件書樣、

可成返抄、
　別當右中弁藤原兼宣(廣橋)

返抄に加判す

吉書之袖ニ如此書之、入筥蓋返(〻歸)給政所、則成上返抄、余加判返給之、次揖起座退出、政

所來乘車所、退出之後又賀來、

園韓神祭

十七日、癸丑、天晴、今日園幷韓神祭也、依分配余所參向也、藏人方事、頭中將申沙汰、兼日相觸之間、出請文畢、

後小松天皇綸旨

園・韓神祭御參向事、御分配候上者、定御存知候哉、可奉存候、仍執達如件、

十一月十日　　左中將隆信

謹上　右中弁殿

兼宣請文

園幷韓神祭參向事、分配候上者、早可存知候也、恐惶謹言、

十一月十二日　　右中弁兼〔宣〕

伊勢栗眞庄年貢を以て神供に充つ

(20オ)

神供寸事、時(大石)弘注進、早旦到來、籠狀內々付遣日野大納言(資教)許、是以栗眞庄(伊勢奄藝郡)御年貢、下行之故也、則加下知云々、酉初諸司相具云々、仍所參行(向)也、內侍參向可遲々之間、內々相尋勾當局之處、只今已參向云々、仍所出門也、出車教興(山科)朝臣獻之云々、

御前初度の議定始

記錄所始も行ふ

十九日、乙卯、自夜雨下、或晴或下、今日可被行御前初度之議定始之由、自兼日有其沙汰、記六所始同可被行之云々、頭左中弁資國朝臣奉行、家君御參事、先日御教書到來、余記

開闔壬生兼治書狀

六所參事雖奉及、宣旨未到不審之處、開闔兼治(壬生)宿祢狀到來云、

來十九日記錄所始、可有御參着候哉、仍言上如件、

十一月十六日　　左大史小槻兼治狀

進上　右中弁殿」

(21オ)

兼宣請文

返報如斯、

記六所寄人事、被　宣下候哉、宣旨未到之間、不存知之上、一昨日御狀只今(申剋)到來、

若拜得者可參着候也、恐々謹言、

十一月十八日　　兼宣

俄に延引す

晡時分奉行狀到來、今日議定始幷記錄所始延引云々、是依無丞相之領狀、俄延引云々、」

(22オ)

新嘗祭上卿等故障により關白祕計す

今日新嘗祭也、卜合上卿皆以故障、參議又以同前、已以及闕如之間、自執柄內々就被仰試、三条宰相中將(正親町三條實豐)參行云々、後聞、三条宰相中將・少納言長朝臣(西坊城)・藏人右少弁資家(土御門)・外記六位師世(中原)・史六位秀職朩參向、參議行事云々、

豐明節會平座とす

廿日、丙辰、天晴、豐明平座參事、兼日頭中將相催之間、出領狀之請文畢、

後小松天皇綸旨

豐明節會可爲平座、可令參陣給者、　天氣如此、仍執達如件、

兼宣請文

上卿山科教藤

宜陽殿に行ふ

箸を下す

上卿見參を覽ず

(23オ)

十一月十六日　左中將隆信

謹上　右中弁殿

請文狀如此、

豊明節會可爲平座、可令參仕之由、謹奉候了、早可存知候也、恐惶謹言、

十一月十六日　右中弁兼宣

晩頭着束帶參　內、頃之新宰相(山科教藤)・頭中將・少納言言長朝臣才參仕、事具後、上卿〔新〕□宰相、着陣、參議座、頭中將出陣、仰〻詞欤、次上卿召余、〻參進、不持笏、被仰宜陽殿之裝束事、次余退出、史不參之間、不及下知裝束具由、又不申之、略儀也、但兼所相談上卿也、次上卿起座、着宜陽殿座、爲官人令敷軾、○次少納言着階下座、奥、西、次余着同座、端、東、任位次儀也、正笏、引裾、經宜陽殿壇上北行、至」可着座後一揖、西面、脫沓着座、又一揖、引直裾安座、次上卿被目余、是被催一獻儀也、余揖起座、着沓又一揖、南行至月花門下、乍立指笏、取盃、內豎傳之、參進、內豎持瓶子相從、着軾、或持盃揖、目上卿後、請酒獻上卿、次拔笏退、不揖、先度有揖者、起時可揖欤、復本座、揖如先、次箸下、少納言并余應之、置笏取箸、寄懸飯也、二三獻略之、上卿則拔箸、余應之、拔箸置本所、取笏也、次上卿召官人、顧座下、目官人、仰見參目六可持參之由於外記、〻〻持參六位外記・史者先立壇下、上卿目許後、可着軾之處、今夜無左右着軾、不可然事也、之、上卿拔取文披見之後、・(×如)返給外記、〻〻取之、如本插

杖、立壇下、次上卿起座、就弓場奏聞、（外記相從、）次歸着宜陽殿座、次（上卿）拔取見參目六、置座前、次外記持空杖退去、次上卿目少納言、〻〻〻參軾、給見參退去、次上卿目余、〻一揖起座、着沓又一揖參軾、不揖、上卿被下目六、余置笏給之後、取副笏退、不揖、出月花門方、可下史之處、不參之間、懷中退出、

史不參之時、或下六位外記之条有例歟、雖然後日以狀可下官務（壬生兼治）也、

仲光脚氣を患ふ

廿二日、天晴、有暖氣、北畠前大納言（四條隆郷）入來、御脚氣不快間、家君不及御對面、陽明祇候之輩泰世（諸大夫）（高階）・季景（醫師）等隨身一樽入來、所令賞翫也、

明後日吉田祭可參向之間、始神事者也、

吉田祭

兼宣參向す

（24オ）廿四日、庚申、天晴風烈、今日吉田祭也、未終程万里少路大納言嗣房卿、送使者云、只今欲參　社頭、早可參會云〻、仍着束帶參吉田社、尤雖可召具青侍、略之、頃之上卿參、外記師野（中原）・史秀職等參候、無爲事了退出、

仲光近衞良嗣の大納言昇進の望を義滿に傳ふ

廿八日、天晴、家君自早旦御參室町殿御湯治所、酉終御退出、抑陽明大納言御昇進事、自去比內〻家君令申室町殿給、不可有豫儀之由被仰云〻、仍入夜家君御參陽明、余同參、藤井前宰相・京兆行冬朝臣（惟宗）等、於陽明御前御拜賀條〻有其沙汰、頃之御退出、余同之、

次於藤井宿所有盃酌興、半更程御歸、余同之、

高倉永行邸火く

寅剋許當艮有炎上、陣中云々、尤雖可着　朝衣、依有故障着直垂、馳參　內裏庭上之處、正親町高倉（高倉）永行朝臣宿所也、禁裏以外近々、雖然餘煙不及弘、尤珍重、靜謐後退出、家君同所有御參也、

十二月大

義滿湯治を終へる

一日、〇天晴、月朔幸甚々々、早旦奉拜尊神以下者也、室町殿（足利義滿）自御湯治所還御云々、家君（廣橋仲光）有御參賀、

近衞良嗣拜賀用途を家禮等に課す

四日、天晴、藤井前宰相（嗣尹）并知高（西洞院）卞參申、是殿中御拜賀用脚卞事爲談合也、所詮御恩之地、不論多少十五分壹之用脚可致沙汰云々、筑前入道卞參申、

德大寺實時奏慶

抑今夕相國（德大寺）實時公、被　奏慶云々、秉燭以後、已被參申室町殿云々、次參　內、南行烏丸、至鷹司東行之間、令見物者也、先殿上前駈五人、一列、地下前駈六人、二行、扈從公卿權中（正親町公仲）納言・中院中納言（通宣）・德大寺中納言（公俊）・三条宰相中將、（正親町三條實豐）

○中闕、

○以下三紙錯簡、此ヲ正ス、　ホ連軒［　］交名ホ可尋知也、

(27オ)

十七日、天晴、抑室町殿准后、若君（足利義持）九歳、今夕令遂首服給、万里少路大納言（嗣房）申沙汰、是爲重（萬里小路）房家司申沙汰之故也、酉半剋家君御參、御直衣、下結、余同參、束帶、諸大夫一人着布衣、所被召具也、頃之人〻參集、次余參　內、是令任將軍給之間、爲　宣下所參陣也、頭中將（油小路隆信）申沙汰、上卿日野大納言（資教）着陣、以官人召余、〻參進軾、上卿仰云、以左近衛權中將源朝臣義｜（持）、可爲征夷大將軍者、余奉　上宣退、於敷政門邊自懷中取出笏、着床子座、揖如例、仰〻詞於官、其詞同上卿、史稱唯、次余揖起座退出、歸參室町殿、上卿同參、今夜　宣下五个条云〻、

叙品　正五位下

任官　左近衛權中將

禁色

任將軍

〻〻［昇　殿カ］

○脱アルカ、

義持將軍宣下

上卿日野資敎

正五位下

左近衛權中將

禁色

昇殿

義持元服

(25オ)

人々參集、事具後、室町殿御出座寢殿南面、御直衣、御下絬也、次公卿次第着座、

万里少路大納言嗣房卿、　直衣、下絬、

家君　御直衣、下絬、

日野大納言資教卿、　束帶、

左衞門督(中山)親雅卿、　束帶、

權中納言公仲卿、　直衣、下絬、

中院中納言通宣卿、　束帶、

右大弁宰相(裏松)重光卿、　束帶、

三位中將(二條道忠)殿

今夜申拜賀、令着座給、

西園寺宰相中將實永、

以上九人着座、東上北面、

次諸大夫二人置圓座二枚、次冠者(足利義持)扶持公卿右大弁宰相起座、參曹司御方、次殿上人取脂燭、同參彼御方、

兼宣脂燭を取る
理髮裏松重光
加冠義滿
冠直衣を著す
御膳を供す
空覺三回忌のために寫經す
阿彌陀三尊を圖す
正四位下に敍せらる

冠者令出座給、（浮文小蔡〔葵〕御直衣、二重織物御指貫、）次五位殿上人三人置御冠以下之雜具、次內藏頭教興〔山科〕朝臣幷余取脂燭參進、（引裾、）候理髮圓座左右、次諸大夫二人持參替脂燭、次理髮人（右大弁宰相、）參進、着圓座、（有揖、）理髮儀、事畢一揖退簀子、余・教興同退簀子、（此儀不可然、猶候座歟、）次加冠（室町殿、）令移理髮圓座給、（諸卿動座、）加冠儀、畢令復本御座給、」（諸卿安座、）次又理髮人參進、調置雜具退、次(26オ)冠者起座給、余ホ取脂燭前行、令入曹司方給、
次着冠幷直衣、（室町殿御直衣也、）又出給、（脂燭同前、）扶持公卿奉相副、於階間簀子御二拜、（此間着座公卿悉起座、退簀子、）御拜了退入給、（如以前、）此間公卿不及歸着、室町殿入御、
次於曹司□〔御〕方供御前物、陪膳中將滿親〔中山〕朝臣、役送□也、□〔公〕卿万里・家君・日野・左衞門督・右大弁ホ□事、事了人々退出、」
(28オ)十八日、天晴、奉頓寫地藏本願經、是依小生空覺聖靈第三廻也、雖爲來月廿四日、月迫無骨之間、今日引上如形修之、此外漸寫妙法蓮花經・心・阿ホ各一部勸進之、又阿彌陀三尊一鋪所奉圖繪也、各於淨菩提寺遂供養、東方年貢少々到來、珍重々々、
十九日、夜間雨下、天明以後屬晴、余一級事被　宣下、所自愛也、貫首事、可有御沙汰之間、先被申加級事云々、今日妙善比丘尼七年之正忌也、仍潔濟〔齋〕看經、去月引上雖被修作

仲光近衛家領大井庄奉行を命ぜらる

義滿任太政大臣拜賀の日次を定む

年内に藏人頭に任ぜらるべし

善、猶如此、

陽明御家領濃州大井庄(安八郡)、故仲信(安居院)奉行地、家君可有御奉行之由、自室町殿御口入、仍藤井以奉書被進、珍重〻〻、

廿日、陰、早旦御參室町殿、任相國之御拜賀、可爲白馬節會次云〻、家君御出立ホ無他事、余年内可居貫首之由有御沙汰、旁以御大儀、爲之如何、

行冬(惟宗)朝臣入來、陽明御拜賀条〻談合申入者也、

○日次記原本斷片集

「（標紙題簽）兼宣公記斷片褄　自年月不詳□七日　至應永五年四月四日　一巻」

自筆本

〔應永三年〕

〔九　月〕

延暦寺大講堂供養に参列の装束

（1オ）〔十〕□七日、丶丶天晴、自寅一點挑燈理髪、予装束色目、直衣、下絬、出衣妻、紅單、白下袴、白大帷、直衣、紫苑色唐織物□〔ミヘカ〕タスキ、ᴖ差貫、青朽葉、練地、地文鳥タスキ、菊枝ヲ打置テ織之、色▨、出衣、□ᴖ蘇芳練蝶番、練地、紅葉枝縫之、紅單、文菱、白帷、尋常、卯終予着装束、ᴖ先大帷末籠下袴、ᴖ次紅單末下袴与指貫ノ間ニ籠之、次ᴖ出衣着之、件衣、指貫上直衣ノ下ニ出妻、衣ノ妻ニ小入綿、衣ノ後ヲハ馬乗ニ綻ハカシテ、前ヲ本ニ、上ヵヘ下ヵヘ引違テ、上ヵヘノ妻ヲハ右ノ指貫ノ前ノ縫メニ當テ、色コ方ナル様ニ出之、左同之、衣ノ出程、直衣ノ末与足ノ指□〔ノ〕先ノ中央ニ當テ出之、假令五寸許ヵ、」

（2オ）

應永三 十一月

御暦奏

（3オ）

一日、乙卯、天晴、早旦奉拜尊神、參家君(廣橋仲光)御方、例式三獻之後退出、予方盃酌如例、毎事如所存、珍重〻〻、東三条地利、昨日分四百余疋、長壽男致沙汰、」抑今日御暦奏、奉分配上卿新藤中納言資藤(日野町)卿也、依所労故障之間、任近例可付内侍所之由、下知外記頼季(清原)者也、且上卿故障之子細伺申入、致沙汰了、平野祭条〻馳走者也、北山殿女院(崇賢門院、廣橋仲子)、密〻(アキママ)入御、被進御迎之車了、尊喜(兼宣姉妹)御房并素玉(後ノ光庵、兼宣妹)御房ホ御共、將又喜巨小生、同被召具、彼母堂此間被渡家君御方故也、付御迎車、御料人并定光(廣橋)參北山殿者也、酉初公私還御、入夜定康(丹波)朝臣入來、」

崇賢門院密かに廣橋邸を訪ふ

（4オ）

二日、丙辰、天晴、平野祭出車、依分配此間公種(小倉)朝臣猶故障之、其子細申入執柄(一條經嗣)了、抑鴨社鳥居、自卯剋至天明以後燒失云〻、可驚〻〻、火災因縁何事哉、可尋知、當社奉行職

小倉公種平野祭出車を拒む
鴨社鳥居火く

關白一條經嗣重ねて公種に出車を命ず

事藏人右中弁資家(土御門)、傳奏坊城大納言俊任卿、等也、藤三位(藤原)元範卿、入來、是爲執柄御使也、平（5オ）野祭」出車事、公種朝臣爲分配故障之上者、任法可被解官停任、可存知其旨之由、猶重可觸遣之由被仰下、則以御教書仰遣者也、彼三位相語云、春日祭出車、分配羽林北畠中將俊泰(木造)朝臣也、然彼朝臣此間下向勢州之間、彼出車就及闕如、春日祭出車未役輩、別可相觸之由、○奉行職事被仰藏人兵衞佐定顯(葉室)了、未役中公邦(河鰭)朝臣別可存知之由、再三被仰之處、猶以

春日祭出車を斷るにより義滿河鰭公邦を解官せんとす

故障之間、就及違亂、今朝被伺申上御所(足利義滿)之處、任法可被解官之由被申之間、已被下」知（6オ）職事云々、公邦朝臣ハ陽明(近衞良嗣)祗候者也、依爲一所之傍輩、內々此子細告遣之間、忩馳來、

公邦は陽明祗候の傍輩

御沙汰次第不便之至極也、非分配、又車不所持之間、故障申之由相語之趣、有其謂、所詮依故障及罪科御沙汰之上者、猶可廻計略云々、平等寺執行覺慶僧都入來之間、勸一盞了、藤三品秉燭程歸去、番匠一人來、

兼宣公邦のため奔走す

三日、丁巳、天晴、早旦公邦朝臣入來、出車事、所詮可申領狀之間、參申入關白之處、以中山禪門(親雅)被伺申(×申)了、御沙汰治定之上者、爲執柄難被執申、直可歎申入之由被仰云々、仍令同道彼朝臣、欲罷向彼禪門亭之處、▨宜機嫌依有機嫌依不宜、向頭中將滿親(中山)朝臣彼禪門息、亭、公（7オ）邦朝臣歎申(×同道)者也事次第、委細示置、可傳達禪門之由、慇懃被示者也、次予就便」便(ママ)路、

仲光中風を患ふ

業定王等仲光を見舞ふ

東南院尊玄突鼻せらる

公種出車を領狀す

向新大納言(裏松)重光卿、亭、家君御中風式同躰之由爲相語也、對面之最中、自上御所有御使、亞相(裏松重光)馳參、仍予則歸宅、伯(業定王)并內藏頭(山科)教興・菅少納言長方(粟田口)才朝臣參會、秉燭時分、定康朝臣入來、家君御中風式爲尋申入也云々、次相語云、東南院大僧正尊玄有突鼻事云々、子細何事哉、俊重自南都上洛、番匠一人來、重豐(大江)敷地事問答、平野祭出車事、公種朝臣領狀、岩藏法師入來、一宿、遍照光院入夜密々入來、元祐房明旦可下向南都、馬自今夕引遣者也、

仲光湯治のため風爐を求む

鷹司邸にあるを借る

平野祭上卿久我通宣病むにより延引す

四日、(戊)午、天晴、俊重參入、家君御對面、藤三位・尺念才入來、家君入御予方、自市河柱車一兩被召寄、尊喜御房七觀音御參詣便路入御、家君御湯治事、岩藏風呂在所不宜之間、俄大乘院(孝尋)殿御在京時被燒御風呂、雖爲下品、被立置鷹司殿徒有之、被借請申事不可有子細欤由、俊重計申之間、今日被申南都了、」(8オ)風呂具足才番匠致沙汰者也、抑當巽有燒亡、東山淸水邊欤云々、餘煙不及廣、珍重々々、明後日平野祭事、上卿中院大納言(久我)通宣卿、領狀之處、有風氣事、次支干可被延引之由、父(久我具通)相國禪門以狀被申執柄之由(×云々)、如此被仰下、相國禪門狀案文、同寫續加者也、

（９オ）
一條經嗣書狀

尙〻上卿若申樣候者、次支干不可有子細候歟、

明後日平野祭事、久我相國禪門如此申候、上卿故障之上者、先延引不可有子細候歟、何樣可申奉行之由、返答候了、定可被申候歟、出車事、公種朝臣其後無申旨候哉、罷成次支干候者、可存知候歟、其上猶」（10オ）不可叶候者、必可及嚴密御沙汰候、不可後悔之趣、內〻可然被究候哉、臨時祭使事、在勝（菅原）依觸穢故障申候者、次支干穢限若過候者、可參懃之由、同可被仰候歟、所詮就彼是、罷成次支干、期日以前周備候之樣、被申沙汰候者、可然候歟之由思給候、且入道殿へも能樣可被申合候、此一通被加一見、可返給候也、

十一月四日　（一條經嗣）（花押）

（11オ）
久我具通書狀案
幣料は明夕に遣はす

此間久不啓恐欝候、明後日平野祭大納言分配候之間、先日已出領狀之請文候、雖然聊」故障事候、被成次支干候之樣、可得御意候、直可申奉行候、幣料以下彌可爲遲怠之基」候之間、明夕なと可申遣候、先內〻爲得御意、言上候也、

（12オ）
今朝早旦岩藏法師歸了、遍照光院幷兒ヰ歸廬山寺了、

（約四行分空白）

（13オ）五日、〻(己)未、天晴、平野神主兼(卜部)內入來、明日祭礼延引事示之、可爲次支干之上者有日數、臨時祭使猶可觸廻之由示之、」番匠五人來風呂、

風爐の修理

（14オ）

應永四年六月 ○14オ・15オ共に宿紙、

仲光圓興寺等に詣づ

仲光裏松重光を訪ふ

廿三日、雨降、或晴、入夜屬晴、早旦家君(廣橋仲光)渡御円興寺幷廬山寺、未剋許還御、晡時分、自北少路前大納言(裏松重光)以書狀有申入子細、仍家君則有入御者也、藤三位(藤原元範)入來、予此間有雜熱事、仍不及出頭、適平愈(癒)之間、及夜景罷向北少路亭、頃之家君有□□、予同所御共也、四条大(西大路隆仲)納言・藤中納言(日野町資藤)・興福寺別當僧正長雅、・藤井前宰相(嗣尹)・藏人大內記菅原長賴(東坊城)朩參會者也、

月次祭御體御卜

廿四日、天晴、去夜

抑後聞、〇被行月次祭幷御躰御卜云〻、上卿今出河大納言、公行卿、於御躰御卜者、藏人左中弁資家(土御門)、奉行、於月次祭者、藏人右中弁經豐(勸修寺)、奉行、共以分配也、御躰御卜當日事、經豐奉行云〻、參陣人〻、少納言範輔朝臣(岡崎)、弁藏人權右少弁、定顯(葉室)、宮主神祇〻〻兼之(吉田)、神

（15オ）祇權□(少)副清誠(大中臣)、外記師野(中原)、史」秀職(高橋)朩參陣云〻、獻盃一獻、少納言勸之云〻、

（約九行分空白）

（16オ）

應永五年戊寅

正月大

廣橋家年始祝

一日、己酉、天晴、風和、迎上陽之佳景、誇中心之歡娯、就中官位之昇進、福祿之充滿、云彼云是、可任所存之春也、幸甚々々、早旦奉拜天地四方、誇壽域、參家君（廣橋仲光）御方、定光（廣橋）幷小女ホ所召具也、白散三獻如例、之後退出、於予方又有來樂、幸甚々々、見齒固、進賀札於老堂（兼宣母カ）、俊重（大江）・俊仲（大江）・匡重（大江）ホ三人賀來、勸來樂、入夜小雨下、予入夜帶束帶參内、着巡方帶、付魚袋、相具靴、先

禁裏供藥

之御藥奉行職事藏人權右少弁定顯（葉室）、節會奉行職事藏人右中弁經豐（勸修寺）ホ在小板敷、頃之供藥始（×初）、後取言長朝臣（西坊城）懃仕之、人々參仕之後、小朝拜、先關白（一條經嗣）以下着殿上、次出御（後小松天皇）、予供御

小朝拜

靴候御簾、次此間諸卿列立中門外、出御之後、予懃申次、其儀、出無名門、着淺履、參關白御前、關白揖給、予深（深）揖退、左廻、入無名門、又▨正笏進出、猶淺履、向關白一揖、關白揖

（17オ）
給、次予聊退蹲居、退入無名門、出神仙門、於殿上口」改着靴加列、關白以下參列之後、

元日節會

予入日花門、當第一大納言後一揖立、次藏人左中弁資家(土御門)・藏人右中弁經豐・權弁定顯・藏人大內記菅原長賴(東坊城)着淺履、・藏人中務丞菅原長政(西坊城)等同參列、悉列了舞踏、〻〻畢自下﨟退、予一揖退出、則堂上使六位懸裾、諸卿退、　天皇入御、予候御簾、如以前出御、次節會、御裝束具、內弁着陣、職事仰內弁歟、外任奏後　天皇出御、關白令候御裾給、予供御靴、關白御裾予引直者也、劔璽內侍如例、召內侍、關白令扶持給、一獻之後入御之間、予則退出、公卿日野大納言(資敎)內弁、・九条中納言(氏房)・藤中納言(日野町資藤)・菅宰相(東坊城秀長)・吉田宰相(淸閑寺家房)、次將實淸朝臣(三條西)左、・資敎(平松)左、・基輔(園)、右、」

內辨日野資敎

抑節會奉行職腋御膳同申沙汰之、可与奪定顯之處、早出之間、申沙汰云〻、資家徒祗候、何不与奪哉、

（18オ）

二日、庚戌、天晴、今日兼時(廣橋)七歲、遂首服、予可加理髮之由、有家君仰之間、致沙汰者也、予有引出物等、珍重〻〻、次家君入御予方、例年儀也、進御小袖・白麻等、幸甚〻〻、秉燭之程、着束帶、着半臂、指馬腦帶、先參近衞殿(良嗣)右幕下、覽吉書、其儀如例年、政所可祗候之由、兼加下知了、次參　內、淵醉參仕人〻、仰出納加催促者也、供藥了、內〻伺天氣、予着殿上、自小板敷着座、

弟兼時元服理髮を勤む

近衞良嗣邸參賀

殿上淵醉あり

頭中將(中山滿親)又同予進退、以主殿司仰人々可着座之由、兼邦(楊梅)朝臣・經良(田向)朝臣・資家・定顯・菅原長賴・同長政・橘知興・同以廣等着座、一獻盃下之後立箸、二獻盃巡行之時拔箸、次第事了、自下﨟退出、予・頭中將等指紐退出、淵醉散狀内々以狀」進執柄者也、

(19オ)

三日、辛亥、天晴、

（約三行分空白）

仲光と室町殿に參賀す

次で北御所に參賀す

四日、壬子、或晴、或陰、午斜家君御參賀室町殿、予同參賀、刑部少輔源盛興在御共、白張狩衣、先之人々濟々焉祗候、直御參北御所(足利義滿)、予同參、内入道内府(萬里小路嗣房)着九帶、縣(袈裟)無文香袈裟、・日野大納言資教卿、直衣、下絬、・左少弁重房(萬里小路)束帶、・右衞門佐有光(日野)衣冠、小文▨▨、・永行朝臣(高倉)直垂、等祗候、次家君加着給、御衣、大口、令懸有文香袈裟給、予、着束帶、次坊城大納言(俊任)參、直衣、下絬、次四辻宰相中將(實茂)衣冠、上絬、參、次主人令出座給、平絹御直綴、上首次第進御前、永行朝臣役之、給銀釼、四辻宰相中將退之後、予則參、次重房・有光等參進、次家君御退出、予同退出、今日於庇予張行」白散、俊仲在此座、

(20オ)

仲光敍位散狀を義滿に示す

五日、癸丑、早旦家君御參室町殿、敍位散狀御持參、此次敍人事等少々有御伺、藤三位(藤原元範)參賀、就敍位事被申執柄子細等有之、就此事藤三品入來、定康(丹波)朝臣參賀、勸白散、家君有(×及)御對面、俊重同參、於秀景宿所有一獻、」

一條經嗣邸に参賀す
小折紙を賜はる
敍位
梅宮祭平野祭の用意

(21オ)
秉燭以後、着束帯、色目如例、参殿下、藤三位并經治朝臣(中御門)・基輔等参會、頃之主人令出座給、中(一條良忠)納言中將殿同令出座給、白散三獻有之、此間小折紙事等申入者也、入御之後予退(給小折紙)出、直参内、先之公卿少々参仕、遲参人々仰出納加催促者也、殿下御参後、於鬼間内覽、則奏聞、次撰定、菅原長賴取目六[錄]、御装束具後執筆、今出河大納言(公行)、○以下書カズ、」

(22オ)
應永五 四　○22オ宿紙、

四日、天陰、家君(廣橋仲光)御参北山殿(足利義滿)、三条大納言實豐(正親町三條)、使者入來、梅宮祭参行事也、中院大納言通宣(久我)、使者入來、平野祭上卿参行事也、各於客席予對面者也、大藏少輔大江俊仲・六位史高橋秀職等入來、平野・梅宮等祭事、終日尋沙汰外(×者)無他、於宗覺宿所有盃酌興、

○國立歴史民俗博物館所藏北山殿御修法申沙汰記

（標紙題箋）
「北山殿御修法申沙汰記　自應永七年二月十六日至廿二日　兼宣公自筆本　一巻」

〔應永七年〕

〔二　月〕

○前闕、

（1オ）
（十五日カ）今月不被行外典之御祈、

抑此祈中有御受戒儀、其次第見十九日〻記者也、

北山殿七佛藥師法

七佛藥師法可催具條〻、

脂燭殿上人

一、脂燭殿上人事、初夜、束帯▨ 結願日御布施取事同相催也、

一、同料足事、百疋可下行御所侍之由、遣奉書於飯尾美濃入道（貞之）事、

一、日次治定後、可下知奉行飯尾事、

（布施の馬）一、御布施御馬幷引手衞府可用意之由、同下知飯尾事、

（樂所）一、樂所事可下知事、

初夜幷結願日可有之云〻、是去年春如此御沙汰之間、當年又可爲此分之由、被仰下者也、

（樂屋）一、樂屋事可下知木工寮事、

一、樂屋疊幷樂器ホ、自元北山殿ニ在之、仍臨期申出者也、

（居飼　御厩舍人）一、結願日可引御馬料居飼・御厩舍人可相催事、

一、廳爲景(中原)可相催事、

（結願日參仕の公卿殿上人）一、結願日御布施取殿上人可相催事、

一、同日着座公卿事、

（2オ）

（佛具）一、佛具事、自阿闍梨奉之旨、內〻伺(×可)申」入事、

（免者）一、免者事、被仰(×所)所司代(浦上美濃入道)了、

（殺生禁斷）一、殺生禁斷事、宣下分也、

應永七年二月十六日、天晴、今月御祈、自今日座主宮(入道尊道親王)可令始行七佛藥師法給、仍未剋着直衣、參北山殿(足利義滿)、家君(廣橋仲光)同御參、先之承仕等構道場、(寢)震殿南面、幡四十餘流可入之、此内二十余流阿闍梨方用意、不足分二十二流、自御所可申出之由、壇奉行顯喜法印申之之間(マヽ)、内々伺申入、仍被出之、御本尊藥師七躰、自法水院被渡之、酉初剋樂人等參仕、樂所事、以中門之南廊爲其所、構打板、下知橘知興致沙汰者也、幔幷樂器事、定秋(豐原)内々隨身、但太(大)皷等少々自御所被出之、剋限阿闍梨令入道場給、脂燭殿上人五人、各着束帶參懃、今夜雖可有樂人之大行道、去年春無之、仍於庭上有一曲許也、事了人々退出、

御撫物不被渡之、是於御所中被行御祈之時、不渡之御例也云々、此事限此御門跡事歟、聖護院(道意)僧正懃仕之時、每度被申渡者也、

(3オ)十七日、酉半剋、着狩衣、參北山殿、是御祈申沙汰之故也、

十八日、又出仕如昨日、抑明日可有御受戒、其次第直被申了、御布施取公卿事、伺申可申沙汰之由、有座主宮仰、仍伺申入之處、去年春三条大納言(正親町三條實豐)參懃云々、實豐卿可相觸之由有仰、午剋許可參仕云々、奉仰之後退出、則以書狀相觸、件狀如此、

(約五行分空白)

阿闍梨靑蓮院宮尊道

仲光と北山殿に參ず

樂人の大行道なし

御所中御祈は撫物を渡さざる作法

義滿受戒

十九日、午一點（天晴風靜、）家君御參北山殿、予着束帶同參、頃之三条大納言參仕、剋限阿闍梨座主宮（赤色鈍色也）□御以御持佛堂給（爲其所、南面御簾垂之、）佛供燈油才事、一向□阿闍梨方御承仕致沙汰之間、不及口入者也、剋限室町殿令出座給、次阿闍梨座主宮令參給、令着赤色袍裳（御）鈍色〇（衲）袈裟給、令下高座給之後、雲客（教興朝臣、着束帶、）（山科）參進、上正面之御簾一間退、次三条大納言取御布施（砂金三十兩、以薄樣裹之、被納銀盆、）參

布施取正親町三條實豐

（4オ）

進、」（件御布施内々被出之、不及六位手長者也、）入正面間、置阿闍梨御前、拔笏退、於簀子蹲居、經本路退出、次教興朝臣參進、取御布施退出、傳執師（尊雅）〇法印了、次座主宮起座退給、室町殿同令立座御（〃給）、至簀子被送之申（了カ）、此後家君御參女院御所（崇賢門院、廣橋仲子）、予同參、則御退出、酉初予又着狩衣、參北山殿、

廿日、同參、

廿一日、同參、

結願

廿二日、卯剋家君御參北山殿、予并（廣橋定光）小冠武衛同所召具也、是依爲御祈之結願也、此御修法爲大法之間、可爲（〃八日）八日結願之處、明日當主人之御衰日之間、今日可被遂結願儀之故也、

明日は義滿の衰日たるにより引上ぐ

樂人大行道

頃之人々參集、樂人才同參、（如初夜、）剋限阿闍梨令渡道場給、被始御修法、樂人大行道〇（一反、）去年如此云々、路次腋戸才（〃并）開之、於北小御所（〃御）南面有一曲、御修法畢後事了後、樂人入樂

加持
引出物
馬
布施
巻數
參仕の公卿
殿上人
傳奏兼宣奉書
公卿の催

屋、次上御簾并幕、内陣幕、四位雲客兩人（又上之）（西大路）隆躬朝臣、（五條）爲守朝臣、上之、外陣御簾并幕、五位雲客兩人可上之處、定光年少間、（東坊城）長賴与（西坊城）菅原長政懃此役、母屋幕并廂御簾・幕才上之後、公卿次第着座、東上北面、疊仰承仕儲之、次有」御加持、御加持了公卿第一日野大納言（資教）進申御勸賞事、退後引出御馬、教興朝臣并武家衞府、、、引之、坊官一人進請取御馬退入、次引御布施、阿闍梨御分一重一裹也、護摩壇僧正以下廿口助修悉一裹許也、公卿以下取之、不足之間下﨟雲客重反、予取最末裹物了、次僧衆悉退出、阿闍梨御布施役人僧進撤之、自余僧衆自取之退、阿闍梨御退出後、被進御巻數、予取之進上者也、

（5オ）

今日參仕公卿殿上人、

日野大納言直衣、下絬、　坊城大納言（俊任）同、同、　藤中納言（柳原資衡）束帯、　中院中納言（光顯）同、

菅宰相（東坊城秀長）同、

脂燭殿上人五人、（山科）教遠・教興・（四條）隆直・隆躬・爲守朝臣才也、　此外、（勸修寺）經豐朝臣・（萬里小路）重房・（葉室）定顯・（甘露寺）清長・定光・長賴・菅原長政才、　以上七人參仕、各束帯、

公卿
七佛藥師法結願、可爲來廿二日、可令參仕給之由、被仰下候也、誠恐謹言、

二月十七日　　　兼（宣）―

日野大納言殿

脂燭の催

（6オ）

（脂燭）自來十六日、可被始行七佛藥師法、夜々脂燭事、可令存知給之由、被仰下候也、恐々謹言、

二月十一〔七カ〕日　兼―

山科新中將殿

袖云、

結願日御布（施）取事、同可令存知給候也、

布施取の催

（御布施取）來廿二日七佛藥師法結願、爲御布施取可令參仕給之由、被仰下候也、恐々謹言、

二月十七日　兼―

右中弁殿

○國立歴史民俗博物館所藏北山殿經供養參仕記

（標紙題箋）
「北山殿經供養參仕記　自應永八年五月廿一日至六月廿日　兼宣公自筆本　一卷」

（1オ）
應永八年五月

義滿如法經先方便のため北野社參籠

廿一日、北山殿（足利義滿）自今日御參籠北野宮、抑可被遊如法經之間、自今日於彼宮被始行先方便、御經衆十四口之内、座主宮（入道尊道親王）・聖護院僧正道意、同於本坊各〻被始行云〻、此外勝林院良雄僧正・上乘院道尋僧正・三寶院滿濟僧正・尊勝院忠慶大僧都等也、自余北山殿御懺法衆也、

義滿北山殿に還る

廿七日、早旦自北野還御北山殿、予參仕、如法經道場所見及如此、以北小御所被搆道場、

「（約二行分空白）」

西園寺寶藏より具足を出す
北山殿如法經供養始行す
先祖の例に任せて十種供養日願文を草進す
水迎
立筆
經筒供養
十種供養并に奉納仲光と北山殿に參ず

(2オ)
如法經具足、自西園寺寶藏被出之、少〻粉(紛)失間、被新調云〻、
廿八日、自今曉寅剋被始丶丶丶、座主宮以下令參候給、抑今度十種供養日御願文事、文治
後白川法皇被遊此經、件度姉少路中納言殿(兼光)令草進御願文給、於洞中被遊如法經初度也、
永仁又勘解由少路中納言殿(兼仲)令草進給、所詮文治之儀、仙洞之初度也、今度任彼例、予可
令草進之由、被申禪閤(廣橋仲光)畢、

〔六月〕

六月九日、今日水迎也、自山上送進云〻、爲聽聞禪閤(廣橋仲光)御參、予同參仕、
十八日、卯剋御立筆云〻、
十九日、筒奉納、
(3オ)
廿日、天晴、十種供養并御奉納之日也、巳終禪閤御參、御衣、予同參、直衣、重之、下絬、白引部木 武衞
定光(廣橋)衣冠、上絬、・侍從資光(廣橋)狩衣、同所召具也、和泉守盛繼(源)着狩衣、騎馬在車後、先之」人〻
少〻參仕、仰承仕令敷座、地下伶人座、仰爲景(中原)令敷之、

御装束儀

道場の装束

道場、南面三个間明障子悉撤之、南面犬防幷香花机・燈呂ホ同撤之、堂中御裝裝〔束〕每事如

崇賢門院通陽門院聴聞

日來、西二間爲兩女院（崇賢門院・通陽門院）幷姫君（足利義滿女、後ノ聖久）御聽聞〔所脫カ〕、東二間爲簾中、正面以東簀子敷小文疊、爲所作公
卿座、其末敷紫緣疊、爲同殿上人座、正面以西敷小文疊二帖、爲無能公卿座、正面以東
砌下敷紫緣疊、爲地下伶人座、有日隱、敷打板、東中門下左右敷赤地錦地鋪、小莚在下、其上立平文机二
脚、兼安十種供〔又具〕（供）、左右供之、各二具、主典代二人着衣冠祇候、爲可賦供具於舞童ホ也、
僧衆沐浴之間亂聲、午終也、此間公卿次第着座、各自西方着、先之舞童ホ次第進机下、豫持供具、爲不遲〻也、主典代賦之、亂

衆僧入場楽あり

聲了吹調子、盤涉調、此間衆僧入道場、漸天童ホ自東屏中門下進正面庭上、次樂、採桑老、天童二人青海波裝束、・舞童
（4オ）
各襲裝束、十六人左右各八人、各捧」供具參進、次舞人可爲舞童之處、俄被召伶人畢、人數不足之間、奏一曲、一奚婁、次樂人各襲裝束、相
從進出、於天童以下列立中奏一曲、退立舞童烈〔列〕南、樂不止、此間僧衆最末二人役鐃鉢、出正
面弘庇、僧次第進出、北上、立正面母屋幷弘庇、左右、次第傳供、〻〻之間有四智讚、傳供之間、鐃鉢白地
（5オ）
置之、樂不止、未及堂上所作、傳供了、天童持龍頭幡退出、舞童同退、」樂人直着砌下座、先之衆僧

義滿入場動座に際し公卿等蹲踞す

次第復座、公方（足利義滿）御入道場、幷御動座時、公卿殿上人悉去席蹲居、次吹調子、盤涉調、次樂、宗明樂、次惣礼伽陀、我此道場如帝珠、十方諸佛影現中、

伽陀

我身影現諸佛前、頭面接足歸命礼、次樂、序、万秋樂、次華伽陀、若人散亂心、乃至以一華、供養深妙典、漸見無數佛、次香伽陀、須曼那闍提、多摩羅梅檀、沈水及佳香、供養法花經、次

（6オ）

樂、万秋樂破、 次瓔珞伽陀、種〻諸瓔珞、無能識其價、我今皆供養、妙法蓮華經、 次抹香伽陀、散花香抹香、以須曼瞻蔔、如是供養者、得無量功德、 次樂、蘇合三帖、
次塗香伽陀、梅檀及沈水、種〻所塗香、盡持以供養、妙法蓮華經、 次燒香伽陀、衆寶妙香爐、燒無價之香、自然悉周遍、供養一乘經、 次樂、蘇合破急、」 次幡蓋伽
陀、其大菩薩衆、執七寶幡蓋、高妙万億衆、供養法華經、 次衣服伽陀、應以天華散、天衣覆其身、頭面接足礼、生心如佛想、 次樂、輪臺・青海波、 次伎樂伽陀、簫笛琴箜篌、琵琶
鐃銅拔〔鈸〕、如是衆妙音、盡持以供養、 次合掌伽陀、或有人礼拜、或復但合掌、乃至擧一手、皆以成佛道、 次廻向伽陀、願以此功德、普及於一切、我ホ与衆生、皆共成佛道、 次樂、秋風樂、

導師忠慶

廻向幷登高座兼帶、 次御導師大僧都法印忠慶登礼盤、 次樂止、 次唄、北山殿御沙汰、 次散花、良雄僧正懃之、

（7オ）

導師表白

次御導」師表白、 次讀御願文、 表白了下礼盤、 此間樂、千秋樂、 事了公卿殿上人退出、
〔今出川公行〕右大將以下申云、 御經御奉納之時、 雖不供奉、 出御之時、 烈〔列〕居庭上之条、 可爲如何樣哉之由申之、 予伺申入之處、 不可有子細之由有仰、 仍相觸人〻了、

御奉納儀 供養事了、僧衆不出道場、則有御奉納之儀、

樂人吹調子、 次樂、鳥向樂、 次天童二人捧龍頭幡、・舞童ホ次第參進正面庭上、 伶人奏一曲、 樂人」奏樂、 次僧衆左右各三人、 進机下取幢幡以下十種供具出正面給、 舞童以下次第取之、

（8オ）

御經寶輿北山殿を發す

經本路退行烈〔列〕、 次伽陀、諸佛興出世、、、、、、、 次御經寶輿出御、〔先〕是北山殿・座主宮以下次第降立庭也、 衆僧次第供奉、

（9オ）

社頭に到る

山門大衆數百人裹頭在後□□
自小御所」南面出御、 自東屛中門幷南〔四〕足門、 經池之東南ホ、 至西馬場北行、 到社頭、 今日參仕公卿殿上人、 烈〔列〕居四足門內西腋、北上東面、

奉納

於御奉納所有樂、猶鳥向樂也、有伽陀、三、
每自作是念ゝゝゝゝ、
諸佛興出世ゝゝゝゝ、
願以此功德ゝゝゝゝ、
御奉納事了、十種供具等、仰爲景以長櫃自惣社渡進御所者也、
樂人・舞童等、自社頭分散、北山殿以下還御時、大衆猶供奉御後、」

行列次第

(10オ)

行烈〔列〕次第

先持盤〔幡〕童二人捧龍頭幡、前行、次樂人、次伶人、次舞童十六人各二行、捧供具、次灑水、良譽法印、次燒香、顯喜〔熙〕法印、次散花二人、忠慶大僧都、信聰法印、次御」經寶輿、經衆四人忠賀、公信、淳慶、弁覺、奉舁之、

寶輿

(11オ)

義滿

次北山殿、

上童の装束

香布御法服、同御袈裟、同横被、自令持三衣袋御、同布也、上童二人、慶賀丸、朽葉狩衣、唐織物、文水ニ堰色ゝ、紺地金襴昇鰭袖、銀毛拔形、玉露銀帶、紫指貫、文霰龜甲色ゝ、唐織物白衣、文扇流色ゝ、紅單、文蘘、紅下袴、付物銀水車・橋・柴船、付花柳枝、
慶御丸、白襖狩衣、唐織物色ゝ、文夏草、朽葉衣、文蜘蛛井ニ蝶、青單、文蘘、紫指貫、鳥襷色ゝ、紅下袴、付物銀

架、付花夏草、銀帶、此外儀同右、
　兩上童各童二人水干、被召具之、
仲光兼宣等も供奉す
禪閤幷予・定光朩同供奉、
青蓮院宮尊道
次座主宮、尊道法親王、
御裝束同右、上童一人、付花、
聖護院道意
次聖護院僧正、道意、
墨染布法服、香袈裟朩也、上童一人、同右、
勝林院良雄
次勝林院良雄僧正、
上乘院道尋
次上乘院道尋僧正、
三寶院滿濟
次三寶院滿濟僧正、
(12オ)
以上法服、〔香脱カ〕袈裟、上童以下皆以同聖護院僧正御房、
山門大衆供奉するも社頭に參ぜず
諸大名も同じ
次山門大衆數百人裹頭供奉、不參社頭、留西馬場、諸大名又同之、
晩頭事了還御後、禪閤御退出、予・小冠朩同之、
抑自御奉納時分、西嶺雲一村出隱日、希代瑞雲之由、上下隨喜、珍重〻〻、

法勝寺施行
免者も行はる

今朝於法勝寺有施行、料足二千疋被下行之、彼寺僧致奉行了、免者同被行之、輕罪者三人被出之、仰侍所（浦上美濃入道）所司代了、

兼日沙汰条〻、

（約五行分空白）

「（標紙題箋）
應永八年禪閤母儀卅三回忌修法記　自十月十八日至廿五日　自筆本　壹卷」

（1オ）
應永八　十

十八日、有風呂、人〻入來、抑禪閤（廣橋仲光）御母儀當年卅三廻御遠忌也、御正忌雖爲十二月廿五日、歳暮就公私（不）可有（其）便之間、今月廿五日可被行御作善云〻、仍自今［日］七个日被行不斷光明眞言幷稱名念佛時、於光明眞言者僧達行之、於念佛者靑侍才行之、（以）於二階御持佛堂爲道場、（被構）凰（鳳）侍者（竹溪周鳳、兼宣弟）・遍照光院仲承大僧都（兼宣弟）・淨菩提寺長老光海上人（兼宣弟）、伴僧一人、此外廬山寺僧中昌（藤原）資秀入道息、予兄弟、他腹也、同相加、被唱光明眞言、自江州長猷僧［正脱］近日可上洛云〻、

廿日、長猷房自江州上洛、

仲光母三十三回忌
光明眞言及び稱名念佛始行す
二階持佛堂を道場となす
兼宣弟長猷近江より上洛す

盧山寺に五種經を行ふ

廿二日、自今日〔三个日〕於盧山寺被行五種經、〔是爲來廿五日御作善、被遣布施物於寺家、〕禪閤爲御聽聞御入寺、

廿四日、今日又爲御聽聞、禪閤渡御盧山寺、女房達同被罷向、予同爲聽聞參寺、

頓寫經あり
盧山寺に曼荼羅供を行ふ
東坊城秀長諷誦文を草す

廿五日、有頓寫經、今日於盧山寺被行曼陀羅供、則彼寺長老（明空志玉）爲大阿闍梨、爲御聽聞禪閤御入寺、女房達同參寺、予又參寺、說法之次第、感淚潤袖者也、御諷誦願文菅宰相（東坊城）秀長卿草進、於淨菩提寺幷・圓興寺ホ同有種〻御作善ホ、光明眞言幷稱名念佛、自十八日至昨（2オ）日、雖爲一七个日、猶今日至戌剋被結願者也、抑爲此御作善、且又有御夢想事、阿彌陀三尊木像方〻御祕計之間、自御室宮（入道永助親王）被進之、仍可被安置御持佛堂云〻、殊勝故〔古〕佛也、大教院隆覺法印爲御使被進者也、今日則〔被遂〕御開眼供養了、

光明眞言及び稱名念佛結願

仁和寺宮永助より進めらる阿彌陀三尊開眼供養

北野法華經結願延引す

北野法花經今日爲結願日之間、雖可被引御布施、當北山殿（足利義滿）御衰日之間、明日可被行之云〻、

（約九行分空白）

○日次記原本

「（標紙題箋）
兼宣公記　自應永九年正月一日至二月十七日　自筆本　壹卷」

（1オ）

應永壬午九年

正月小

一日、乙酉、天晴風靜、未明拜天地四方□、三陽初來、萬邦悉治、君臣合躰、上下悅預〔豫〕、万幸〻〻、就中誇壽域、參禪閤（廣橋仲光）□□□□具也、珍重□□□□
〔進〕□賀札於□□□□（女院御所）上﨟御寮、御報則到來、
抑年〻自北山殿（足利義滿）被進女院（崇賢門院、廣橋仲子）土產、當年自北山殿被進禪閤、是自女院依有被申之子細也、當年第一吉兆、旁以珍重〻〻、今日御喝食御所（後ノ聖久）北山殿姫君、於女院御所始而令逢御勲御云〻、

廣橋家年始祝

義滿仲光に土產を進ず

御所中」□□□□□勸來樂、吐祝言、頃之人々退出、於廂有小勝負事、是又年々儀也、其興多端々々、

（2オ）

阿茶々病む

二日、丙戌、天晴、時々雪下、可謂豐年之嘉瑞、珍重々々、早旦參禪閤御方如昨朝、禪閤入御予方、是又例年儀也、白麻卅帖、小袖二重進之、阿茶々御料聊有歡樂事、仍不被入來之間、(×獻)進引物於彼方者也、女房達面々紙幷五明引之、

元日節會內辨德大寺公俊

藏人頭共に不參

陽明(近衛良嗣)諸大夫侍寸大略賀來、予出逢吐祝言、藏人右少弁(葉室定顯)賀來、爲御藥申沙汰參內云々、昨日節會今朝天明以後事終云々、內弁德大寺大納言(公俊)、外弁九条中納言氏房卿、以下云々、抑兩貫首(三條西實淸・中山滿親)共以不參之間、節會奉行職事藏人右中弁重房(萬里小路)馳走之後、右頭中將」實淸朝臣參仕、小朝拜儀申次云々、彼是藏人右少弁定顯(葉室)相語分也、追委可尋記、

（3オ）

三日、

（約三行分空白）

義滿伊勢貞行邸の風爐に入る

仲光と北山殿に參賀す

四日、(アキママ)天晴風靜、午初北山殿已渡御伊勢入道(貞行)風呂云々、是每年儀也、此後禪閤御參賀北山殿、予同參、直衣、下絬、駕新車、文車、小冠定光(廣橋)乘用車也、直御參北御所、先之坊城大納言(俊任)直衣、下絬、・高倉宰相(永行)入道・菅少納言長方朝臣寸祇候、頃之御所(足利義滿)還御之間、禪閤・予寸蹲居中門下、

仲光兼宣義滿より劍を賜ふ
義滿靑蓮院を訪ふ
竹屋兼俊邸來樂會
茶々子崇賢門院に參賀す
仲光風爐を張行す人々參集
北山殿吉書始に參ず
義滿兼宣一級加階を沙汰す

次於常御所直被進御釼於禪閤、予同拜領之、祝着多端、万幸〻〻、可有渡御靑蓮院宮(入道尊道親王)之

（4オ）

間、」被寄御車、仍出御後可有御參賀相待出御御祗候之處、又可有御參御前云〻、頃之御退出、泰嗣(土御門)朝臣昇殿事可被仰之由也、則被遣御奉書於頭中將滿親(中山)朝臣、此後坊城大納言參御前、被下御釼、次出御、慶御殿、着水干參御車、出御後、禪閤御參賀女院御所、予同參、白散三獻後御退出、及御引物才御沙汰、予同之、自晚頭於礼部(竹屋兼俊)宿所有來樂會、禪閤渡御、予・女房以下悉罷向者也、

抑茶〻子御料、今日參賀女院御所、是自舊冬別而申入之旨有之、仍召進者也、高野喝食自舊冬參候女院御所、今日退出此宿所、

（5オ）

五日、終日甚雨、禪閤御張行(×有)・風呂、葉室入道大納言父子(宗顯・定顯)・」藤井前宰相父子(嗣尹・嗣孝)・治部卿親良(西洞院)〔長〕朝臣・尺念法師・俊重(×賴)(大江)朝臣・賴定(丹波)才參仕、於當座有䦨、被出引物、人〻入興、万年不可相違、祝着儀也、入夜人〻分散、

六日、天晴、時〻小雨、午初禪閤御參北山殿、予同參、着束帶、是依可覽吉書也、武衞(廣橋定光)同參、束帶、拾遺(廣橋資光)同參、狩衣、覽吉書後、小冠兩人被下御服、年始祝着何事如之、珍重〻〻、

次有敍人沙汰、予一級正三位、事有御沙汰、納言內(×中)予最末也、從三位納言兩人公音(橋本)卿・實敦〔公〕(正親町三條)卿、也、

義滿崇賢門院を訪ふ

次で裏松重光邸を訪ふ

令超越了、當時眉目、家門之餘慶也、次參（御）女院、予以下小冠ホ同參、姫君御方（足利義滿女、後ノ聖久）并寢殿（裏松康子）ホ御入（×座）云々、數盃之後御退出、直渡御北少路前大納言（裏松重光）宿所、是就豐光（烏丸）一級事、委（依有）可被仰

（6オ）

事子細也、小折紙事、以長賴（東坊城）」被申執柄（一條經嗣）、三獻後有御歸、予・武衞ホ同之、次予改着直（×直）衣、召具武衞小冠、參賀陽明、覽吉書、次又參賀、則退出、

近衞家吉書始に參ず

院宮給加階たらば申文を用ゐず小折紙に載す

通陽門院申文にて爵を申す

抑　女院（崇賢門院）并北山殿敍位御給事、北山殿被申加階、北少路（前）大納言息資豐（裏松）申從五位上也、崇賢門院御給、小冠資光申從五位上也、共以非御申文、爲加階之間、可被載小折紙也、但通陽門院（三條嚴子）御申文、若爲加階者、院宮御申文一向不可有之、事儀不可然之間、內々以出納職富（中原）伺申入處（×之）、被申爵之間、可爲御申文云々、神妙々々、若通陽門院被申加階者、崇賢門院御申文、以作名可被申爵之（×也）由用意之處、無子細之間、被申加階了、折帋書載、內々進執柄者也、入夜後、葉室入道大納言入來、予出逢、就豐光一級事有申旨、次又大內記

（7オ）

長賴入來、爲」執柄御使也、

白散を張行す

（行間補書）「於廂予張行白散、俊重朝臣・俊仲（大江）ホ入來、」

義持加級さる

七日、天晴、人日一段吉兆、幸甚々々、早旦參賀禪閤御方、三獻後退出、午初參北山殿、將軍（足利義持）御方御加級事并予一級事ホ爲畏申也、心靜申入退出、次參女院御所、姫君以下御坐

日野有光義滿義持に拜賀す
定光義持の申次を勤む

之間、不及堂上退出、但謁(申)上﨟之御寮者也、葉室入道大納言・菅宰相(東坊城秀長)・新三位親良(長)卿、夜前上階者也、・尺念・俊重朝臣・頼定卞參仕、爲守(五條)朝臣父子同在此座、權弁有光(日野)、今夕可申拜賀、申次事可申沙汰云々、仍於北山殿申次者、教興(山科)朝臣(可)祇候之由加下知、將軍御方之申次者、小冠定光(可)祇候也、秉燭之程、予着直衣、下絬、召具小冠武衞・拾遺卞參柳榮(×營)、頃之有光參仕、小冠定光懃申次、此次賀申御一級事卞退出、」

仲光咳氣を患ふ
人々兼宣の昇敍を賀す

(8オ)
八日、自夜雪下、終日風烈、聖光院(仲祐)法印參賀、予出逢、禪閤依御咳氣歡樂、不及御出座、給白疵并銚子鍉(提)、自九条殿(教嗣)御使八条中將實種朝臣入來、予一級事被賀仰、前右馬頭範定(冷泉)朝臣入來、是又予加級事爲賀(×參)、次又其身一級正四位下、事、予申沙汰之間爲謝也云々、予出逢者也、嵯峨小松醫師參賀云々、予不及對面、內々參仕、是自舊冬細々參仕子細有(×寺)之、

妹病む

予妹女房聊依有歡樂事也、南都藥師(寺)僧正長雅、參賀、自去五日上洛、今朝參北山殿云々、禪閤有御對面、此時分高倉宰相入道參賀、則參此席、予慶賀事賀之、數盃之後人々分散、

定光資光と參內す

平三位(西洞院親長)同在此席、酉剋許召具小冠兩人(廣橋定光・資光)參內、予着衣冠、下絬、直衣事未申入之間、着衣冠者也、小冠兩輩共衣冠、則可參常御所簾代之由、以長賴被仰下之間參仕、白散三獻被下

天盃を賜ふ

（9オ）

之、三獻度天盃(後小松天皇)、則以御酌被下之、小冠兩人同之、初春之」祝着、恩祿猶可浴身先表、勿論〻〻、(〆着)乘月下退出、

太元法

抑大元法於御會所被行之、阿闍梨光覺云〻、

明日近衛良嗣北山殿參賀あるべし

九日、天晴、時〻風烈、明後日物詣料懸牛ホ面〻借用者也、明旦陽明可有御參賀北山殿之間、御出事尋沙汰、日次自兼日有世卿(土御門)注進、新三位・行冬法師・俊重朝臣・賴定ホ參仕、於南御廂有双六、三条大納言(正親町三條實豊)給賀札、」

○中間闕ク、

廣橋邸風爐

（10オ）

(十日カ)有風呂、長遠(東坊城)參、不及對面、給來樂則退出、武藤申次之、自來□(廿)□(二)日御修法□(御)教書、今日書進聖護院(道意)者也、三條大納言入來、爲□(參)賀也、予出逢謝之、

東方舊冬年貢殘百疋致沙汰、

仲光等と諸社に詣づ

盧山寺圓興寺にも詣づ

十一日、天晴、日暖、任例年(年〻)佳例、禪閤御參吉田社、次鴨社、次賀茂社、次北野宮寺、予・兼俊朝臣・定光・資光同參、車二兩也、親孝着布衣騎馬、自北野御還向便路、令立寄盧山寺給、予同之、次又圓興寺、盧山寺長老(明空志玉)給硯・五明・白麻ホ、祝着、圓興寺長老又給白麻・五明、抑二松法印栖代五百疋・鳥一番進之、隨機嫌可參賀、于時可申沙汰之由、相語井上(性金カ)云〻、明後日可參之由被仰云〻、」

仁和寺宮永助等北山殿に參賀す

(11オ)
十二日、天晴、早旦禪閤御參北山殿、予着狩衣、同參、是今日御室宮(入道永助親王)・妙法院宮(堯仁法親王)可有御參賀北山殿、爲申次也、御室自昨日御參籠北野、▨▨□御兩門跡同時有御對面、次下河原宮(乗朝法親王)有御對面、次禪閤御參女院(崇賢門院、廣橋仲子)、予同之、抑禪閤可有御參賀青蓮院宮㕝之處、今日可有白河御出御坊、任去年佳例、十六日可被待申之由、以仲祐法印被申之、新造御坊禪閤未御拜見之間、以御參賀之次、可被進御盃旨、內〻御入魂仲祐、代物二千疋自昨日被送進者也、

仲光と崇賢門院に參ず

青蓮院宮尊道仲光を十六日に招く

未初自女院御退出、予同之、尺念・俊重朝臣・賴定才參仕、

大江俊重宿所を訪ふ

十三日、天晴、任年〻佳例、罷向俊重朝臣宿所、早旦也、新三位參會、三獻後歸宅、每年用意朝飡、當年可止之由不諫、事更任年〻儀罷向条、自他之祝着也、予方女房以下悉參禪閤御方、當年初度之儀也、及饗應御沙汰、

兼宣室等仲光を訪ふ

(12オ)
藤井前宰相隨身一樽參仕、葉室入道大納言同參會、次又二松法印參賀、平才寺執行同參、」當年初度也、新三位・尺念・俊重朝臣・賴定才參會、嗣忠(藤井)朝臣・藏人弁定顯同在此座、中終北少路前大納言風渡入來、爲參賀云〻、有勝負事、及晚天退散、今月御祈事、相尋有世卿、返□如此、」

某書狀

(13オ)
(封紙追書)敍位節會連(×違)夜出仕、依風雪歡樂以外、祝着候之間、于今懈怠候ツ、尙〻目出候也、」

（14オ）

○此書狀本紙ヲ闕ク、

御參候者、内々可得御意候哉、□未明可參之由思給候、併□賀仰候也、謹言、

正月十日

新藤中納言殿（廣橋兼宣）」

上御門有世書狀

（15オ）新春□□（慶）雖事舊候、如御意御滿足可有斯春候、尙々幸甚、珍重々々、

抑自來廿二日可被始行御祈之由、可存知仕候、就其外典御祈者、可爲七个夜天曹地府

（16オ）御祭候、近來今月外典御祭以之」被行候、今年太一定分御厄消除事、御祭文可被載之

由、可被仰候也、千万之御慶、近日必々可參賀仕候、恐惶謹言、

正月十三日　　有世」

東南院宮觀海北山殿に參賀す

（17オ）十四日、天晴、未明予參北山殿、東南院宮（觀海法親王）參賀給、爲申次也、次又廻御祈、自明後日妙法

院宮可有御懃仕之間、供料三千疋事、同伺申入之後、參女院御所、今日可有渡御此宿所

崇賢門院廣橋邸を訪ふ

之間、珍重由且申入退出、則被進車於女院御所、午初渡御、上﨟并御寮・二条尼・喝食

并きこ（喜巨）・性珍（〆食）喝食等參仕、昨日女院御所樣被招請南御所（裏松康子）、是又毎年儀也、御服以下被進

崇賢門院に引出物を進ず
老堂を細川義之の邸に訪ふ

種〻御重寶云〻、今日予進御引出物於女院樣幷上﨟以下、是初度也、舊年祝着以後、如此致沙汰者也、千春万年不可相違、珍重之由有仰、酉初還御、入夜予參老堂(兼宣母カ)、昨日讚岐(細川義之)入道同出逢、自老堂給小袖一重幷檀帋十帖、亭主禪門給白太刀、是ホ皆去」不相違去年儀之者也、珍重〻〻、

(18オ)

北山殿廻祈禱

十五日、天晴、早旦例式召具小冠ホ、參禪閤御方、

十六日、自天明時分小雨下、未明參北山殿、廻御祈自今日山門方也、妙法院宮有御懃、御撫物申渡之、山上住侶可懃仕、御撫物任先度之儀、二合申出、進座主宮(入道尊道親王)者也、此後參女院、退出、

仲光と青蓮院に參ず
八講堂地藏に詣づ
藤原資秀宿所を訪ふ

未剋許禪閤御參賀座主宮、予同參、禪閤御持參御盃、是新造御坊始而御拜見之故也、數葉室入道大納言幷藤井前宰相ホ參會、數獻之面〻退出(後脱カ)、次禪閤御參詣八講堂地藏、予同之、晩頭罷向出羽入道(藤原資秀)宿所、是又每年儀也、

十七日、天晴、藤井幷新三位・賴定ホ參仕、吉田宰相(清閑寺家房)參賀、予出逢、」

(19オ)

鞍馬寺に詣で觀音經を讀誦す
妹淨玉房受戒

十八日、有(有)陰氣、未明參詣鞍馬寺、例年觀音經所讀誦也、淨玉房(兼宣妹)入來、長老被相伴、今日受戒(×入)無爲致沙汰之間入來云〻、珍重、予獻小袖一於淨玉房、

仲光石淸水心經會聽聞す

十九日、朝間有陰氣、自晝程天晴、禪閤御參詣(詣)八幡心經會、於廂乘祐(武藤)張行一獻、是又年〻

儀也、抑今日造內裏門〻被立之、兼俊朝臣・小冠㝡參仕見物云〻、葉室入道大納言父子・新三位㝡同在之云〻、則葉室以下入來、之間乘祐盃賞翫、予早旦參五靈社、小冠幷小女參社上五靈、女房幷小女又參詣祇園社幷淸水寺、午終禪閤御還向、葉室以下未分散、於兼俊朝臣宿所有盃酌、是葉室張行、隨身一樽之故也、有合木風呂、

内裏諸門を建つ
御靈社に詣づ
女房等祇園社等に詣づ
合木風爐

廿日、天晴、圓興寺長老以下入來、

廿一日、

(20オ)廿二日、時〻微雨下、早旦禪閤御參北山殿、自今日大法幷外典御祈被行之、在別記、酉初着直衣參北山殿、御祈事了退出、先參女院、次參北御所者也、廻御祈續目也、彼是御撫物申渡了、

北山殿大法及び外典御祈始行す

廿三日、餘寒太、時〻春雪下、今日有風呂、月次初度也、禪閤御張行、日野大納言(資敎)・北少路前大納言・葉室入道大納言以下廿餘人會合、風呂後予着狩衣參　北山殿、御修法奉行之故也、風呂月次鬮面〻拈之云〻、初夜鐘後退出、接此座、及半更人〻分散、

仲光月次風爐を張行す
風爐月次鬮あり

廿四日、餘寒太、時〻見雪花、地藏講如例年、左大弁(中御門宣俊)・新三位㝡入來、及晚參北山殿、今日於壇所有一獻、座主宮同入御、參詣八講堂地藏、次參女院、心靜申入退出、今日鷄足

北山殿壇所に宴あり

義滿青蓮院を訪ふ

次で池尻殿を訪ふ

義滿甲良宿所及び高橋殿を訪ふ

北山殿大法結願す

裏松資豐獻策

坊入來、予出逢、

廿五日、○（禪閤未明御參北山殿、）天晴、時々有陰氣、晩頭參北山殿、（以便路詣北野社、）御所樣（足利義滿）御座 座主宮御門跡云々、聖護院同

參仕云々、初夜後聖護院被歸參、其後御修法被始行、御所樣渡御池尻（足利義滿側室）殿云々、御修法

(21オ)

事了退出、不及參女院、

東小門今日加修理取立了、此間加修理者也、

廿六日、終（〆師）日見雪花、師盛（大中臣）持參御盃、禪閤有御對面、予同之、晩頭參北山殿、今日御所樣

渡御甲良宿所、其後御入高橋殿（足利義滿側室西御所）云々、初夜後退出、板橋雪積、知行客之跡者也、大貳局入

來、息喝食同道、

廿七日、

（約二行分空白）

廿八日、（〆未明）天晴、未明禪閤御參北山殿、予同參、小冠所召具也、今日大法結願也、其儀在別

記、抑今日北少路前大納言息（裏松資豐）當年十二歲、今日遂獻策之間、爲令見訪禪閤御出官司、予

同參、直衣也、

廿九日、雪花下、禪閤御參北山殿、於女院御所御參會、自執柄被申小朝拜日殿下御沓所役

藏人右中弁重房故障事、此間有沙汰、無他事者也、依此事有御參者也、抑北少路大納言入來、於兼俊朝臣宿所有來樂興、葉室入道大納言同來臨、

裏松重光廣橋邸を訪ふ

(22オ)

二月

一日、天晴、仲春之朔、毎事幸甚〻〻、依爲廻御祈次目、未明參北山殿(足利義滿)、北少路大納言(裏松重光)自昨日未歸宅、猶盃酌張行、申初人(〻歸)〻分散、

二日、

三日、天晴、禪閤(廣橋仲光)御參北山殿、

四日、天晴、今日任例年之儀、公方樣(足利義滿)渡御妙法院宮(堯仁法親王)之間、禪閤爲御參會御參、

義滿妙法院を訪ふ

五日、夜間小雨下、自曉天晴、未明參北山殿、昨日御礼妙法院宮有御參、爲申次也、御對面之後退出、有世(土御門)卿幷知季(橘)法師ホ參入、有一獻、來十九日八幡御參社御共人〻遣御教書者也、

來る十九日義滿石清水社參あるべし

(23オ)

六日、入夜於竹屋(兼俊)有一折、岩藏法師幷寺務代參、永行(高倉)禪門參、

七日、
八日、天晴、高倉宰相(永行)入道幷藤井前宰相(嗣尹)・平三位(西洞院親長)・尺念・頼定・俊重朝臣(大江)ホ參仕、
九日、天晴、早旦禪閤御參北山殿、抑來十七日大法延引、自來廿一日可被始行云〻、葉室
(宗顯)入道音信、一昨日春日祭定顯(×參向)參向、相共參社、昨夕上洛云〻、
(約二行分空白)

性珍出家す

十三日、天晴、性珍御房今日出家、泉涌寺東堂爲受戒師云〻、

風爐

有風爐、俊重朝臣頭役也、日亞(日野資教)・北亞(裏松重光)ホ、葉禪(葉室宗顯)門以下入來、濟〻焉、」

釋奠

(24オ)十四日、有陰氣、時正初日也、入夜雪下、今日尺奠也、依有其催參仕、參議吉田宰相家房(清閑寺)卿參懃、抑今

大原野祭
中納言昇進已後初めて參仕す

日大原野祭也、仍被略廟拝之儀略之者也、弁左少弁豐光(烏丸)參仕、事了歸宅、及曉鐘了、納
言以後初度參懃也、尤雖可駕毛車、來十九日八幡御參社可御共之間、雜色ホ悉故障之間、

八葉車を用ふ

不及毛車沙汰、內〻用八葉車者也、諸大夫男着布衣內〻召具之、
十五日、
十六日、未明參北山殿、依爲御祈次目也、次又參座主宮(入道尊道親王)、來廿一日大法事条〻申(×可)入者也、
次又參女院(崇賢門院、廣橋仲子)、

十七日、天晴、未明參北山殿、彗星御祈自今日被始行、其次第在別記、午初退出、晡時分有御使、忩可參云〻、仍鞭細馬參北山殿、頃之入見參、明後日八幡御參社可被延引、自今朝有御風氣之間、爲御神事御行水𪜈可有御斟酌云〻、次又就御祈阿闍梨事有仰事𪜈、

北山殿彗星御祈始行す

義滿風氣により石清水社參延引す

(25オ)

次參女院、退出、御參社日次事、可爲來廿九日之由、禪閤以御狀被申了、

二十九日たるべし

(約十三行分空白)

○日次記原本

「(標紙題箋)兼宣公記　自應永九年十一月十日至廿五日　自筆本　一卷」

〔應永九年〕

〔十一月〕

(1オ)

○前闕、

(六日カ)□(内ヵ)裏令始行安鎮法給、遍照光院僧都(仲承)爲一方阿闍梨、又門主御參時供奉之間、車以下沙汰遣者也、□　○應永八年二月二十九日内裏燒亡ニヨリ後小松天皇室町殿ニ幸ス、

(十一日カ)□晴、未明着直衣、參北山殿(足利義滿)、小冠定光(廣橋)□□是依御祈結願也(×之間)、先〔之ヵ〕□□□、

新造内裏安鎮法始行す

仲光等と崇賢門院に參ず

尚書談義

安鎭法正鎭

崇賢門院御所等立柱

［　　］、
［　　］□大納言、中院中納言(光顯)、予、［　　］□(中や)將ホ也、
［　　］着直衣者也、御布施取殿上人［　　］□定光・藤原(冷泉)永基ホ也、
［　　］□(着や)座、次洞院大納言(實信)欲□座□［　　］□召寄諸大夫□［　　］
［　　］了西園寺起座、仰［　　］□議也、教興朝臣(山科)引御馬如例、
□了後禪閤(廣橋仲光)御參女院(崇賢門院、廣橋仲子)御所、予・小冠ホ同參、□則退出、兒出家事、暫可被閣之由事、
自［　　］申之旨有之間、予以狀忩申入［　　］午終禪閤御退出、此後［　　］
［　　］尚書談之、自今日被始也、［　　］酉初雨下、聖智僧都爲妙法院(堯仁法親王)□(宮)□(御)使入來、
隆覺法印爲御室宮(入道永助親王)御使入來、［　　］□又在此座、有盃酌、晩頭人〻分散、」(2オ)［　　］□正鎭
云〻、降雨雖爲違亂、猶今夜［　　］□(仲カ)承僧都相語者也、
(十二日カ)［　　］北御所小御所被立、女院御所立柱□也、禪閤被進御馬、予同進之、知季法師(橘)
奉行也、但上棟儀可爲十九日、其日面〻御馬［　　］進之由、有御沙汰云〻、
(十三日カ)［　　］□(良)賢(清原)入道參、談尚書、一卷奧也、［　　］□□來、日野前大納言(資教)入來、遷幸日水□(火や)
童女、自禪閤一人可被沙汰進之由、自北山殿□申之由御領狀、如然事彼前大納言又二人

足利義詮追善法華八講の用意

仲光青蓮院に參ず

義滿新造內裏を歷覽す

□進之間、如然事爲談合申入來、則□□北少路前大納言(裏松重光)・葉室入道(宗顯)□
隆躬朝臣(西大路)・大內記長賴(東坊城)・極﨟(西坊城長政カ)□入來、有雌雄興、抑自北山殿有御使、予忩可參之
由也、揚鞭馳參、則入見參、御八講僧名事也、次參女院御所、□□歸華、」
(3オ)
(十四日カ)□氣、禪閤御參青蓮院宮(入道尊道親王)、自去□□□□御盃之間、今日有御參者也、葉室入道・
菅宰相(東坊城秀長)才同參、有御同車者也、予依咳氣□(不)參、入夜禪閤有御歸、
(十五日カ)□北山殿今日廻御祈續目□渡也、以次御八講着座公卿中□所望之
間、伺申入者也、次又堂童子事□者也、次參女院御所、退出、
(十六日カ)□□(禪)閤御參北山殿、申初陽明(近衞良嗣)渡御□□□(土御カ)門殿御歷覽也、入夜後御參、禪閤
同御參、予同參、
(十)□七日、天晴、藤中納言(柳原資衡)入來、藤井前宰相(嗣尹)・平三位(西洞院親長)□藤□門隨身一樽、終日賞翫、入
夜□也、
(4オ)
十八日、雨下、葉室大納言入道(宗顯)入來、水火□(童)女裝束、自官送進、官生相副持參、」□
□沓未沙汰具、明旦可進云々、

(約三行分空白)

」

新造內裏遷幸

室町殿に參じ後小松天皇に拜謁す

新造內裏に紙擲攤を行ふ

大右記の說に依る

義滿室町殿に參ず

義持從一位に敍せらる

（5オ）
十九日、朝間有陰氣、終日雪繽紛、抑今日□□〔遷㋳〕幸土御門新皇居日也、秉燭以後着束帶□
□巡方帶、木地螺鈿釼、ᑦ內ゝ用文車、尤雖可駕毛車、不召□□密ゝ儀也、□副四人、舍人二人、笠持白張舍人一人也、ᑦᑦ相具靴、參室町殿、
北少路室町、於惣門下ゝ車參入、（×乗）先之人ゝ少ゝ參集、內ゝ以女房申入之處、可參御前之令引馬於車後、
由被仰下之間、則參、□天盃、祝着千万ゝゝ、北山殿可有御參內之間、被□（後小松天皇）
□召、頃之祗候後退出、次於御殿入□見參於新皇居、居紙擲攤之進退ホ事、□□□〔大宮右〕
府殿御進退御記分明之間、以彼御所爲今夜予可進退之由申入之處、今夜予守此所存不審、大宮右（藤原俊家）
府餘流如此進退之由有其說、其外人ゝ如此守此說□〔者〕可爲如何樣哉之由有教命、仍件御記
召寄□〔入㋳〕見參、人ゝ進退以下事委細御記也、此上者任□〔長〕元芳跡進退、何可有子細哉之由、
有仰者也、頃之北山殿內ゝ御參　內、於女院（通陽門院）御方有一獻、御方、主上有御對面、主上有出御被進御釼於　內裏
（6オ）
云ゝ、抑柳營（足利義持）御極位事、今夜被宣下、是家賞云ゝ、西園寺大納言（實永）着陣、頭弁（中御門宣俊）仰ゝ」□〔詞㋳〕、
□ᑦ行幸召仰事、先之□候つ之由仰之、大內記遲參之間▨▨代云ゝ外記勲代云ゝ、西園寺已□南庭頭弁有　宣下事之由造送西園寺遲參之間、花山□〔院〕大納言□〔忠〕定、着陣奉行云ゝ、漸出御之由有其
沙汰之間、尤雖可列參ᑦ南殿、之間、更於中門下下裾改着淺履、着陣云ゝ、庭列上首公卿定祗候欤、先行公卿出御以後騎馬可遲ゝ之間、
懸裾着靴、出四足門騎馬、藤中納言同相伴者也、日野宰相□之、四條兩日野宰相資國（日野西）・四条宰相

義満出御遅々を不審となす

反閇

義満新造内裏に入る

水火童女

行事上卿正親町三條實豐

（7オ）

隆信、𫝊騎馬、在四足邊、中院中納□〔言〕光顯、同又在此所、奉相待出御之處、自北山殿御車有以御使御牛飼被仰予云、出御依何事出御遲々哉、可相尋奉行之由被仰下被立御車於武者□云々、之間、歸參禁中、欲相尋子細於奉行之處、已出御南殿、反閇程也〔（〆云々）〕、仍歸參御車所、申入事由、則以馳僮僕公卿次第可先行之由、以僮僕催促之之間〔（マヽ）〕、日野宰相幷・四条兩宰相先行、先之官人章忠〔（正親町）〕先行、日野宰相引向馬於御車、聊伺御目過之、四条又候御前、予猶在御車邊、今度予行烈〔（列）〕次也、仍馬副二人取松明前行、二人、▨可馳馬之由被仰下之間、於御車前蹲居、於武者少路以南騎馬者也、次中院中納言不召張口、舍人二人共一人棚黃狩襖一人薄色狩襖在左右之鐙之邊、具馬副、揚指繩、公卿次第供奉歟、南行室町、東行鷹司、北行洞院東大路、自左衞門陣入御、予於土御門東洞院邊下馬、自此所雜色取松明、入四足門、

抑水火童女一人、就賀茂祭典侍自禪閤被沙汰進就典侍上首可爲水童之由兼有□之間、彼進退」□□之間、雖可列月花門外、爲尋試至▨月花□欲相尋兼治〔（壬生）〕宿祢之刻、官生馳來云、水童女一人□參云々、予答云、內々參候春興殿、忩可召出候由返答、予於月花門內北腋伺見者也、先之已出頭云々、仍行事弁左中弁經豐〔（勸修寺）〕朝臣扶持之、□〔（水）〕童女爲上首之間、持棙此時於扇者女官可持之、立月花門北腋、女官一人相從火童女持脂燭立同門南腋、先之「黃牛二頭引〔（墨線ニテ圍ム）〕處、遲參之間、童女從女□□之、童女二人相從歟、稠人急務之間、委不見及者也、三条大納言〔（正親町三條實豐）〕爲行事上卿之間、不供

天皇新造內裏に入る

吉書內覽

天皇吉書を覽ず

造內裏傳奏坊城俊任

奉行幸、直祗候新皇居之間、自左衞門陣入御之時分、自殿上方來南庭、列立公卿次第列
立南庭、（北上東面、）○（御輿入御日花門之間、公卿警屈、不及蹲居、）大炊御門宰相中將（宗氏）供（奉）○御後之間奉副御輿奉安御輿於南階、大炊御
門宰相中將（宗氏）以下次將供奉之、（不供奉給、內〻參候給也、之時）下御○關白○候御裾給歟、御草鞋幷釼璽所役ホ可尋知也、次少納言遲參之間暫有御待歟○御▨御輿退▨（水火童女傍、）▨後次將不
及、」

（8オ）

六位雲客役送云〻、次吉書內覽、其儀、殿下着殿上給、先官方吉書、（年料解文、）頭弁持吉書、
（垂裾、）○（不插杖、手持之、如何）入無名門、於小庭○（龜居、）伺殿下御目、昇小板敷覽之、殿下被御覽吉書之間、退候小板敷
（龜居、）○御覽了更參進、給吉書歸着小板敷結申、畢又昇自小板敷昇長押插文於」文杖、出上戸
（參進、南頭、文杖豫在御〻子・跪文杖下、）參進、於清涼殿巽角簀子伺天氣參進、昇御座之次間長押、膝行捧文杖參進、令拔取文給
後、○（□文杖）逆行、起揚退候簀子、（龜居、）吉書天覽畢後、傍文杖於欄干、空手參進如初參進、給
文後歸着簀子、結申後、取副文杖退出、
廿日、午終禪閤御參北山殿、予同參、頃之有御對面、予同祗候、抑夜前　行幸時、持弓於右
手人有之き、御不審之間、今朝坊城前大納言（俊任卿、今度造內裏傳奏也、）參之間、有御尋之處、如然一流
候歟之由申入（之、）此条御不審之由有仰き、禪閤未觸耳事候之由被申之、頃之○（禪閤）御參　女院、

崇賢門院新造御所へ移徙す

予同參、新造御所（但北御所之小御所被移之）、夜前御移徙也、三个日儀、毎度北山殿〇（可有）渡御、夜前已其儀云〻、御喝食（足利義滿女、後ノ聖久）御所幷寢殿（裏松康子）、自去月初、一向御坐女院之間、此御造作悤御沙汰云〻、抑

合木風爐

（9オ）
葉室大納言入道・藤井等入來、有合木風爐、北少路〇（前）大納言自昨日祗候北山殿御所近邊云〻、

造內裏勸賞あり

（10オ）
廿一日、入夜資家（土御門）朝臣參仕、申云、依造內裏賞、經豐朝臣敍正上了、資家▨（爲）依上首、追可有御沙汰復任事所望之時、可給同日之位記之由、爲坊城前大納言奉行被仰下、此上者可預申御沙汰之由申之、次又吉服事同可申入、無子細者、御八講結願日御布施取可參之由申之、

聖久長谷寺參詣のため南都へ下向す

廿二日、藤井前宰相・平三位等入來、入夜吉田宰相（淸閑寺家房）入來、御喝食御所今日御參南都、可有御參長谷寺之故也、素玉御房（兼宣妹、後ノ光庵）爲御共參仕、

廿三日、

地藏講

廿四日、早旦禪閤御參北山殿、平三位・頭弁等入來、依地藏講也、俊重（大江）朝臣・賴定（丹波）等頭役也、

崇賢門院御所に宴あり

午終予參女院御所、隨身一樽、妙法院宮幷若宮（×等）渡御、於御前數獻後退出、禪閤先之御退出、定顯（葉室）四品事、今日有御伺、日野（資教）前大納言・葉室入道・等吉田宰相等參入、家俊（淸閑寺）

拜夕郎、是定顯昇進闕也、爲畏申父宰相參者也、資家朝臣申条〻、共以入眼了、

聖久歸洛す
尚書談義あり

廿五日、晩頭御喝食御所自長谷寺還御云〻、尚書談義、葉室父子在此座、今日二卷也、

○日次記原本

「（標紙題簽）
兼宣公記　自應永十年二月一日至六月廿一日　自筆本　壹卷
」

〔應永十年〕

（1オ）

二月

一日、朝間天晴、早旦奉拜尊神以下、其後參禪閤御方、（廣橋仲光）小冠以下召具之、（廣橋定光・資光）予於廂以餠爲肴、張行一盞、爲守朝臣招引、（五條）有一折、又小冠讀玉屑、有雙六興、

隨心院大僧都御房使入來、（祐嚴）自來四日於北山殿可始行北斗法之由、內〻以三寶院僧正申入（滿濟）云〻、自然事可得其意之由也、但□御撫物事可申渡云〻、修學院喝食參女院御所、（崇賢門院、廣橋仲子）進賀札於女院御所幷老堂、（兼宣母カ）抑今月御修法、自來十八日可被始行之由、申入靑蓮院宮者也、（入道尊道親王）

資光等玉屑を讀む
雙六あり

風爐あり人々參集す

二日、天晴、有風爐、日亞（日野資教）不入來、其外去月廿八日人數也、但菅宰相（東坊城秀長・長遠・長頼）父子三人入來、半更時分人ゝ分散、二松法印頭役也、料足五百疋致沙汰了、」

造作のため古中門等を毀つ

（2オ）三日、爲御造作、古中門ホ被壞之、有世卿（土御門）參、盃持參、於竹屋有御對面、平三位（西洞院親長）在此座、大覺寺宮（入道寛教親王）御加持御參事、公方（足利義滿）御留守之上者被略之条、不可有子細歟之由申入了、教冬朝（山科）臣參、首服小冠（山科教有）明旦可入北山殿之見參間事談合、

四日、自夜雨下之間、疊ホ悉運渡之、

山科教有義滿に見參す

北山殿北斗法始行す

早旦參北山殿、依御祈續目也、次又条ゝ申入者也、教冬朝臣息去月首服小冠參北山殿、構見參退出、予所媒介也、隨心院大僧都自今夕參候北山殿、被始行北斗法之間、御撫物申出渡之、三寶院内ゝ申沙汰云ゝ、脂燭殿上人事伺申入之處、一兩人可結番之由被仰下者也、渡御妙法院宮（堯仁法親王）剋限事同伺申入之處、可爲午剋之由被仰下之間、忩退出、申入禪閤者也、午半剋禪閤御參妙法院宮、爲守朝臣入來、小冠讀書、玉屑、次又聯句一折、晩頭歸了、酉初禪閤還御、

足利義滿妙法院を訪ふ

（3オ）抑八幡御參社日次、可爲來十九日、御共雲」客不可相替去年參仕人ゝ之由、被仰下云ゝ、

（4オ）今夕脂燭教遠（山科）・教興（山科）ホ朝臣參仕、」明日造作棟上事就聽食及、自陽明（近衞良嗣）衣柳、一領被進之、此

造作事、中門之造合聊致沙汰事(〻申)候、はか〳〵しき不造作候之處、如此御沙汰、頗迷惑之由被申之、入夜盧山寺長老(明空志玉)參仕、於北廂禪閤有御對面、」

志玉盧山寺領の安堵を望む

(5オ)
五日、未明禪閤御參北山殿、爲昨日之御礼、妙法院宮有御參之間、爲御參會也、次又盧山寺〻領事、爲被伺申也云〻、是昨日於妙法院殿依有被申旨也、午終禪閤還御、八幡御共人〻相觸了、

妙法院宮堯仁北山殿に參ず

抑今日御造作立柱也、葉室大納言(宗顯)入道馬一疋進之、但代物一結也、御留守之間、予先遣(〻御)返事了、有世卿又引進御馬、月毛、彼是被返遣者也、上棟儀ハ延引、追可致沙汰、其時引入給者可悦入之由也、雖然葉室猶重進之、番匠酒肴五百疋被下行云〻、自妙法院殿昨日御引出物御馬一疋佐目駮、・白太刀一腰也、興善院參入、於竹屋有御對面、自晡時分雨下、尺念入來、於竹屋有双六興、片時〳〵也、

中門立柱

上棟は延引す

抑盧山寺〻領攝州〃〃・若狹〃〃兩所守護渡狀、以御書被進禪閤者也、

盧山寺領の渡狀出さる

(6オ)
六日、自夜雨脚休止、未明參北山殿、盧山寺長老上人被參之間爲申次也、次又俊尊」僧正申東寺御影供頭役事披露之、其外寶性院寺領事ホ少〻披露、午半剋退出、於女院御所參會凰(鳳)藏主(竹溪周鳳、兼宣弟)、隆覺法印參入、隨身一樽、於南向廂有御對面、平三位・賴定(丹波)ホ在此座、抑藤

東寺御影供頭役及び寶性院領の事を義滿に申入る

藤井嗣忠春日祭使故障により解官さる

井中將嗣忠朝臣、春日祭使故障之間、被解官云々、不便々々、定繼(賀茂)朝臣入來、出逢給白太刀、

（7オ）
義滿高雄に出づ
隨心院祐嚴僧正に任ぜらる

七日、午初禪閤御參北山殿、藤井歎申子細、爲御披露也、御留守之間御退出、御出高尾云々、隨心院大僧都夜前被任僧正云々、教冬朝臣召具小冠」參、持參一樽、葉室入道大納言・藤井(嗣尹)・平三弁參、晩頭人々分散、高倉宰相入道(永行)來、禪閤御留守之間也、召出一盞者也、

高野山蓮養坊來る

高野蓮養在資(藤原)秀入道宿所之由聽及之間、召寄廂、予對面、給白太刀一振、予初對面之間也、号盃代二百疋持參、雖然不及召(×出)出盃、予沈醉之故也、追可張行之由仰含了、爲守朝臣入來、小冠讀書、」

（8オ）
八日、終日雨下、晡時分聊雨脚休止、藤井・平三・尺念・頼定弁參、於北廂有御双六興、予出肴一種、鮒、面々目出賞翫(×之)之、

祐嚴に東寺御影供頭役を勤仕せしむ

九日、有陰氣、時々小雨灑、禪閤御參　北山殿、東寺御影供事、爲極官所役之處、隨心院任僧正之間、可懃仕彼役之由被申之、於竹屋有双六(×雙六)興、尺念入來、

（9オ）
八幡御參社事、終日致尋沙汰者也、嗣忠朝臣解官事雖被申之、冬季春日祭可參」向之由

合木風爐
老堂崇賢門院御所に參ず
兼宣兄弟等も參ず
源氏長者領の事に就き談合す
義滿北野社に參籠す
老堂裏松康子に招かる
老堂長谷寺に詣づ
志玉唐僧を伴ひ比叡山に登る

申之上者、其時分可復本官云〻、
十日、雨下、有合木風爐、葉室父子(宗顯・定顯)・藤井〻入來、
十一日、風雨、老堂被招請申上﨟之御寮間、午剋許參女院御所、兼俊朝臣(竹屋)・定光・資光〻
參入、遍照光院(仲承、兼宣弟)・凰(鳳)藏主〻參會、元祐房於讃岐入道(細川義之)宿所大盤(般)若轉讀間、依指合不參云〻、
數(×酌)獻後、予以下退出、抑御喝食御所(足利義滿女、後ノ聖久)渡御此席、寢殿(裏松康子)又可有御渡之間、予以下早〻退出、
老堂御盃代千疋被進寢殿、予致沙汰了、
教冬朝臣入來、卽歸了、就源氏長者領事、依有談合子細也、
十二日、早旦有陰氣、參北野御參籠所、依爲御祈續目也、守融僧正持參御卷數、▨自上﨟
有御文、昨日自老堂被進寢殿御盃代千疋、忩可進云〻、仍致沙汰了、頃之又有御文、千
疋被招請(申)老堂於寢殿之間、有御參、仍千疋不足之間、上﨟幷御寮〻面〻致馳走、又千
(10オ)
疋相副、二千疋有御持參云〻、御引出物小(×五)袖五重被進之云〻」入夜後、老堂御歸云〻、
今日老堂有御參詣長谷寺云〻、是讃岐入道女性參之間、有御伴者也、自舊冬遣料足千疋、
所望之材木自讃岐入道許送給之、自晡時分雨下、圓興寺長老被參、老
廬山寺長老上人同道唐僧、明旦可登山叡岳云〻、板輿人(×〻)夫借遣之、

四國の材木到著す

十三日、雪花下、大教院隆覺參、聖光院法印（仲祐）參入、就訴訟事有申談旨、爲盛（藤原）合力事張行、定秋（豐原）召寄、來十八日七佛藥師法樂所事加下知了、御祭文事仰菅宰相了、四國材木殘到來、

千本釋迦堂念佛を聽聞す

十四日、天晴、爲守朝臣入來、小冠讀書、千本尺迦念佛（又御佛事）聽聞、用輿者也、早旦有世卿參、

義滿北山殿に還る

十五日、天晴、早旦參北山殿、自北野還御間所參入也、午剋禪閤又御參、於廂張行一盞、俊重（大江）朝臣・以豐・淨圓才在此座、以茶垸面々飲之、

志玉北山殿に參ず

（11オ）十六日、未明參北山殿、廬山寺長老依被參也、朝間有陰氣葉室入道大納言參會、去十」二日春日祭次、參詣長谷寺、昨夕上洛云々、

廬山寺御對面後、予參青蓮院殿、自明後日十八日、七佛藥師法条々爲申入也、其後歸華、晡時分自上﨟有御文、不廻時剋忩可參之由被仰下云々、仍召輿（寄）舁馳參、只今於青蓮院御壇所（自昨夕當季小法於小御所被行之、）一獻程云々、以世尊丸申入參仕之由之處、則出御、明後日御修法一日被延引、自十九日被始行之條、可爲如何樣候哉、可相談有世卿旨被仰下後退出、以使者仰遣有世卿之處、十九日吉日由注進之、

山科教冬教有の加階を望む

晩頭教冬朝臣入來、教有一級事可申沙汰之由也、爲盛張行一盞、俊重朝臣在此席、

（約七行分空白）

北山殿大法七佛藥師法始行す

（12オ）十九日、大法開白也、晡時分、着直衣參北山殿、一品宮令始行七佛藥師法給之間、爲申沙汰也、委細注別記、

廿日、晡時分參北山殿、着狩衣、明後日御參社御神事札立之、

義滿受戒す

廿一日、天晴、今日御受戒也、午剋許着直衣、參北山殿、禪閤同御參、申終事了退出、委細注別記了、晩頭重又參北山殿、依爲御修法中也、入夜雨下、明日力者・人夫才自所ゝ到來、

廿二日、甚雨下、雖然自寅半天雨脚聊休止之間、着淨衣、用四方輿、參北山殿、先之禪閤有御參、諸大夫一人刑部少輔盛興（源）、・青侍一人出羽左衞門尉資興（藤原）、・小雜色六人・退紅持雨皮、・白張舍人持笠、・力者廿人也、雜色取松明先行、參北山殿、先之殿上人少ゝ參集、委注別記、申終還御、融清（田中）法印御釼并御馬進之、則參仕之間、申入事由退出、晩頭重又參仕、

（13オ）

（約五行分空白）

七佛藥師法結願す

廿五日、有陰氣、依爲御修法結願、未明着束帶參北山殿、小冠同之、委旨注御祈記六、

（約十行分空白）

三月

(14オ)

一日、月朔、珍重〻〻、早旦奉拜尊神以下、次參禪閤(廣橋仲光)御方、小冠(廣橋定光・資光)才同之、

二日、

上巳節句

三日、天晴、桃花節幸甚〻〻、早旦參　北山殿(足利義滿)、依爲御祈續目也、次參女院(崇賢門院、廣橋仲子)御所、退出、
午剋許禪閤又御參、明後日渡御事爲被申定云〻、

四日、早旦參葉室(宗顯)・頭弁(中御門宣俊)・隆覺法印才參、

(約二行分空白)

崇賢門院足利義滿廣橋邸を訪ふ

五日、天晴、早旦參北山殿、今日渡御剋限事爲伺定也、晝程可有御出云〻、今月御修法自來八日可被始行之由被仰下者也、忩退出、頃之女院御所樣先渡御、午終御喝食(足利義滿女、後ノ聖久)幷寢殿(裏松康子)以下女房達參、相續　公方樣(足利義滿)渡御、〻與也、入夜後還御、予騎馬參御共、今日之儀珍重之

(15オ)

由被賀仰、所畏入也、次女院樣還御、其後退出、

人々參集す風爐あり

六日、(〆午)天晴、午剋許禪閤御參北山殿、葉室以下人〻入來、有風爐、

尙書談義す

風爐あり

廣橋邸に宴あり

室町殿に神事札を立つ

義持石清水社參延引す

七日、風烈、自晡時分雨下、向北少路大納言(裏松重光)宿所、及深更歸宅、
八日、天晴、良賢(清原)法師入來、有尙書談義、藤井前宰相(嗣尹)・中山宰相(滿親)等在此席、有世卿(土御門)入來、
九日、天晴、有風爐、日野大納言(資教)以下入來、
十日、天晴、早旦參北山殿、依御祈續目也、仲祐法印持參一樽、禪閤有御對面、予參室町殿(足利義持)、來廿六日八幡御參社事爲賀申入也、教冬(山科)朝臣參會、入見參、
十一日、天晴、葉室大納言入道・藤井前宰相・高倉宰相(永行)入道・平三位(西洞院親長)・尺念父子・俊重(大江)朝臣・頼定(丹波)等隨身一樽參、大教院隆覺法印同參、山徒鷄足坊法印同參、中山又在此席、更闌後人々分散、」

(16オ)
十二日、天晴、田舍老尼相伴女房詣七觀音、

(約五行分空白)

廿四日、雨下、仰爲景(中原)立御神事札於室町殿、予參、明後日剋限等事所申入也、入見參後退出、
廿五日、終日甚雨、及晩力者・人夫等自所々來集、栗尾法師上洛、
廿六日、天漸明程、禪閤御參北山殿、此時分雨脚聊休止、雖然明後日爲(×爲)儲日次之上者、於

今日者先可被延引之由被申談云〻、御退出後、延引之由人〻相觸者也、諸大夫馬可返進欤之由、尺念法師申也、明夕又可遣取之条爲事煩、只明日一日者面〻可立置之由、可相觸之由仰含了、

（約二行分空白）

（17オ）

義持石清水社に詣づ

廿八日、室町殿八幡宮御參社、其次第注別記、藥師寺（長雅）僧正・葉室入道大納言・隆躬（西大路）朝臣・藤井前宰相父子（嗣尹・嗣孝）・中山宰相等人〻參入、於鷹司面見物、

（約六行分空白）

廣橋邸和漢連句

卅日、天晴、未明自妙法院宮（堯仁法親王）有御文、只今有御參北山殿、爲申次可參會云〻、則馳參、御對面後、予退出、抑今日盡會一折可張行之間、人〻招請、和漢百韻後、面〻分散、

四月

（18オ）

朔日、天晴、拜天地四方・尊神護佛等、參禪閤（廣橋仲光）御方如例、禪閤御參北山殿（足利義滿）、藤井（嗣尹）等參入、

（約二行分空白）

合木風爐

三日、有合木風爐、葉室（宗顯）・藤黄（柳原資衡）・藤井（嗣尹・嗣孝）父子ホ入來、

四日、

五日、早旦參北山殿、依御祈續目也、栗尾法師今日下向、有世卿（土御門）參仕、中山（滿親）・平三位（西洞院親長）ホ在此席、自午終雨下、終日不休、

（約六行分空白）

（19オ）

五月

一日、早旦拜尊神以下、參禪閤（廣橋仲光）御方、來樂如例、祝着〻〻、

春日社に詣づ

三日、天晴、參詣春日社、小冠定光（廣橋）所召具也、爲盛（藤原）又同參詣、

歸洛す

四日、朝間有陰氣、自午剋許雨下、自南都還向、自宇治用船了、

端午節句
賀茂競馬を見物す

五日、天晴、端午佳節、珍重〻〻、賀茂競馬見物、禪閤御出、予・兼俊（竹屋）朝臣・定光・資光（廣橋）ホ同參御車、爲盛騎馬參、被立車於馬場、

抑御喝食御所(足利義滿女、後ノ聖久)爲御見物御出云々、御寮幷性珍御房ホ同參御車云々、北少路前大納言(裏松重光)於風爐屋有一獻興、平三位親良(長)卿(西洞院)在此席、有世卿(土御門)立車見物、

(約五行分空白)

」(20オ)

六月

一日、天晴、早旦奉拜天地四方、次參禪閤(廣橋仲光)御方、次詣北山、構老堂(兼宣母カ)之見參、次又參女院御(崇賢門院、廣橋仲子)所、來樂祝着後退出、

北山の老堂を訪ふ

二日、

(約三行分空白)

三日、入夜甚雨、雷鳴、雨脚聊休止之時分、相國寺大鐘頻有聲之間、乍驚立出寢所、欲相尋子細之處、相國寺大塔炎上(〆有炎上)云々、凡迷惑無極者也、先揚鞭參室町殿之處、柳營(足利義持)已令出門給之間、不及下馬、則參御共、入御相國寺、此時分御塔已倒了、依餘煙勝場(定)院已燒亡、如今者、寺中難遁欤之由有沙汰、頃之予歸華、雷火無疑云々、雖爲相國寺々中別三

相國寺大塔燒亡す

勝定院も燒亡す

雷火疑ひなし

國一墎也、掌燈又無是云ゝ、旁以雷火之由謳歌、自第三層火出來、随見付僧達ホ雖(×ホ)馳走、無其詮云ゝ、天災也、人力不覃者哉、勝場(定)院燒失外、寺中無爲云ゝ、所天之令然歟、珍重ゝゝ、

七重塔は明徳四年草創し應永六年供養す

抑此塔婆七重、者、自明徳四年草創、造」營功成、應永六年九月十五日被遂供養了、然今星霜未積、一時化灰燼、佛法之破滅、有情之輩、誰不傷嗟乎、殊又供養事、禪閤御傳奏、予申沙汰了、可歎可悲、

(21オ)

四日、天晴、午剋許禪閤御參北山殿(足利義滿)、予同參、人ゝ參集、懃申次、頃之祗候後退出、

足利義滿相國寺を訪ふ

五日、朝間天晴、自晡時分雨下、抑今朝北山殿渡御相國寺云ゝ、

御修法自今日被始行之間、申了程參北山殿、

(約五行分空白)

(22オ)

義滿息青蓮院に入室す
入室申沙汰は乳父裏松重光
著袴申沙汰は兼宣

廿一日、天晴、今日北山殿若公(義圓)十歳、可有御入室靑蓮院門跡、將又出御以前、先可有御着袴儀、於御入室事者、就御乳父北少路前大納言(裏松重光)申沙汰分也、於御着袴者、予申沙汰、御入室御共雲客三人內、小冠定光(廣橋)可參之由被仰下之間、申半剋參北山殿、予着直衣、下絬、小冠束帶、同車者也、靑侍一人左衞門尉資興(藤原)、在共、小雜色六人召具者也、禪閤同有御參、直參北

著袴の儀

義満腰を結ふ

北山殿を發つ

青蓮院に入る

御所、三条宰相中將實淸(三條西)朝臣今日申拜賀、

於北御所之小御所可有御着袴之儀之間、」(23オ)仰承仕・御所侍寸令敷御座、南面三个間出几帳、大文御座二帖敷之、正面間、東西行、迫北、若公御座也、次又同疊一帖敷之、迫西、南北行、北山殿御座也、次又陪膳女房料小文疊一帖敷之、正面間、東西行、迫南、正面間左右供掌燈廳官二人衣冠、候立明、但一人不參、秉燭以後、先於北御所北面御着袴、北山殿令結御腰御、次出御南面、次六位菅原長政(西坊城)取打敷傳陪膳、宰相中將(三條西實淸)陪膳、不撤劔、指笏、取打敷參進、跪正面間簀子、進打敷於簾中、次聊卷御簾張之、次役送雲客次第供御前物、公賴朝臣(正親町三條)不解劔、指笏、指笏、取高土器參進、拔笏退、御銚子持參之處、陪膳不及供、則役送持歸、如元返給了、悉供了後、陪膳下御簾、拔笏經本路退出、次雲客悉執脂燭、列居南面之簀子、次北少路前大納言持御劔与公賴朝臣、次若公自公卿座南面之折妻戸出御、北少路前大納言褰御簾、脂燭悉前行、前大納言幷予奉相從、預寄御車於中門妻戸、自堂上御乘用、前大納言褰御車御簾、番頭六人」(24オ)取松明前行、於四足門外前大納言參御車、其後上簾欤、予召具小冠、出東面門參青蓮院殿、遍照光院仲承(兼宣弟)僧都爲申次候中門邊、於四足門外大納言下車懸放御牛、於此所大納言自御車下、以手引寄御車於中門先之申次僧綱堂上、參門主之御前欤、未歸出以前寄御車了、下御、次予以下次第堂上、自中門妻戸入御、經透渡殿、自寢殿東向廂妻戸入御、於

義満息青蓮院宮尊道と對面す

寢殿之東面有御對面之儀、其儀先若公御座、東面、次門主宮(入道尊道親王)御着北御座、南面、此時若公令居直北面給、次忠慶僧正持參御贈物、置若公御前退出、次前大納言撤御贈物、召定光給之、定光參進取之、次若公令起座給、有御渡常御所、次定光持參御贈物、置御座傍退出、此後事不見及、予則退出、」

(25オ)

着袴參仕の人人

今日御着袴參仕人々

陪膳

三条宰相中將今日奏慶、

役送

不帶釼笏、内藏頭(山科)教興朝臣　同、少納言(栗田口)長方朝臣

帶釼持笏、三条中將公頼朝臣　不帶釼笏、左少弁(烏丸)豊光朝臣

不帶釼笏、右兵衞佐定光

此外

六位藏人(×管)菅原長政參仕、

入室供奉の人人

御入室供奉人々

北少路前大納言直衣、下絬、重黄引部木、　公賴朝臣

豐光朝臣　定光

雲客不及乘車、依爲御所之咫尺、面々歩行、予又同之、

御着袴御前物才事、內々就御乳父前大納言申沙汰了、

（標紙外題）
「兼宣公御記
応永十一年 自正月至四月 」

（1オ）
應永十一年
御修法幷外典御祭奉行事、毎月於北山殿行之、」

（2オ）
（一紙分空白）」

（3オ）
（端裏書）
「御修法奉行事、付外典御祭、」

應永十一年正月 尊星王法、七个夜天曹地府、

六日、戊申、天晴、早旦參北山殿（足利義滿）、今月御修法日次、以刑部卿（土御門有世）注進伺申入之處、自來十六

日可被始行之由被仰下者也、

北山殿大法始行

十六日、戊午、天晴、酉初着直衣、上括、參北山殿、大法爲申沙汰也、大學頭(五條)爲守朝臣同車參大法、毎夜脂燭程、可寄宿長方朝臣(粟田口)宿所云〻、堂荘嚴事、一向爲大阿闍梨沙汰之間、不及口入者也、尊星王法御祭文予持參、頃之入見參、申出御署、進大阿闍梨(聖護院僧正御房(道意))者也、秉燭之程被始行大法、先之阿闍梨交名如例自大阿闍梨付給之間、則進覧了、

尊星王法大阿闍梨聖護院道意

抑脂燭雲客五人(山科)教遠・(山科)教興・(西大路)隆躬・爲守才朝臣・(高倉)永藤、之内隆躬朝臣遅參、雖然自余參懃了、各束帯也、諸御修法開白夜〻毎度冠帯也、御修法始行後、隆躬朝臣參仕、不可説〻〻〻、

天曹地府祭

刑部卿持參天曹地府御祭文、任例於御聽聞所申出御署、則又有御身固事、次參南御所、(裏松康子)申出御撫物斤并御鏡退出、御斤御鏡才事、自兼日内〻申入者也、

御修法事了後、着座公卿事伺申入者也、

(約一行分空白)

傳奏兼宣奉書

」(4オ)御修法、自來十六日可被始行之由、被仰下候、可得此御意候、恐〻謹言、

正月六日　兼(宣)

乘〻(良縁)院法印御房

御祈、自來十六日可被始行之由、被仰下候、外典御祭可奉存候、恐々謹言、

正月八日　兼〔宣〕―

刑部卿殿

（約三行分空白）

結願

廿三日、天晴、自卯初着束帯（帯劔如例）、參北山殿、小冠定光（廣橋）（束帯）、同車參、是依爲大法結願也、先之公卿少々參候、事具後被始行、次第自大阿闍梨注給、毎度儀也、勸賞追可被申請之由也、第一公卿洞院（實信）大納言爲仰勸賞起座後、予一揖起座、退透渡殿方、次第儀爲申沙汰也、且又毎度進退如此者也、

參仕の人々

今日參仕人々

大納言實信卿・忠定卿（花山院）、　中納言隆敦卿（鷲尾）・予・公音卿（橋本）、知興（橘）　參議實清朝臣（三條西）、

教遠・教興朝臣、定光・○・菅原長政（西坊城）、（公卿手長料也、）」

（5オ）

勸賞

洞院大納言仰勸賞、直退透渡殿、取被物一重參進、次花山院大納言同取一重參進、次教遠朝臣同取裏物參仕、次教興朝臣引御馬（衞府一人取尻綱、）出庭上、次坊官一人進出、請取御馬退出、

次護摩壇御布施裹物一也、新中納言(鷲尾隆敦)取之、次參川守知興引御馬衞府又取尻綱如先、出庭上、次護摩壇坊官進出、請取御馬退、次予取裹物六位爲手長、參、指笏如例、置裹物於阿闍梨(道淳)實相院僧正、前、拔笏退、次又橋本中納言、次(又取)阿闍梨御布施裹物、取之參進、次又三条宰相中將、次又小冠定光取之參進、事終後御撫物色々如元進南御所者也、

新中納言今日申拜賀着座者也、

鷲尾隆敦拜賀す

自阿闍梨注給注文如此、

条々

御祭文事、侍從三位行俊卿淸書、當日申出御署、進阿闍梨者也、菅宰相秀長(東坊城)卿草進、(世尊寺)

祭文草東坊城秀長清書世尊寺行俊

御鏡事、一面、自兼日內々申入之、

鏡

麝香事、一裹、自兼日同申入之、

麝香

當日御潔齋事、自兼日申入之、

修中可被行赦事、下知飯尾美濃入道(貞之)、輕罪者一人被放免、十八日行之、

赦

尊星王法催具条々

料足二萬疋
脂燭殿上人
布施取殿上人
馬
著座公卿

（8オ）

料足事、二万疋、　御祭文草幷淸書事、
脂燭殿上人事、　同用途事、
下知御所侍事、　下知爲(中原)景事、
六位(×人)可參候事、　御布施取殿上人事、
御馬二疋事、　衞府事、
舍人・居飼事、　護摩壇御馬引五位事、
御潔齋自兼日可申入事、　御鏡朩自兼日可申入事、
護摩壇御馬可伺事、　着座公卿事、
同座事、　勸賞題目可伺定事、」
　以上內典、
御祭文事、菅宰相草進、加淸書持參、　有世卿
料足事、万疋、　御斤可被用意事、
　外典七个夜天曹地府、」

二　月　金剛童子法、七个夜泰山府君、

北山殿修法始行

金剛童子法

泰山府君祭

（9オ）

十八日、有陰氣、酉初着直衣上結、參北山殿（足利義滿）、自今夕聖護院僧正道意、令始行御修法給間、爲申沙汰也、爲守朝臣（五條）付車參仕、爲脂燭也、爲金剛童子法之間、御釼一腰被出之、進阿闍梨者也、此外例式御單衣一合申渡了、秉燭程被始行、脂燭殿上人五人、如去月各束帯又勿論也、有世卿持參外典御祈、同自今夜被始行、七个夜泰山府君御祭也、有世卿（土御門）於宿所行之、每月如此、仍刑部卿（土御門有世）持參御都狀、爲申出御署也、泰嗣朝臣（土御門）納筥蓋持參、於御聽聞所被加御署、又有御身固事、每度儀也、次有世卿參南御所（裏松康子）、給御撫物退出、御修法事了後、着座公卿事伺申入者也、抑素玉御房（光庵、兼宣妹）今日自御所被下御恩攝州云々、仍今日入見參、畏申入者也、」

素玉房足利義滿より御恩を下さる

定光學問所連歌

（10オ）

凰（鳳）藏主（竹溪周鳳、兼宣弟）・爲守朝臣・範方朩（藤原）、於小冠（廣橋定光）武衛學問所張行一折聯句、者也、

結願

廿四日、天晴、天未明以前、着直衣下結、參北山殿、是依爲御修法結願也、兩小冠（廣橋定光・資光）今日召具參仕、教遠朝臣（山科）春日祭使懃仕之間、今朝下向南都之間、其闕資光參仕、抑此法明日雖可被結願、依爲御衰日被運時者也、今日參仕人々、西園寺大納言實永卿・三條新大納言公

修法の後御劍を返上す
撫物は南御所に進め卷數は小御所に置く

宣卿・帥中納言資藤卿（日野町）・予・中山宰相滿親卿ホ也、予外面〻束帶、教興朝臣（山科）引御馬、菅原長政（西坊城）傳公卿之御布施、定光取大阿闍梨裹物、資光取最末之阿闍梨裹物、事了後返上御釼者也、於御撫物者進入南御所、於御卷數者置小御所者也、事了後退出、禪閤御參女院（崇賢門院、廣橋仲子）御所、

催具条〻

御釼一腰可被出事、

脂燭殿上人

脂燭殿上人事、　同用途事、

著座公卿

御所侍幷爲景（中原）相觸事、　結願日着座公卿事、

布施取殿上人

同日御布施取殿上人事、　同日六位可參事、

馬

同日居飼・舍人事、　同日御馬一疋幷衞府事、

善阿跡一阿供料を下行す

供料二万疋、善阿跡一阿下行之、

外典七个夜泰山府君、

都狀草東坊城秀長清書土御門有世

御都狀事、（東坊城秀長）菅宰相草進、有世卿淸書、　祭料万疋、一阿下行之、

御撫物事、

聖護院道意請文 (11オ)

今月御修法、自來十八日可被始行由承候畢、御本尊事、可爲金剛童子法之由、得御意可令申入給候也、恐々謹言、

二月六日　前大僧正道意

結願の次第 (12オ)

(折紙)
日中結願儀

先大阿闍梨參堂、
次護摩壇阿闍梨參、
次小壇阿闍梨參、
次伴僧參、
次公卿着座、
次後加持、
次伴僧退出、
次勸賞、

次御布施、
被物二重　裹物一
御馬
次護摩壇幷小壇等御布施、各裹物一、
次小壇阿闍梨取御布施退出、(以下見返シ)
次護摩壇阿闍梨取御布施退出、
次徹(撤)大阿闍梨御布施、
次阿闍梨退下、

(13オ)

三月　如法大般若法、七个夜天曹地府、

北山殿大法始行

十日、天晴、大法自今日被始行之間、晡時分參北山殿(足利義滿)、直衣、上結、爲守(五條)朝臣・永藤(高倉)付車參仕、有世(土御門)卿入夜參仕如例、大般若法御撫物ハ、御鏡大、一面被出之、於御單衣者每度儀也、七个夜天曹地府ハ、被出御斤者也、教遠(山科)朝臣上階替、教高(山科)自今夜參脂燭、今日任左兵衞佐了、

大般若法

天曹地府祭

結願

十七日、天晴、天未明以前、參北山殿、予直衣、下括、兩小冠（廣橋定光・資光）各束帯也、參仕公卿西園寺大納（實永）言・三条新大納言（公宣）・新中納言隆敦卿（鷲尾）、・予・實淸朝臣（三條西）等也、予外各束帯、教興朝臣引御馬、兩小冠取裹物如去月、

聖護院道意請文　（14オ）

（端裏書）「聖護院僧正」

今月御祈、自來十日可被始行之由、謹承候畢、可令懃修大般若法旨、得御意可令披露給、恐々謹言、

三月四日　　前大僧正道意

結願の次第　（15オ）

（折紙）日中結願儀

先大阿闍梨參堂、

次護摩壇并小壇阿闍梨參、

次伴僧參、

次公卿着座、

次後加持、

次伴僧退出、

次勸賞、

次御布施、

被物二重　裹物一

御馬

（以下見返シ）

次護摩壇御布施、

各裹物一、

次小壇御布施、

各裹物一、

次小壇阿闍梨取御布施退出、

次護摩壇阿闍梨取御布施退出、

次徹〔撤〕大阿闍梨御布施、

次大阿闍梨退下、

（16オ）

催具条〻

御鏡一面事、　　料足二万疋事、

御馬一疋事、

此外条〻如毎月、

天曹地府御祭方事、是又度〻記置之（×間）者也、

四月

十九日、天晴、酉初着直衣上結、參北山殿（足利義滿）、是依爲御修法開白也、（文殊八字法）大學頭（五條）爲守朝臣・侍從永（高倉）藤爲脂燭參仕之間、付車了、晩頭刑部卿有世（土御門）卿參仕、外典之御祈七个夜泰山府君也、仍持參御都狀申出御署、候御身固、退出、申出御撫物御鏡、如例、僧名自聖護院付給之間、則進御前者也、事具後被始行候、脂燭五人各束帯如例、人數（交名）又如去月、先之御撫物一合御單衣、申出、渡進阿闍梨、此外無之、事了後、着座公卿事伺申入後退出、

（17オ）

抑此大法、自廿二日可被始行之由、被仰下之處、去十五日自高野還御、此日卽被仰下云、

北山殿修法始行
文殊八字法
泰山府君祭

去る十五日足利義滿高野山より還る

唐船著岸す
義滿兵庫下向あるべし
結願
定光奏慶
參仕の人々
聖護院道意請文

御修法可被引上(×之由)云々、仍相尋日次於有世卿持參、仍自今日被始行者也、是唐船已着岸之間、可有御下向兵庫間被忩云々、

廿五日、自昨夕有陰氣、天未明以前、着束帶參北山殿、大法結願雖可爲明日、依爲御衰日運時、今朝被結願之間、參仕者也、

抑小冠(廣橋定光)蘭臺今日奏慶者也、其子細注別記、侍從資光同參懃、和泉守盛繼(源)着布衣、令乘車後了、依爲內々儀也、

今日參仕人々、西園寺大(實永)・花山院大(忠定)直衣、・鷲尾中(隆敦)・予・三条宰相中將實淸朝臣等也、」(18オ)花山外皆束帶、教興(山科)朝臣・定光(廣橋)・資光(廣橋)・菅原長政(西坊城)等也、引御馬儀等同每度儀、自阿闍梨注給次第又如此、

禪閤(廣橋仲光)又內々御參如例、催具条々如每月、此法御撫物一合許也、依尊御撫物色々可相替、能々可致尋沙汰者也、

」(19オ)

今月御祈、自來廿二日可被始行由承候了、可令存知候、御本尊可爲文殊八字法候、可令得御意給、恐々謹言、

四月七日　　　　　　前大僧正道意

五月

（20オ）

十六日、朝間有陰氣、漢客退出後、自晡時分雨下、自今夕被始行仁王經法、聖護院（道意）、外典可爲如法泰山府君之處、依雨延引、於御修法者猶自今夕被始行、御祭者可爲來十九日之由、可相觸之由、被仰下者也、脂燭殿上人如去月、御撫物御單一合外、無他御撫物也、

漢客あり
北山殿修法始行
仁王經法

十九日、天晴、被行如法泰山府君御祭、御都狀草延引之間、聊可草直之由、秀長（東坊城）卿申之者也、御代官一色丶丶云々、

泰山府君祭

（21オ）

廿二日、自昨夕雨下、天明之程着束帶」參北山殿（足利義滿）、依爲御修法結願也、雖可爲明日、依爲例日被運時云々、兩小冠（廣橋定光・資光）同參、禪閤（廣橋仲光）又御參、今日參仕人々、

結願

西園寺（實永）大納言・洞院（實信）大納言・鷲尾（隆敦）中納言・予・中山（滿親）宰相、

參仕の人々

次第儀如去月、

六月

十三
廿日、天晴、自今日五壇法被始行、爲申沙汰參北山殿、(足利義滿)直衣、上結、
聖護院僧正道意、　常住院僧正尊經、
實相院僧正増珍、　定助僧正
豪猷僧正
阿闍梨交名各〻五枚折帋、自中壇付給間、任例進覽之、
外典三万六千神御祭也、秉燭以後刑部卿(土御門有世)持參御祭文、次又祭官交名幷日時勘文付予、〻披露之、御祭以後可歸參云〻、
脂燭殿上人各束帶、人數又如去月、
催具条〻
五壇法御撫物五合可調進之由、下知飯尾(貞之)事、
料足百七十貫事、中壇五千疋、殘四壇各三千疋、一阿下行之、
三万六千神御祭文事、

北山殿修法始行
五壇法
阿闍梨交名

三萬六千神祭

一阿料足を下行す

御潔（齋）事、
御具足ヰ事、
蘇密事、（和氣）郷成朝臣進之、

和氣郷成蘇蜜を調進す

此外条々如每月、

結願

（23オ）

廿日、天晴、五壇法結願也、着直衣參仕、中壇以下阿闍梨各々次第後加持如去年六月、予取實相院御布施了、

參仕の人々

參仕人々
西園寺（實永）大納言　三条（公宣）大納言　（日野町資藤）帥中納言
予　（木造）俊泰朝臣
（山科）教興朝臣　（廣橋）定光　（廣橋）資光　（冷泉）藤永基

聖護院道意請文

（24オ）

今月御祈、自來十三日可被始行由承了、如例年可爲五壇法之由、得御意可令披露給、恐々謹言、
六月二日　前大僧正道意

結願の次第

(25オ)

（折紙）
日中結願儀

先中壇阿闍梨參堂、
次伴僧着座、
次公卿着座、
次後加持、
次伴僧退出、
次勸賞、
次御布施、
被物二重　裹物一
御馬
次徹（撤）御布施、
次中壇阿闍梨退出、
次降三世阿闍梨幷伴僧才參、

次後加持、
（以下見返シ）
次伴僧退出、
次御布施、
裹物一
次取御布施阿闍梨退出、
次軍荼梨以下阿闍梨𛂦參之儀同前、」

土御門有世書狀　（26オ）

三万六千神御祭、可爲十三日候者、御潔齋𛂦事、如例注進仕候、可得御意候、恐惶謹言、
六月九日　有世」

土御門有世注進狀　（27オ）

三万六千神御祭條々
一、御潔齋事、自來十一日有御行水、至十三日夕可有御潔齋事、
一、御潔齋三箇日之間、月事女房不可參御前事、

一、御撫物一面可被渡事、

火取玉
一、火取玉申出之、御祭以後可返上事、

蘇蜜
一、蘇蜜事、可被仰醫道、

五方將軍太刀
一、五方將軍御太刀五振東西南北中央、可被置事、

同弓
一、同御弓五張・御箭五腰可被置事、

右、御祭條々注進如件、

應永十一年六月九日　刑部卿有世」

飯尾貞之書狀

(28オ) 內典方御撫物御單衣、又同箱平裹相副之、今朝進上南(裏松康子)御所候了、又御鏡可被入候、箱一同相副平裹候、進上仕候、今夕尤雖可參上候、勝(脚カ)氣未明候之間、進愚息候、其子細

(29オ) 且以見參令申候、不具候者、預御披露候者」畏入候、恐々謹言、

六月十三日　貞(飯尾)之(花押)

藤(景盛)堂殿」

七月

北山殿大法始行
一字金輪法
(30オ)
十九日、天晴、自今日大法一字金輪法、被始行間、晡時分着直衣參北山殿(足利義滿)、爲守朝臣(五條)・永藤(高倉)卞在

天曹地府祭
車尻、脂燭雲客如去月、刑部卿(土御門有世)持參御祭文、七个夜之天曹地府御祭也、

結願
廿六日、天晴、依爲御修法結願、未明參　北山殿、着直衣、下絬、兩小冠(廣橋定光・資光)同參、禪閤(廣橋仲光)又御參
如例、勸賞追可被申請之由也、事了後退出、

參仕の人々
參仕人ゝ
洞院大納言(實信)束帶、　花山院大納言(忠定)直衣、　鷹尾中納言(隆敦)束帶、
予直衣、　實淸朝臣(三條西)束帶、
敎興朝臣(山科)　定光(廣橋)　資光(廣橋)　菅長政(西坊城)
催具条ゝ
御馬一疋事、　毎事如去月料足、内典
(31オ)
二万疋　外典万疋

○宮内廳書陵部所藏柳原本二

兼宣公記

(31オ)

應永十一年

今月御祈、自來十九日可被始行之由、謹承了、御本尊事、可爲一字金輪法之由、得御意可令披露給、恐々謹言、

七月六日　　前大僧正道意

聖護院道意請文

○國立歴史民俗博物館所藏北山殿御修法幷外典祭奉行記

北山殿修法始行

大六字法

泰山府君祭

結願

參仕の人々

(32オ)

八月

十五日、晡時分着直衣參北山殿（足利義滿）、依御修法之開白也、爲守（五條）朝臣・永藤（高倉）朩就車了、爲脂燭也、聖護院（道意）僧正令始（×被 行）行大六字法給、御鏡五面大一、小四、幷御單衣一合申出者也、結線（緣カ）事今夜有御沙汰云々、

外典有世（土御門）卿懃仕、七个夜泰山府君也、晩頭參仕如例、

脂燭殿上人以下每事如去月、

廿一日、天晴、御修法結願雖可爲明日、々次不快之間、今朝被結願之間、未明着束帶、召具弁（廣橋定光）幷侍從（廣橋資光）參入、禪閤（廣橋仲光）又有御參、

參仕人々

西園寺（實永）・三条（公宣）兩大納言　帥（日野町資藤）・予兩中納言」

(33オ)

俊泰（木造）朝臣　以上五人、

經豐（勸修寺）朝臣　敎興（山科）朝臣　定顯（葉室）朝臣　定光（廣橋）

資光（廣橋）　菅原長政（西坊城）

抑此法阿闍梨爲七人、仍殿上人二人催加者也、

催具条〻

公卿事、　殿上人事、　脂燭事、

御馬幷衞府事、　居飼・舍人事、

六位事、　料足事、二万疋、　御撫物事、

御□○撫ヲ書キカケテ止ムカ、

外典

料足万疋事、　御祭文事、

御撫物事、

九月

北山殿大法始行

天曹地府祭

尊勝法

八日、天快晴、大法始行、脂燭殿上人如去月、外典七个夜天曹地府御祭、有世卿(土御門)如例參仕、

御修法尊勝法、御撫物御單一合許也、

結願

十四日、天晴、御修法結願也、着直衣參仕、蘭臺定光(廣橋)幷侍從資光(廣橋)參仕、」

參仕の人々

(34オ)

參仕人々

洞院大(實信)　花山大(忠定)　鷲尾中(隆敦)　下官

實淸(三條西)朝臣

敎興(山科)朝臣　定光　資光　藤永基(冷泉)

催具条々、料足以下如毎月、

十月

北山殿大法始行

十三日、朝間雨下、自晡時分屬晴、酉初着直衣上括、參北山殿(足利義滿)、依大法之開白也、爲守(五條)朝臣・永藤(高倉)朩爲脂燭參、令同車者也、法華法御撫物御單衣一合外、水精珠一幷幡八流被出之、

法華法

三万六千神御祭時、有世卿(土御門)申出玉被出之、料足二万疋、阿闍梨五人、伴僧廿口如毎月、

泰山府君祭

外典七个夜泰山府君御祭也、御都狀事仰菅宰相(東坊城秀長)、料足万疋如例、秉燭以後、刑部卿(土御門有世)參仕、事了後退出、

結願

廿日、天晴、未明參北山殿、束帶、依爲御修法結願也、定光（廣橋）・資光（廣橋）卞同參、禪閤（廣橋仲光）又有御參、日出以後事儀始、勸賞事無題目、如例、

參仕の人々

（35オ）

參仕人々

西園寺大（實永）　三条大（公宣）　帥中（日野町資藤）　下官　中山宰相（滿親）

教興朝臣（山科）引御馬、　定光取大阿闍梨裹物、　資光取最末阿闍梨布施、

菅原長政（西坊城）公卿取御布衣（施）時手長料、

催具条々

如毎月、但玉幷幡申出之、

聖護院道意請文

（36オ）

「聖護院僧正」（端裏書）

今月御祈、自來十三日可始行之由、謹承候了、可令懃修法花法之由、得御意可令披露給、恐々謹言、

十月四日　前大僧正道意

幡

（37オ）

幡八流（折紙）

水精珠

水精珠まへり六寸許、
御撫物」

北山殿大法始行不動法

天曹地府祭

結願

參仕の人々

（38オ）

十一月

十三日、天晴、晡時分着直衣上括、參北山殿（足利義滿）、自今日聖護院僧正（道意）御房、令始行如法不動法給之間、依可申沙汰也、脂燭殿上人如去月、
外典御祭七个夜天曹地府也、晩頭有世卿（土御門）持參御都狀如例、
大法事了後、着座公卿事伺申入者也、
廿日、天晴、着直衣下括、參北山殿、依爲大法結願、未明參者也、布衣諸大夫一人騎馬如例、
（39オ）禪閤（廣橋仲光）御參、定光同參資光（廣橋）▨▨」同參、定光（廣橋）歡樂之間、明後日春日祭○依可參行之間謹愼、仍今日不參、」
（40オ）參仕人ゝ
洞院（實信）・花山（忠定）兩大納言、以下五人、

（約十七行分空白）

〔十二月〕

（40オ）

聖護院道意請文

今月御祈、自來十九日可被始行之由、謹承候畢、御本尊事、任去年御例、可令懃修金剛寶珠法由、可令洩披露給、恐〻謹言、

十二月九日　　前大僧正道意

○佐佐木信綱氏所藏原本

十二月

北山殿修法始行
金剛寶珠法
泰山府君祭

十九日、天晴、晡時分參北山殿、直衣、上結、依爲金剛寶珠法幷如法泰山府君御祭也、秉燭後、有（土御門）世卿以下參仕、先被行御祭、御具足以下、飯尾美濃入道（貞之）祇候致奉行者也、御代官一色〻〻、着淨衣參仕、毎事如

例、

泰山府君御祭事了後、被始行大法、脂燭五人如例、事了後、着座公卿事所伺定也、

廿三日、抑永藤(高倉)違例之間不參、仍人數四人、依有其憚、爲盛(藤原)朝臣自今夜所召進也、

結願

廿六日、天未明以前參北山殿、束帶、弁(廣橋定光)同參、禪閤(廣橋仲光)又有御參、資光今日不參、依裝束故障也、

此法阿闍梨九人也、仍公卿以下人數加增者也、

參仕の人々

參仕人々

西園寺大(實永)　三条大(公宣)　帥中(日野町資藤)　下官　大炊御門中(宗氏)　中山宰(滿親)　實淸(三條西)朝臣

經豐(勸修寺)朝臣　敎興(山科)朝臣　定顯(葉室)朝臣　定光(柳原)　行光(柳原)　菅原長政(西坊城)

大阿闍梨御布施二重一裹也、件裹物爲殿上人之第一、經豐朝臣雖可取之、依爲〇以下闕、

○日次記原本

「(標紙題箋)
兼宣公記　應永十二年七月一日―十一日　一巻
自筆本
」

(1オ)
應永十貳年

七月

一日、時々雨下、初秋之朔、幸甚々々、早旦參賀禪閣(廣橋仲光)御方、小女・蘭臺(廣橋定光)ホ召具者也、例式
(2オ)
三獻之後退出、午剋許予參北山殿(足利義滿)、今月御修法」日次披露之處、自四日可被始行之由被
仰下者也、則令申大阿闍梨聖護院僧正道意、畢、

二日、

三日、

北山殿大法始行
泰山府君祭
足利義滿等御賀丸宿所を訪ふ

四日、朝間天晴、自晩頭有陰氣、自今夕大法被始行之間、着直衣參北山殿、外典七个夜泰山府君御祭在弘朝臣(賀茂)懃仕、如然儀注別記者也、北山殿幷御喝食御所(足利義滿女、後ノ聖久)ホ渡御御賀宿所云々、素玉(兼宣妹、後ノ光庵)御房參、御喝食御所御共云々、

五日、天晴、酉初着布衣參北山殿、大法申沙汰故也、南都學侶定有法師參北山殿、東北院孝俊僧都令同道云々、

六日、

七日、

日野業子病み出家せんとす
義滿室町殿に見舞ふ

八日、天晴、北山殿御臺御所(裏松業子)勞以外云々、仍北山殿今日渡御室町殿、有御對面、御素懷事被申請云々、

九日、天晴、參室町殿、御臺御所勞事幷御出家事驚申入者也、將軍(足利義持)御方御出座、構見參退出、日野前大納言(資教・有光)父子參會、

義滿裏松康子も見舞ふ
義持北山殿に義滿を訪ふ

十日、天晴、御臺御所勞猶危急之間、北山殿又渡御室町殿、御喝食御所幷寢殿(裏松康子)同有御渡、將軍御方有御對面、其儀珍重云々、北山殿還御之後、御引出物有御隨身、將軍又有北山殿之處御參、則又北山殿御對面、被進御釼云々、珍重々々、

北山殿大法一字金輪法結願す

業子逝去す
義満明使の宿より還る
日野資教出家す
業子資教極位宣下

業子五十五歳
時光女資教姉

十一日、雨下、依爲一字金輪法結願也、定光同召具者也、予着直衣參、事了退出、參女(崇賢門院、廣橋仲子)院、依有召參者也、

（3オ）

晡時分又參北山殿、御臺已御閇眼云々、驚入者也、伊勢入道(貞行)參會、御所樣自唐人宿還御、其後日野前大納言資教卿、遂素懷參、有御對面、御臺御極位事幷資教卿極位事被宣下云々、入夜後予退出、直參室町殿、構將軍御方見參、御臺御事所驚申入也、御臺御歳五十五云々、時光(日野)卿息女、資教卿姉也、

（約三行分空白）

（4オ）

○墨付ナシ、

○國立歴史民俗博物館所藏北山殿御八講參仕記

「(標紙題簽)
北山殿御八講參仕記　自應永十二年十二月二日至六日　兼宣公自筆本　一卷
」

(1オ)
「(端裏書)
御八講事應永十二年」

應永十貳年

十二月

足利義詮追善北山殿八講初日

二日、天晴、午初駕毛車參北山殿、和泉守盛繼(源)騎馬在車後、□□仰鍾、御八講初日參仕者也、自午終被□□□(始行)堂莊嚴以下事在別記、仍不及記之、及秉燭之間、立明事仰廳官盛尚(中原)致沙汰者也、階間左右致沙汰了、事終後退出、

結願

三日、天晴、參北山殿、今日依爲閑日駕八葉車、不及車副、又略後騎諸大夫、

四日、天晴、午初駕毛車參仕、

五日、天晴、午初點乘八葉出仕、同第二日、

六日、天晴、時々雪下、駕檳榔毛車、依爲御講結願、召具小冠蘭臺、(廣橋定光)拾遺(廣橋資光)追參仕者也、

○紙繼目ニ文字ノ殘畫見ユ、

○國立歷史民俗博物館所藏北山殿御修法申沙汰記

「(標紙題簽)北山殿御修法申沙汰記　應永十三年正月十六日廿二日廿三日　兼宣公自筆本　一卷」

(1オ)

應永十三年

正月

北山殿大法
尊星王法

十六日、丁未、天晴、申斜着直衣上括、參北山殿(足利義満)、聖護院道意、僧正令懃行尊星王法給之間、爲申沙汰參者也、大學頭(五條)爲守朝臣爲脂燭參之間、令付車了、先參賀靑蓮院殿(義圓)、次詣仲祐法印坊、次參北山殿、持參尊星王法御祭文、以右衞門督僧都申出御署後、進大阿闍梨者也、御撫物色々自南御所(裏松康子)申渡了、色目注左、

天曹地府祭

晩頭新三位(賀茂)在弘卿持參天曹地府御祭文於御聽聞所、被加御署、以次有御身固、被下御釼

退出、參南御所、給御撫物退出、(足利義滿女、後ノ聖久)御喝食御所幷寢殿(裏松康子)御身固有之云々、先之被始大法、先阿闍梨五人内自下﨟次第參堂、(尊經)於常住院・(增珍)實相院兩僧正者法師一人取脂燭、次」大阿闍梨聖護院、參堂、脂燭殿上人五人各束帶、於中門取脂燭御所侍用意之、參小御所之東向、次大阿闍梨參給、事終後、伺着座人々事退出者也、于時夜月催感、春寒入骨者也、

（2オ）

脂燭の人々

脂燭人々

(山科)教興・(西大路)隆躬・爲守ホ朝臣、(高倉)永藤・(山科)教高、以上五人、開白之夜者毎月束帶、自次夜爲狩衣也、

天曹地府祭結願

廿二日、天晴、入夜在弘卿持參御撫物、七个夜御祭結願也、參南御所之由告給之間、伺(×以)便宜申入之間、則渡御南御所、有御身固退出云々、

北山殿大法結願

廿三日、天晴、未明着束帶、參北山殿、依爲大法結願也、(廣橋定光・資光)兩小冠所召具也、先之(花山院忠定)花山以下少々參仕、日出時分出御、

參仕の人々

參仕人々

直衣下結、花山院大納言忠定、　予　　北畠中納言(木造)俊泰、　中山宰相滿親、　右大弁宰相(勸修寺)經豐朝臣

以上五人、

祭文草東坊城秀長
清書世尊寺行俊
一阿彌料足を下行す

（３オ）

大納言外皆以束帶、教興朝臣　定光　資光　知興（橘）引御馬、菅原長政（西坊城）」
御加持無能陀羅尼、事了花山起座、仰勸賞於大阿闍梨、此時分予揖起座、尋沙汰御布施事者也、

催具条々

一、尊星王法御祭文、菅宰相（東坊城秀長）草進、世尊寺二位（行俊）清書、高檀帋也、
一、料足事、内典二万疋、一阿彌下行、
一、脂燭事、下知飯尾美濃入道（貞之）、
一、御所侍可參懃事、
一、脂燭殿上人并結願日着座公卿御布施〔取〕以下事、
一、爲景（中原）可祗候事并結願日居飼・舍人可相觸之由、下知爲景事、
一、御撫物御鏡一面大・麝香一裹事、御單衣事、
一、當日御潔齋事、自兼日所申入也、
一、修中可被行赦事、伺時宜、尋日次、下知飯尾事、

大法修中赦あるべし
放生申沙汰に及ばず

（４オ）

一、放生事、當年自阿闍梨雖被載」注文、先々未無其沙汰之間、不及申沙汰者也、

（約三行分空白）

外典方
（約七行分空白）

○國立歴史民俗博物館所藏義持公内大臣拜賀幷實仁親王元服記

（標紙題箋）
「義持公内大臣拜賀幷實仁親王稱光御元服記　兼宣公自筆本　壹卷」

〔應永十八年〕

〔十一月〕

（端裏書）
「親王御元服事
　勝定院内府御拜賀事
應永十八　十一　廿八」

（1オ）

（廿八日）
晴、未剋着束帶〈色目如恆、〉參室町殿、（足利義持）姉少路万里□□、（少路カ）□□也、
（應）
□永十六年七月廿三日、雖令任大臣給、御拜賀自□□親王（躬仁）□元服加（御カ）□□（冠カ）可有御沙汰

足利義持内大臣拜賀す
躬仁親王元服す

兼宣室町殿に參ず
奉行清閑寺家俊

大和繪屏風
宿申簡

身固

之間、今日被遂其節者也、

□車新調之陽明御車也、(近衛忠嗣)於檳榔者新調之、小冠資光(廣橋)左兵衛權佐、令乘車後、前駈備中守、盛繼(源)一人所召具也、車副二人、如木、雜色六人、此內如木二人乘袴、(垂)退紅仕丁、持雨皮、白張舍人持唐笠、又二人持笠幷榻、牛童尤可持榻也、但牛車副無案內之間、召置轅傍者也、小冠僮僕隨身二人、小雜色四人、各重朽葉衣、馬引車之後、舍人二人、着水干幷狩襖、鷹司東行、東洞院南行、三条坊門東行、至万里少路、於唐門北腋下車參進、先之一位大納言(裏松重光)祗候、奉行頭左中弁今日奏慶云々、家俊(清閑寺)朝臣同參候、

御裝束儀、以寢殿南面五个間、以東一間爲打出間、垂廂翠簾、出彩袖幷唐織物地紅、文桐唐草、几張、西四个間庇被用公卿□(座ヵ)、東一間副母屋屏風、敷小文疊東西行、一帖、爲主人御座、□□(西四)个間寄端、小文疊敷三帖、東西行、爲公卿座、卷廂御簾、敷滿廣筵、副母屋御簾幷打出間之西御簾、立亘大和繪屏風、公卿座御簾悉垂之、中門幷公卿座前悉敷滿廣筵、宿申簡副中門西壁立之、

(約四行分空白)

(2オ)

剋限、公卿悉降庭上、列立中門外、東上南面、雲客列立御車宿前、東上北面、但爲騎馬次第先行、御隨身候寢殿巽庭、北上西面、前駈十人、列居階間西中門之內、東上、泰家(土御門)朝臣參簾中、打出間、有御身固、自

義持室町殿を出づ

降南階□〔出ヵ〕中門、於此所下家司懸祿、於打出間出御、女房褰御簾、先之別當（烏丸豐光）一揖離列入中門、參進獻御沓、隨身最末下﨟取御沓、渡前駈上首、前駈傳別當、隨身前駈▨先行、官人持御裾、懸弓持也、向公卿之上首一位大納言重光卿、揖給、自此所置御裾、諸卿悉

足利義嗣同行す

蹲居、依可褰御簾、花山院大納言（忠定）一揖離列參御後、經余又同之、大納言殿（足利義嗣）奉伴者也、花山院立御車之右褰御簾、爲家例云々、先之前駈上首開輦戸、引出懸筵、仍御榻役人地下前駈上首也、雖候右、花山參進之間、俄遷左方押御榻、御沓役人如前、次大納言殿於四足北腋御乘車、前駈開輦戸、則立榻、飛

兼宣義嗣に同車す

鳥井中將雅清朝臣褰御簾、山科新少將教高朝臣役御沓、次余密乘車者也、次第連軒、

於二条万里少路下家司立行列、

□〔北ヵ〕行万里少路北行至鷹司西行至陣、御沓役人別當參御待之間、及秉燭御下車、□□〔官人ヵ〕持御裾、懸弓也、帶刀先行、衞府侍候後陣、番頭并前駈隨身下﨟才取松明前行、自左衞門陣御參、令經政官座前

義持參內す

拜賀舞踏

自此所令引裾給、給、有御揖、立無名門前給、頭弁勲申次、御舞踏畢着殿上給、有御揖番長參進取御▨▨、次頭弁於殿上々戸邊有御揖、

義持清涼殿に參ず

（3オ）

申召由、次起殿上參臺盤所給、有御揖、主上（後小松天皇）自元出御朝餉、則揖起座給、內侍自元祇候、褰御簾、此後

親王御迎のため義持退出す

先可有御參常御所由雖被申之、先可有御參親王御迎之由就被申之、則自殿上令退出給、

義持躬仁親王御所に參ず

入上戸令降小板敷給、番長獻御沓、此時無沓揖、官人候御裾、不經政官座前、直自左衞門陣出給、北行、有御參親王御所、近依程近

身固の後親王出御

義持同車す

内裏に到る

歩儀也、自中門沓脱御堂上、内〻有一獻、頃之親王出御、赤色、文小蔡〔葵〕、闕腋御袍、縮線綾御表袴、〔×也〕御總角也、令着絲鞋御、有文丸鞆御帶也、寄御車於中門、先家司頭右大弁清長〔甘露寺〕參進、開輦戸、不引出懸筵、如何、則自左方褰御簾、先之次親王自公卿座折妻戸出御、西園寺大納言〔實永〕奉扶持、欲令乘御車御之處、陰陽頭有方〔安倍〕朝臣候沓脱申云、未御身固云〻、仍更入御、〔ママ〕於公卿座豫繧繝疊一帖被敷之、有御身固、更出御、〻乘車、右物見幷前簾兼卷上之、西園寺帖置御裾退去、次內相府〔足利義持〕令參御車給、兼撤帶劔給了、御簾役人如元、次於門外懸御牛、召次二人、如木、執松明前行取松明前行、衞府長騎馬在後陣、內相府御僮僕悉可候儲御下車之所之由、余下知之、於御劔者前駈上首持之、次一位大納言以下次第扈從、人數在左、北行東洞院北行、至一条西行、至室町南行、至鷹司東行、至左衞門陣、留牛▨御牛

於陣頭可立御車於半陣之處

於童親王者、無牛車之宣下間、自陣頭雖可有下御、依爲御年少於半陣可有於陣頭稅駕、以手引於半陣可有下御之由、關白〔一條經嗣〕被計申者也、

（4オ）

抑乍懸御牛、至土御門東洞院云□〔〻〕、奉行人委」依不加下知也、

於土御門東洞院有下御、先立御榻於御車後方、衞府長役之、此条如何、御同乘大臣〔足利義持〕御下車、〔×給〕頭弁清長朝臣褰御車簾、丶丶丶丶獻御沓、立給御車傍、於此所有御帶劔、永藤〔高倉〕朝臣懃之、次衞府長立御榻於御車前、次親王下

親王下車す

御、〈令着絲鞋御之間、不及御沓沙汰也、〉頭弁持御裾、〈自此所室町殿御共輩前駈弁御随身取松明、番頭同取之、帯刀先行、衞府侍在後陣、〉自左衛門陣御參、直自高遣

親王殿上に著す

戸御堂上、〈入御々休所、〉室町殿自同所御堂欤、〔上脱カ〕於常御所有一獻、及數盃後、先室町殿〈入上戸〉着殿上〈端座〉給、〈有御揖、〉位次公卿少々着座、次親王同自上戸着殿上奥座給、〈西園寺大納言奉扶持之、〉大臣以下動座、〈次主上出〉頃之

後小松天皇出御す
親王御前に參ず

〈御清涼殿、次〉頭弁於殿上々戸外申召由於親王、〈次親王起給、諸卿動座〉退次西園寺〈西園寺參進、奉扶持之、〉諸卿動座、〈如先、〉令參御前座御、〈關白并西園寺大納言才奉扶持之、〉次又頭弁申召由於大臣、〈如親王、〉々々揖起座、〈位次公卿悉動座、〉出上戸令參清涼殿東簀子〈座〉給、

理髪甘露寺清長

次大臣奉仰以男共召理髪人、〈藏人權弁俊長（坊城）參進、〉次理髪藏人頭右大弁清長（×人）參進、候東簀子、次大臣又召男共〈俊長參進、〉被仰理髪具可置之由、

理髪具を賜ふ

次隆少將隆夏（油小路）・大内記長政（西坊城）才持參燈、〈切燈臺也、〉次藏人權右中弁俊長・同左少弁宣輔（中御門）昇二階置之、次藏人右少弁時房（万里小路）持參御冠、右兵衞佐藤光（日野町）持參唐匣、盛光（日野西）〈持參〉置泔坏、隆夏置圓座、

右段以御次第可書也、

○東京大學史料編纂所所藏謄寫本進獻記錄抄纂第四十五所收後瑞雲院內相府記

後瑞雲院內相府記

(56オ)

和歌御會議定所并に臺盤所末間を吟場となす

應永十九年三月廿日、參內、依和歌御會也、以議定所并臺盤所之末間爲吟場、頭右大辨清長(甘露寺)朝臣奉行、下﨟次第置懷紙、雲客悉置了後、公卿同置之、予先入檜扇於懷中、取出懷紙、聊披見端作、以兩手持之、(文上在左、)起座參御前(後小松天皇)了、更膝行一兩步後、及手置懷紙於文臺上、(以右手也、)聊逆退、起揚右廻歸着座、悉置了後、依天氣西園寺(實永)起座、移着讀師座、次讀

讀師西園寺實永

(56ウ)

師召尹賢(月輪)朝臣、〻〻參後之簀子、次讀師及手取懷紙給尹賢、(兩度取之給之、)〻〻重之、先之依天氣召講師、其詞清長朝臣、〻〻持笏參進、一揖着圓座、次召講頌人、(讀師被合眼予、)予起座進候講師之右方、次民部卿(冷泉爲尹)、次小倉宰相中將(公種)、次爲盛(藤原)朝臣、次雅清(飛鳥井)朝臣、次以勅言被尋仰關白(一條經嗣)云、長遠(東坊城)卿被召加講頌歟云〻、可然之由被申之、仍大藏卿(東坊城長遠)參候者也、次讀師取盛光(日野西)

講師甘露寺清長

講頌の人々

披講

御製讀師一條經嗣

講師冷泉爲尹

題禁庭花芳

端作闕字あるべからず

詩に准據す

下讀師月輪尹賢

懷紙置文臺之上、雲客一反、納言以下二反、關白三反、但臨期依天氣五反、講師一揖起座退、次披講了讀師取臣下之懷紙、二重ニ押折テ置文臺之傍、起座歸本座、次關白起座、移着讀師座給、次給御懷紙、則令置文臺之上御懷帋之下尚〔向カ〕講師、」給、此時民部卿着講師圓座、次民部卿讀上之、則起座、依被召留之着講頌座、講師讀上後余發言〔聲ヵ〕、次第講頌、第二反之初民部卿發言、都合七反後、人々起座、於公卿者歸着座、次自下﨟起座、次入御、

(57オ)

一、此題之端作可有闕字哉否事、以詩之准據不可有闕字之條勿論歟、仍文保禁庭松久、・正中禁庭花、
　「禁庭花芳民部卿爲尹卿獻之、」(㋲ニヨリ補フ)
等和歌御會一度〔座〕無闕字歟之由見及者也、可爲如何樣哉之由、相談飛鳥井中納言〔雅緣〕入道之處、此事誠有不審之間、內々談申關白之處、是以詩之准據不可有闕字云々、仍雅清朝臣不可闕字由令諷」諫云々、仍予不闕字者也、但時儀可爲如何樣哉之由、參內以後伺申入之處、不可有闕字由天氣、旁以令略了、但西園寺大納言〔實永〕・新中納言〔松木宗量〕・民部卿・小倉宰相中將・尹賢朝臣等有闕字、

(57ウ)

一、文臺知〔橘〕興持參、仰天置之、臨期民部卿伏天可置之由申之間、被置〔改〕之了、

一、下讀師尹賢朝臣勤之、以下﨟之懷紙上ニ重之云々、後日西園寺相尋事子細於民部卿之

処、可爲此分之由返答云々、未見及者也、

経嗣の失

(58オ)

一、御製讀師關白令勤仕給之時、不召講師令置御」製於文臺給、爲御失也、

一、關白令置懷紙給之時、參議以下何不動座哉、不審也、

○日次記原本

「（標紙題簽）
兼宣公暦記　應永十九年九月廿七日―三十日　一卷」
自筆本

〔應永十九年〕

〔九月〕

○下郷共濟會所藏日次記原本

廿七日、朝間晴、午初着束帯、駕毛車□□□□（車副已下略）如恆、□□□（參室町略）三条坊門（足利義持）万里少路、殿、不召具前駈、依難治也、不敵ゝゝ、於春日東洞院相逢御使、忩可參云ゝ、於三条坊門万里少路下車、參入之處公卿少ゝ參仕、則參□（御略）前之處、二条大納言持―（基）殿爲拜賀可被參申之由被申之間、攝家人ゝ爲拜賀入來事者、不可

後小松上皇御幸始

二條持基足利義持に拜賀せんとす

義持此れを停む

室町殿御幸の室禮

西園寺實永等室町殿に參ず

義持實永等に院參を命ず

義持身固

叶之由事舊了、今更何如此被申哉、慥可止申之由、被仰一位大納言(裏松重光)畢、万一猶有入來者、自門前可返申之旨蒙仰之間、卽召頭左中弁(清閑寺家俊)、御出奉行、家司也、仰含仰之趣畢、

御裝束儀、寢殿五个間廂御簾悉垂之、母屋御簾悉上之、敷繧繝疊二帖於母屋、階間、頗寄端、公卿座御簾上之、此外無殊事、於寢殿東面可有一獻之御會也、小文高麗疊悉敷滿之、其上御座大文、一帖寄西東面、南北行、敷之、尤撤小文疊、大文御座二帖可敷之也、十二種御前物自政所雖令用意、不及供之、

西園寺大納言(實永)以下公卿濟〻參仕之間、披露之處、皆以可參仙洞旨可相觸云〻、仍相觸此子細之間、人〻大略參仙洞畢、頃之一位大納言執權、參、余相談云、可被寄御車於中門之間、人〻可參仙洞之由被仰欤、然者北畠中納言(木造俊泰)・中山宰相中將(滿親)・山科宰相(教興)才祗候不可有子細欤之由、談合執權之處、尤可然之由返答之處、重被仰下云、大納言殿(足利義嗣)幷余、以上兩人可祗候、於其餘者悉可參仙洞、可被寄御車於中門之間、御沓以下所役人〻同參仙洞可待申之由、被仰下間相觸了、但侍從永藤朝臣(高倉)・右佐義資(裏松)、以上兩輩祗候事有何事哉之由、余相計者也、執權先之參仙洞、出御事爲申沙汰云〻、頃之出御、先之大納言殿被伴申、於女中有一獻云〻、新女院(北山院、裏松康子)御座故云〻、於公卿座奧妻戶中有御身固事、泰家朝臣(土御門)參勤、寄御車於中門妻戶、大納言殿令褰御簾給、

路次の行列

路次行列

舍人・居飼、各二人、前駈、四人、騎馬、帯刀、廿人、歩行、官人・番長、」各一人、騎馬、装束同色付花、次番頭、次御車、御車

副白張平礼上八、四人、（マヽ）御牛飼、一人如木、持御榻、在御車後、二人着水干、付御牛綱、右方退紅仕丁持御雨皮、在御車後左方、次下﨟随身

足利義嗣同行す

六人、二行、歩行、次御笠持、ᄋ次衞府侍、十人、騎馬、一列、次余車、次大納言殿御車、前駈一人、番頭四人、御車副二人、衞府二人、騎馬、御牛飼三人、一人如木、二人水干、

御笠持、退紅仕丁等、次永藤朝臣車、次右佐車也、

義持院参

北行万里少路、至一条西行、至東洞院南行、自仙洞東面御參、（山科）教豐朝臣參儲、候御沓、（白川）資雅朝臣同候御裾、自中門御

堂上、則令着殿上奥座、入上戸令着給、給、有御揖、（甘露寺）□（次ヵ）清長朝臣四位院司、頭弁、於ト侍方取日時勘文入筥、覽之、御覽

御馬御覧

畢歸給、淸長朝臣取之持參御所方、次（足利義持）內相府令起座御揖如恆、給、次有御馬御覽、（後小松上皇）上皇出御簾

中、執事內相府、令着簀子給、不儲御座、無御揖、次御厩別當西園寺大納言、同着座、（一條經嗣）關白令遲參給之間、不參御前給、令候公卿座下簾、給、

第四御馬陸梁により秦久武落馬す

移馬六疋、次第引之、左御厩舍人如木、引之、右將曹秦久方撤弓箭引之、左官人秦久武、撤弓箭、乘之、三匝打廻則下馬、抑第四御馬陸梁之間、秦久

武落馬、但無殊事也、六疋悉御覽後入御、內相府令參常御所給、大納言殿同之、執權・余等同參、依□（召ヵ）也、御

盃三獻後、上皇令着御直衣御、高倉宰相入道內々着直綴參候、依別勅也云々、

御冠直衣、三重襷御直衣、紫色、紅御引倍木、赤織物御衣、有裏、生平絹、御單、雲立涌蘇芳

生浮織物御指貫、紅御下袴、腹白御紶、令持蝙扇御、」

〇日次記原本

（1オ）

紅打の御單衣はかり御妻を御指貫の上より出さる、御衣なとや重ていたされさる、不審事也、

上皇仙洞の寢殿に出御

次出御寢殿南面晝御座、寢殿御裝束儀、南面廂御簾悉垂之、母屋御簾悉上之、晝御座敷繧繝二帖、置東京茵、廂東第二間敷小文疊一帖、南北行、御馬御覽時、執柄可着座給也、

反閇

次陰陽頭泰家朝臣自庭上登南階參簾中、參進、有反閇事、〻畢退出、先之藏人上御車前幷左右小簾、寄御車於南階、主典代・廳官等付御轅、四位院司清長・家俊等朝臣同進、候御車左右、尹賢(月輪)・雅清(飛鳥井)等朝臣御車寄具之、豫儲打板・小文高麗疊於南階也、廳官給祿歟、次新宰相中將實秀(裏辻)卿、自西方參進、先開輦戸、次參簾下、次自簾中被出御釼、禁中祗候上臈役之云〻、宰相中將取之入御車左方、柄南向、刃外方、左、退、候庭上、次關白參進簾下、跪、指笏給、豫候階間西簀子給、褰御簾給、次出御、四位院司清長・家俊等付轅、御隨身發前聲、階西方、北上東面、一列、十二人、悉進

義持御車の御簾を褰ぐ

（2オ）

御前、先之內相府令褰御車簾給、」兼候階間東簀子給、臨期進御車左鳶尾本、御笏懷中給、先之公卿列立南庭、北上西面、出御時悉跪地、殿上人中門外御車宿前列立、西上北面、但大略前行、騎馬歟、次御乘車、次本役人進撤打板等、宰相中將同參進收輦戸退、先之內相府經簀子、自中門沓脫下殿、令御裾給、余不加列、依內相府仰、候階邊、

上皇仙洞を發つ

次公卿次第離列、出中門幷東門騎馬、此時分雖雨下、御車不供雨具、於中門外懸御牛、上臈御

随身於門外乘馬、御車進時、各發馬上前聲、御車副警蹕、副御車院司、自中門邊」前行、騎馬、

（3オ）

路次行列の次第

路次行列

院司

(薄)橘以盛院藏人、

(東坊城)菅原惟長同、

(五辻)源教仲六位判官代、

殿上人

治部少輔(坊城)俊國　大内記(東坊城)元長

少納言(西坊城)長政　少將(四條)隆盛

左衞門佐(日野西)盛光　右衞門權佐義資

右衞門佐(勸修寺)經興　右兵衞佐(日野町)藤光

藏人右少弁(萬里小路)時房　少將(三條西)公保朝臣

少將資雅朝臣　中將(山科)教高朝臣

中將(鷲尾)隆豐朝臣　內藏頭教豐朝臣

中將雅清朝臣　侍從永藤朝臣

散位(武者小路)隆光朝臣　中將(月輪)尹賢朝臣

公卿

頭左中弁家俊朝臣　頭右大弁清長朝臣院司、奉行

次公卿

（4オ）

左大弁宰相(日野)有光、
新宰相中將實秀、
山科宰相教興、
中御門宰相宣俊、
中山宰相中將滿親、
新中納言(松木)宗量、
(帥)師中納言(正親町三條)公雅、
万里少路中納言豐房、
北畠中納言俊泰、
今出川中納言實富、
二条大納言殿持『基』―、
大納言殿義『嗣』―、

足利義嗣

兼宣

余　如木雑色二人、以金銅付鶴丸於衣、　小雑色六人、⿰牛龍舎人二人、各香狩襖、以金銅付鶴丸、　笠持白張舎人一人、

久我大納言通宣、

花山院大納言忠定、

一位大納言重光、

義持の行粧

內大臣殿義—『持』公、　御行粧儀、

先居飼・御厩舎人各二人、如木、左右、

次番頭八人、二行、　次帯刀廿人、二行、

次御隨身二人、官人下毛野武俊、番長秦久遠、装束相同、各騎馬、

（5オ）

義持

次御馬、月毛、　駮、　⿰牛龍舎人二人、

次衞府侍十人、二行、　歩行、

以上內相府御僮僕、

上皇の行粧

次居飼六人、二行、　上﨟爲先云々、　如木、還御入夜之間取松明、

次御厩舎人六人、二行、　同前、

生白透袴、狩胡籙、藁脛巾、　白綾袴、狩胡籙、藁脛巾、

次左右番長、左秦久世、右同延有、　次左右府生、左秦久武、右下毛野助音、

上皇

御厩別當西園寺實永

關白一條經嗣

姉小路萬里小路の室町殿に幸す

白綾袴、狩胡籙、菓脛巾、

次左右將曹、左秦久方、右同兼勝、　以上六人付色々花、騎馬、還御時、取馬上松明、

次御車、唐庇、

御車副四人、各褐冠、如木、

付御車諸司二分八人、　聽官一人、持御沓欤、　主典代二人、加奉行、聽定、

御牛飼四人、一人如木、二藍狩襖、三人着水干、侯綱邊、　持御榻、侯御車後左方、

仕丁持御雨皮懸柿、侯同右方、

次下﨟御隨身六人、二行、步行、菓脛巾、　各白狩袴、練貫、負狩胡籙、

秦久重・同久倫・同延秋・同兼名・同吉久・下毛野武忠、

次後騎御厩別當、西園寺大納言、

次御後官人明雄、(坂上)

次召次十人、四人如木、六人小狩襖也、

次關白、檳榔毛車、」(6オ)

北行東洞院、至一條東行、至万里少路南行、令幸姉少路万里少路內相府第御、于時晩頭也、路次未取松明、於御所者供燈畢、

上皇下車し簾中に入御す
經嗣遲參により義持御簾を褰ぐ
一獻あり
永德の例により御膳を略す
梅花御盃あり
還御
義持供奉す
（7オ）
仙洞に御盃あり

儲御所儀、

殿上人次第入門、列立中門外、（東上北面、）清長・家俊等朝臣留門下、奉付御車歟、

公卿次第入中門列立、（北上東面、）御車於中門外（東向立之、）税御牛、（此間御隨身次第前行、）引入御車於中門、（公卿・殿上人各跪地、内相府立東方給、）寄御車於南階、（院司等付轅、）尹賢・雅清等朝臣參進、役御車寄具、（如先、打板幷疊等自元在南階邊、）次内相府昇南階給、（御車東腋也、）褰御車簾（御笏被入懐中、）給、（先之宰相中將參進、開輦戸取御釼、候西簀子、）下御、（御隨身發前聲、）次又内相府褰階間御簾給、次入御簾中、（着御御座、）女房不候之間、御釼則宰相中將持參、置御座邊歟、（關白遲參給之間、内相府令候御簾給也、）則移御東向御座席、内相府幷大納言殿候御前給、則有一獻、（帥中納言懃陪膳、）内相府御前山科宰相・左大弁宰相兩人懃仕之、大納言殿御前雲客懃仕之、

御膳儀一向被略之、且又永德度例也、

及梅花御盃、數獻之大飲也、關白以下外様公卿少々應召參御前、傾數盃者也、半更後還御、其儀、先着御南面御座、次一位大納〔言脱カ〕持參御贈物（笙、付銀松枝、）於御前、則持之退出、於中門」授四位院司清長朝臣、次寄御車於南階、其儀同出御之儀者也、内相府又有御供奉、於　仙洞又御盃、三獻後御退出云々、余酩酊之間、直歸蓬蓽者也、

（約九行分空白）

一條經嗣作の御幸始次第

（8オ）

御幸始次第 應永十九 九 廿七 關白令作進給、

寢殿南面垂廂御簾、階間左右燈樓綱反之、晝御座敷繧繝二帖、其上敷東京茵、寛元御座奉敷高麗帖、爲執柄座、御馬御覽之時候此座、階間簀子儲打板、其上敷小文高麗疊、御馬御覽以後儲之、上達部座如恆、垂御簾、入夜者階間・中門廊以下所々常〔掌〕燈如例、當日早旦有御誦經事、使武者所人數不足時、用召使、『御誦經事無沙汰、永德度同無沙汰云々、』十二社・十个寺、寛元以來例、

御馬御覽

先有御馬御覽事、執事幷御厩別當候簀子、不敷座、次引御馬入中門、引立御前南庭、上﨟隨身次第引之、御厩舍人引下手、不取弓持鞭、寛元將曹以下引之、次依仰騎之、建久・寛元將曹不垂〔乘〕、府生以下乘之、或近衞爲代官令乘之、永仁有御覽不被乘之、三匝之後、依仰下馬、引出之、六疋一々如此、若入夜者、御隨身・廳官奉仕立明、御馬御覽畢、主殿除〔掃脫カ〕庭前、剋限公卿以下參集、奉行院司覽日時勘文、入筥、先覽執事、着殿上、奏聞、下廳、奉行藏人召御沓、盛柳筥、臨期給廳、此間牽立御車、自御車宿引立、於中門、轅向東、奉行院司仰藏人令卷御車簾、前御簾幷左右廂上之、或左右撥之、次牽立御車於南庭、去砌三許丈立御榻、轅向南、御車副・召次ホ守護之、次出御寢殿簾中、次反閇、陰陽師自西方參進奉仕之、退下之間、主典代給祿、大褂一領、公卿列立南庭、北上西面、人數多時東廻、不塞中門、先之殿上人列立中門外、西上北面、入夜時四位五位院司少々取松明、進候御車」前、南邊、次寄御車、諸司二分役之、四位院司二

（9オ）

人付御車、　關白候御車寄、付御車院司、依關白氣色、懸打板於御車、　其人參進取御釼自階間簾下被出之、入御車、柄南、刃外、先開輦戶、

上皇乘車

出御、關白候御簾、　御隨身始發前聲、十二人次第發之、寬元・永仁如此、　此間諸卿跪地、　乘御、關白褰御車簾、　公卿次第離列、　出

路次の行列

中門幷東門、　騎馬前行、　御車於中門外懸御牛、上﨟御隨身ホ於門外騎馬、御車進時、各發馬上前〔聲〕(アキママ)、御車副警蹕、　路次行列、　先藏人、　次六位判官代、　次殿上人、下﨟爲先、　次公卿、同、　次居飼六人、二行、上﨟爲先、入夜者取松明、　次御厩舍人六人、二行、同前、　次上﨟御隨身、左右番長二人、左右府生二人、左右將曹二人、入夜者各取馬上松明、　御車、唐庇、　御車副二人、每辻稱警蹕、　諸司二分十人付御車、　廳官一人持御沓、置柳筥、候御車右方、　御牛飼持御榻、候御車左方、御副牛飼二人付御車、　仕丁持御雨皮、懸杮、候同右、廳官一人副之、　次下﨟隨身六人、步行、入夜者各取松明、　次後騎人、御厩別當、　次御後官人、　次召次、番頭平礼、入夜者平礼召次取松明、在御車前左右、又二人同取松明、候御車鳶尾邊、　次關白車、

儲御所に到る

儲御所儀、

殿上人次第入門、　列立中門外、東上北面、入夜者各取松明列立、奉行院司幷付御車人留門下、　公卿次第入中門列立、北上東面、　御車於中門外東向立之稅御牛、此間御隨身從御車前行者、番長先立弓走、　引入御車於中門、公卿殿上人跪地、　寄御車於南階、

上皇下車

(10オ)

院司ホ付轅、　關白參進褰御簾、懸打板如出御、　下御、御隨身發前聲、　入御簾中、　關白候御簾、先其人參進、取御釼入簾中、女房取之、　下御之後、引入」御車於御車宿、

御膳

供御膳、但依爲內々儀、近習公卿勤陪膳、同殿上人役送、　永德度被略御膳歟、　次有御贈物事、　其儀、　先御寢殿南面御座奉行人伺之、　告役人ホ、　其人公卿、取御贈物、於東方取之、　經南簀子跪御座間、　稱物名渡西、

儲御所を發つ

於中門廊邊授四位院司、永德度御笙、大納言一人役之、御贈物有兩種之時、公卿一人取之、入夜者御隨身奉仕松明、東上北面、次還御、御車寄南階、御隨身渡候東方、御釼役人參進、就簾下賜御釼跪候、次出御、關白候御簾、御隨身發前聲、先之殿上人下立、入夜者取松明、院司才留候御車邊、公卿列立、如先、御釼役人入御釼於御車退下付御車、乘御、先懸打板於御車、如先、關白褰御車簾、御隨身發前聲、公卿前行、騎馬、御車於中門懸御牛、此間下﨟隨身才列居中門外、拂雜人、上﨟隨身各騎馬、入夜者取馬上松明、

路次行列如元、

仙洞に還幸

着御東洞院殿、

殿上人列立中門外、西上北面、入夜者取松明列立、四位五位院司取松明、在御車前、下御之時、列居御車南邊、公卿列立南庭、如出御儀、御車於中門外税御牛、引入之、御車寄南階、如出御、下御之後、御釼役人取御釼進簾中、退御車、公卿以下退出、」

(11オ)

御幸始交名

(折紙)
御幸始

公卿

內大臣殿　　一位大納言

西園寺大納言　　花山院大納言

久我大納言　勘解由少路大納言（廣橋兼宣）
大納言殿　二条大納言
今出河中納言　北畠中納言
万里少路中納言　帥中納言
新中納言　中山宰相中將
中御門宰相　山科宰相
新宰相中將　左大弁宰相

殿上人

家俊朝臣　尹賢朝臣
隆光朝臣　永藤朝臣
雅清朝臣　・教（×隆）豐朝臣
隆豐朝臣　教高朝臣
資雅朝臣　公保朝臣
時房　藤光

(以下見返シ)經興　義資
盛光　隆盛
長政　元長
俊國　(五辻)源敎仲
菅原惟長　源資仲
清長
　御隨身
　　將曹
秦久方　秦兼勝
　　府生
秦久武　(×秦)下毛野助音
　　番長
秦久世　秦延有
　　近衞

秦久重　秦久倫
秦延秋　秦兼名
秦吉久　下毛野武忠
御後官人
明雄
反閇
在方朝臣
」

後小松上皇院宣
（12オ）

來〔廿カ〕十七日可有御幸始、可令供奉給之由、　院御氣色所候也、仍言上如件、
九月八日　右大弁清長
進上　勘解由少路大納言殿
」

一條經嗣書狀
（13オ）

窮屈歡樂以外候間、乍平臥令申候也、
御幸始嚴儀無爲、天下惣別大慶不可如之候歟、尤以珍重候、昨日參賀室町殿、御對面

経嗣車を義持に借る

(14オ)

祝着候、就其車儀又闕如之間、不顧不敬令申候之處、借給候、喜悦難」申盡候、剋限自然〇遲々、闕御事候之由承及候、返々驚入候、臨期御計會、殊察申候、尚々痛存候、將又毛車・鞦・榻以下申渡候、旁以爲悦候、併期面謝候也、謹言、

九月廿九日　(一條經嗣)(花押)

勘解由少路大納言殿

(切封墨引)

」

田樂あり

(15オ)

廿八日、庚戌、朝間晴、時々雨下、今日田樂棧敷云々、依昨日餘醉不出仕、陽明(近衛忠嗣)有御參室町殿、人々多參賀、皆以有御對面云々、」

義持上皇に御幸始引出物を獻ず

(16オ)

廿九日、辛亥、晴、早旦(〆參)參室町殿、一昨日之儀、賀申入者也、且又依泥醉式謝申入之、夕方着直衣參仙洞、執權(裏松重光)爲室町殿御使參、一昨日御引出物御馬一疋・御劔一腰被進之、數獻後退出、直參　內(稱光天皇)、則退出、

政始

今日政始也、久我大納言・中御門宰相・頭左中弁・淸少(淸原賴季)納言才參云々、

卅日、壬子、

○宮内廳書陵部所藏柳原本二

〔應永十九年〕

十月

（49オ）
十四日、晴、申始着狩衣、

烏帽子、引立烏帽子、　狩衣、於檜皮練薄物、文檜枝、竪文、指貫、白生、裏表青朽葉、綾志ゝ良、　袙、白綾、志ゝ良、　單、平絹、練、　下袴、白、　帶、女垣如恆、

扇、檜扇、

（49ウ）
參三寶院、是今日仙洞（後小松上皇）御布衣始也、内相府（足利義持）自此坊可有御參之間所參也、北野一万部讀誦法花經今日結願之間、内相府有御聽聞、申半剋入御此坊、頃之室町殿幷大納言（足利義嗣）渡御、其後一位大納言（裏松重光）・余才參御前、有一獻、其後有御裝束、

御烏帽子引立、直衣也、御指貫花田織色、此外同去九日御直衣始御裝束者也、

剋限有御身固事、泰家朝臣（土御門）着狩衣、出御、御隨身今日着練貫狩袴、上臈二人裝束烏帽子、帶劔、垂袴、下袴同之、御沓所役敎豐朝臣（山科）、束帶、前駈

後小松上皇布衣始
北野一萬部經結願す
足利義持法身院より院參す

身固

足利義嗣同道す
上皇出御す
入御
宴あり
義持乳母等御湯殿上に參ず
上皇の裝束
參仕の公卿
院大別當足利義持

四人、各衣冠、下絬、御隨身追前、如例、帶刀二人、二行、前行、番頭八人、如例、北行万里少路、至土御門西行、至高倉北行、至正親町西行、至東洞院北行、御參仙洞、大納言殿同御參、依仙洞時宜、直御參廣御所、内相府御着座、次納言着座、無絶席之間、俄余仰藏人直之、公卿悉着座後、出御、諸卿動座、御安座後公卿復座、次殿上人參進候廂、次上皇入御、諸卿如元動座、入御後次第復座、則自下﨟退出、次内相府御參御前、大納言殿同御參、執權（裏松重光）・余ホ同參仕、及數獻御盃者也、益井・坊門兩尼公幷室町殿御乳母老女參御湯殿上、及數獻後、室町殿御退出、四位已下參御共、其後余退出、

(50オ)

今日上皇御服色目、

御烏帽子、師額、御狩衣、地白、唐織物、御文菊菱色ゝ、御裏白、御袖絬、臺組色ゝ、紅御單、御文菱、蘇芳御袙、薄色御指貫、御文龜甲」
浮織物、腹白、組結垂也、十五已前年少人ハ但垂也、紅御下袴、令持御檜扇御、有置物、

參仕公卿

内相府大別當、御裝束儀注右、

一位大納言執權、薄青狩衣、文水ニ柴舟、練薄物、白生裏、紫段袖絬、練、表朽葉織色指貫、青
香織物衣、文蝶番、白綾單、白大帷、帶如恆、
平礼烏帽子、持檜扇、

西園寺大納言(實永)御厩別當、引立烏帽子、香狩衣、蘇芳袙、花田志ゝ良指貫、
花山院大納言(忠定)烏帽子如恆、薄色狩衣、蘇芳指貫、織物、文〇藤丸、蘇芳袙、
余　裝束注右、檜皮(扇カ)白裏至極也、宿老歟、猶可謂早速哉、經歴檢非違使別當之上者、猶可着平礼烏帽子歟、
大納言殿(足利義嗣)　御烏帽子、如恆、黄菊御狩衣、面黄、裏、※紅御單、萠黄御袙、萠黄青、御文菊菱、浮文、綾、〇コノ割注、本來ハ※ニ續クモノナラン、御指貫、御文鳥襷浮織物、白御下袴、
民部卿(冷泉爲尹)　烏帽子如常、香狩衣、蘇芳袙、花田志ゝ良指貫、

參仕の殿上人

殿上人」
權右少弁兼左衞門權佐行光(柳原)
藏人右衞門佐經興(勸修寺)
右衞門權佐義資(裏松)

(50ウ)

甘露寺清長出仕を止めらる

今日儀、此間四位別當清長(甘露寺)朝臣申沙汰之處、依紅葉事、其時人數悉被止出仕了、仍當日事、年預盛光(日野西)申沙汰者也、非御布衣始人數之間、着束帶了、

後小松上皇院宣

來十四日可有御布衣始、可令參仕給之由、被仰下候也、誠恐謹言、

十月三日　　　　　　　　　　　　清長

（廣橋兼宣）勘解由小路大納言殿

此文言如何、於應安院宣者、

來何日着布衣、可令候於御所給之由、　院御氣色――

十五日、晴、余醉休之間、及夕方相扶參室町殿、御留守之間則退出、

（中間奥書）「有一卷、爲新本、令書寫了、　　權中納言紀光（柳原）」

○宮内廳書陵部所藏柳原本二

〔十月〕

稱光天皇綸旨
采女養料を諸國に課す

細川滿元分國分

（70オ）

當國役采女養料、任例可令加下知給者、依　天氣所候也、仍執達如件、

十月十六日　　　　　　　　　左兵衞權佐資光（廣橋）

謹上　丹波守殿

土左守殿

當管領（細川満元）分國也、御一族中殊可異他歟、仍如此相計者也、

當國役釆女養料、任例可被下知者、依　天氣執達如件、

十月十七日　　官名字

謹上　能登守殿

備後守殿

越後守殿

上總介殿

丹後守殿

（70ウ）

當國役釆女養料、任例可被致其沙汰者、　天氣如此、仍執達如件、

十月十七日　　官名字

美濃守殿

國司充と雖も守護に付す

吏務の號ある國は尋ね究むべし

信濃は義持の分國

斯波義教充は書札を計ひ難きにより書かず

(71オ)

采女養料御教書所望之間、任例所書給也、近來不及國司之沙汰、一向付守護所云々、雖然於有吏務之号國者、猶尋究可書与者也、將又於信濃者室町殿(足利義持)御分國也、無左右不可書与事也、於御一族之輩者、可存故實者哉、

尾張國御教書事雖令所望、對三位入道(斯波義教)書礼事、依難相計、」不書出者也、

抑此礼節事、近來儀相談中御門宰(宣俊)相處、返報如此、所存者、雖御一族不可書謹上字歟、此段猶不甘心之間、書載謹上字畢、

「一校、」(中間奥書)

○コノ記事、柳原本應永二十三年三月記末尾ニ收メラレタルモ、『愛知縣史』ノ考證ニ從ヒ、應永十九年若シクハ應永二十年ノモノトシテココニ收ム、

○國立歴史民俗博物館所藏義持公日吉社參記

（標紙題箋）「義持公日吉社參記　應永廿二年七月十一日十二日　兼宣公自筆本　一卷」

〔應永二十二年〕

〔七　月〕

○前闕、

足利義持日吉社參の用意

（1オ）

一、番頭并釜殿事、

番頭八人各五百疋、釜殿一人同五百疋、兩日之儀也、仍御訪員數如此、

一、御笠并御笠持白張事、

下知飯尾、

義持輿の修理を滿濟に命ず

一、御輿事、副御綱、
可加修理之由、仰遣三寶院(滿濟)、
一、御雨皮幷油單事、
同、
一、御力者事、
同、

義圓より渡さる手輿等の修理を粈井に命ず

一、御宮廻幷御登山日御手輿幷日照笠事、
自青蓮院(義圓)殿申渡之、仰粈井加修理事、

八瀨童子は梶井門跡沙汰す

一、八瀨童子事、
鹿苑院(足利義滿)(應永八年二月十四日)御登山之時、自梶井殿(義承)被召進云〻、▨今度又申入畢、仍十二人幷長一人所被召進也、

神事札等を下家司中原盛尙に命ず

一、御神事札可立事、
九日例日也、仍自八日立之、所仰下家司盛尙(中原)也、至小門悉立之、
一、御幣幷膝突布事、

御幣七本七十疋、膝突布七端三百五十疋、下行盛尚者也、

一、御禊具長櫃・退紅装束以下事、

以上盛尚致沙汰者也、御禊具八足以下百五十疋、退紅装束三具三百疋、御禊櫃一人、長櫃二人也、

一、居飼・御厩舎人等事、

舎人百五十疋、居飼百疋、以上二百五十疋御訪也、

一、御禊并御誦經物并御誦經(×文)文事、

（2オ）

御誦經物事、社頭御經供養之時、麻布五端二百五十疋下行之、中堂御誦經之時、麻布五端代二百五十疋也、於社頭儀者有御諷誦願文、於中堂者号御誦經文、有御諷誦、副麻布置中堂之内云〻、御誦物可置在所事、可相談寺家之由仰含盛尚、居麻布於臺云〻、

社頭御經供養
導師良壽

一、社頭御經供養御導師并題名僧三人事并御布施事、

良壽僧正為御導師、題名三人、此僧正召具參懃、三千疋被下僧正、以此内題名三人所召具也、

御導師御布施二重一裹、題名三人各一裹也、各用意參懃如寺持寺御八講、

一、御經幷御願文料帋事、

於御經者、內〻自御所被遣花王院證憲於御畢、不及新調御沙汰也、至御願文料帋裏紫面白者百疋下行經師者也、

一、御經供養御願文幷御諷誦・中堂御誦經文、彼是三通作者事、

前右大弁三位長遠(東坊城)卿草進之、不及祿沙汰、

一、同三通清書事、

新中納言實秋(清水谷)卿淸書之、御願文料紙者裏紫薄、面白薄、タミ、御諷誦幷御誦經文料帋ハ共以高檀帋也、

一、同着座公卿幷御布施取殿上人及幷手長諸大夫事、

花山院大納言忠定卿・三条中納言公量卿・山科宰相教興卿、以上三人、中將尹賢(月輪)朝臣・少將隆盛(四條)朝臣・左衛門佐俊國(坊城)、以上三人、刑部大輔泰任(惟宗)、公卿取御布施之時、六位藏人雖可手長欤、泰任爲堂童子參懃間、可令兼行之由仰含者也、

一、社家・公卿・假座殿上人・假座僧集會事、

御經供養願文等草東坊城長遠

清書清水谷實秋

所役の公卿殿上人

仰祢宜、猶又爲不參差相觸座主(相嚴)僧正、

（3オ）

一、御聽聞所事、

義持聽聞所は樓門東腋

樓門東腋也、相觸祢宜幷執當畢、爲執當沙汰云々、

一、佛具幷堂莊嚴事、

社家幷執當相談、毎事任先規可致沙汰之由加下知、

一、堂童子事、

刑部大輔泰任着束帶、

一、御襖条々事、

陪膳　日野中納言(有光)

役送　盛光(日野西)・雅量(白川)兩人事、

陰陽師　泰家朝臣(土御門)

八足・散米・人形・陰陽師座・御祓才、下家司盛尚致沙汰、百五十疋下行、

一、七社御奉幣手(×事)長以下事、

下家司調進之、經泰(高階)諸大夫、淨衣、千疋御訪、取之、傳日野中納言、々々々取之進上、兩段御再拜

後、中(×日)納言給之、与成胤(祝部)宿祢、七社同前、
一、御宮廻之時、爲御歩儀者可擁御笠日照笠、諸大夫事、
經泰參懃、但被略御笠、
一、神馬幷衞府侍・居飼・舍人事、
飯尾美濃(貞之)入道伺申入、七社各一疋被獻之、御拜時はかり衞府一人參進、執右指繩、
舍人退、取左指繩、御拜了衞府退、舍人・居飼兩人引之、渡宮司法師、

根本中堂誦經導師證憲

一、根本中堂御誦經事、
導師　證憲僧都 」

（4オ）

呪願師　執行宗観法印
以上兩役事、兼相談證憲故、相觸座主僧正畢、
兩人御布施各綾被物一重也、用脚千疋下行、盛尙致沙汰者也、泰任束帶、引之、於中堂
後戸引之也、麻布五端幷御誦經文、下家司渡寺家也、御參堂之刻致沙汰云々、

山上山下に幔無きにより公方御物を申渡す

一、幔事、
山上山下無之云々、仍公方御物申渡者也、五帖社家へ、一帖御誦經案料、

一、御身固・御誦經亇事、
　泰家朝臣相觸了、

一、御沓并御裏無・御藁沓事、
　御沓ハ自御所被出之、御裏無被仰高天法師、自南都召上云々、御藁沓副御淨衣、宰(高倉永行)相入道沙汰進之、以上各給番頭也、

裏無は南都高天法師に仰す

一、松明事、
　爲政所役伊勢守(伊勢貞經)沙汰進、

一、人夫四人事、
　下知政所伊勢守、渡下家司方也、以代物沙汰渡下家司云々、

松明人夫は政所沙汰す

一、御路次掃除并浮橋事、
　令下知飯尾、爲侍所(一色義範)沙汰云々、

路次掃除并に浮橋は侍所沙汰す

一、御神樂事、
　二千疋用脚下行氏秋(豐原)、所作人交名如此、

神樂用脚を豐原氏秋に下行す

一、山上御巡礼時、御笠所役事、

經泰、淨衣、

一、堂童子幷公卿御布施手長・中堂御誦經御布施所役事、

泰任、

（5オ）

一、御願文御署可申出事、

一、出御刻限可伺定事、

一、御路次可伺申入事、

（約十二行分空白）

○中闕、

日吉社頭御經供養

□〔着カ〕□座、次下家司取御導師被□〔花山〕□□院大納言、忠定卿、於簀子取之、泰任

（6オ）

立階級中程欤、三條〔中〕□納言公量、□物二重、次月輪中將尹賢朝臣取御〔導〕□師裹物、下家〔司〕□直進之、□

〔山科〕□□宰相教興卿、三卿各束帶、指笏、手長泰任也、取題名僧□裹物、三人各裹□物一也、仍□、〔少〕□□將隆盛朝臣・左衞門佐俊

國寺同取之、□終僧衆退散、公卿退出、

拜殿に神樂を行ふ

次有御神樂、於拜殿行之、庭火事薪幷役人、・紫端疊以下事、任例可致用意之由下知社家畢、

義持彼岸所に還御す
次で日吉神主坊等を訪ふ

還御彼岸所後、被改御淨衣於御直垂、被用塗御板輿、渡御樹下成胤宿祢幷兼乘圓明坊、・兼宗乘蓮坊、

義持乗蓮坊に泊す

坊、今夜ハ御坐兼宗坊、有田樂云々、於成胤・兼乗在所者事更御盃許也云々、人々多以賀來宿坊、上林坊・明生坊・桂林坊ホ召給數輩之宿直者也、

彼岸所より登山

十二日、丁未、晴、天明後、弁(廣橋資光)着淨衣新調、參儲(大宮)彼岸所、日出以後、自兼宗坊渡御彼岸所、則御登山、御淨衣、八瀬童子十二人此外長一人相副云々、舁御手輿、在御笠、公卿二人各淨衣、則乗手輿參御共、至殿上人者留坂口者也、頭弁(萬里小路)時房朝臣着淨衣、爲御沓所役也、・少將(中山)定親朝臣淨衣、爲御釼所役、幷衞府侍六人、自昨日候儲山上者也、至殿上人者騎馬御共外也、至衞府者昨日御共輩也、御社參以後、昨夕令登山者也、」

（7オ）

圓融坊に入る
根本中堂等巡禮す
妙法院宮堯仁先達を勤む

先入御圓融坊、(義承)梶井御坊也、爲彼御沙汰、被仰付(運春)杉生、被儲一獻幷供御云々、妙(堯仁法親王)法院殿御御(渡)、其後被伴申、中堂以下御巡礼、御歩行云々、仍經泰爲御笠所役雖令祗候、不及日隱之御笠、妙法院殿御先達也、至中堂雖欲被召淺履、路次窪隆之間被改御裏無云々、御巡礼之次第追可尋記、

義持巡禮の後千手院に入る

妙法院殿令着香御鈍色、御文菊八葉、綾白御指貫御坐云々、(足利義持)室町殿御巡礼之後渡御千手院御手輿、云々、

圓融坊に宴あり

自千手院渡御圓融坊、有一獻、妙法院殿御對合、及數獻之大飲云々、公卿・殿上人懃役送、杉生被召出、被下御盃、次妙法院殿還御、

下山

其後室町殿御下山、東坂本、公卿ハ如先供

奉、至殿上人者兩人留山上、衞府侍供奉云〻、乍御手〇以下闕、

○國立歷史民俗博物館所藏兼宣公記抄

「（標紙題箋）
兼宣公記抄　自應永廿二年十月三日至卅日　綱光公筆　壹卷」

（1オ）

「（端裏書）宣記應永廿二」

一、（廣橋宣光）廷尉佐被改御烏帽子才□、　一、貢馬御覽事、

一、官司　行幸事、　一、御禊　行幸才事、但□事、

應永廿二年

十　月

息宣光初て櫛形烏帽子幷に香直垂を著す

三日、丁卯、晴、早旦參（足利義持）室町殿、小冠廷尉佐始着櫛形烏帽子幷香直垂、持六骨扇、同車參

足利義持徳大寺邸に紅葉を観る

御禊頓宮點地定

御禊行幸延引す

義持參内の後院參す
貢馬御覽

後小松上皇義持を簾中に招くも簀子に候ず

（2オ）

者也、退(出)□(後)□參女院(崇賢門院、廣橋仲子)御所、小冠同參、被下御盃、添自愛之氣、晡(時)□直向德大寺(公俊)、是爲紅葉御覽室町殿渡御之、爲參會也、――――自餘略之、

五日、己巳、晴、――――略之、抑御禊頓宮點地定也、在別記、

十五日、己卯、晴、來廿六日御禊行幸延引、可爲廿九日之由、可申仙洞(後小松上皇)云々、則申入者也、

廿五日、己丑、晴、早旦自管領(細川滿元)以使者前田、被申送云、今日貢馬何程可引進哉、將又內裏・仙洞之間、(可)□進何御所哉云々、於 仙洞可有御覽也、剋限事(忩)□(可)□伺申入旨返答、則參室町殿、自管領被申之報披露之處(趣カ)、可爲晝程云々、仍以狀忩令申管領者也、未初着直衣、上括、向高倉宰相(永行)入道亭、頃之執權(烏丸豐光)直衣、上括、參會、左中弁義資(裏松)朝臣、衣冠、上括、教豐(山科)・資雅(白川)兩羽林朝臣束帶、別當(日野有光)不參、大理昇進後、已雖直烏帽子、未及直衣始之間、不着指貫云々、諸大夫刑部大輔泰任(惟宗)衣冠、下括、・伊勢七郎左衞門(貞家)布衣、參候、番頭八人同候、予相催之、毎度儀也、未終程室町殿渡御、則令着御直衣御下括、御座、內藏頭教豐朝臣獻御沓、唐、伯中將資雅朝臣持御釼、先有御參 內、御盃五獻後、有御 院參、二獻後貢馬御覽、

其儀、

上皇幷宮(小川宮)御方御座簾中、室町殿同可有御參簾中之由雖被申之、御祗候簀子、依室町殿仰、

赤松義則の貢馬陸梁す

義持退出す

馬の配分

官司行幸義持法身院より參內す

一條經嗣作の御禊行幸次第を讀み進らす

予候御前、

御厩別當西園寺大納言(實永)并執權候御殿巽角簀子、此外人〻候中門西面簀子、北面三人候階間西方、御隨身三人候東方、一御馬北面二人引之、進御前、依執權氣色、御隨身參進乘之、第二第三如此、自第四御馬至第十御隨身引之、同乘之、第五(栗毛、赤松(義則)所進御馬、)陸梁之間、遂以不乘之、御隨身被踏顔了、仍不及騎馬、御覽之間於簾中」(3オ)有御盃、十疋御覽了室町殿御退出、次予予(ママ)・執權等參御前、御馬支配事予書之、檀紙二枚折之書之也、執權給之、与御厩別當西園寺也、予八御馬預置之、青駮也、自愛〻〻、

抑此貢馬事、永和・永德兩御代如此云〻、以此御馬被引威儀御馬例也云〻、仍及此御沙汰、室町殿不御出管領亭、只諸大夫引進許也、貢馬用脚又不及進覽也、

廿七日、辛卯、晴、晡時分着直垂、參三寶院、今日爲官司行幸御供奉、室町殿并押少路殿(足利義嗣)自此坊可有御出立之間、御隨身以下予相催者也、

內裏御神事之間、依不可堂上、予不着衣冠也、

酉初室町殿御兩所渡御、則令着御裝束御座、

明後日御禊行幸御次第、自關白(一條經嗣)被進之、予讀進之、

身固
稱光天皇出御

義持御裾に候ず

内裏を發つ

御禊行幸
御棧敷御幸す
宣光拜賀す

應永二十年より二十三年に至る記は兼宣在世中に大略損失す

御裝束事了有御身固事、泰家朝臣（土御門）勤仕、其後出御、教豐朝臣獻御沓、御隨身上﨟二人參進、進御前、御歩儀、自內裏東面御參、自記六所南妻御堂上、直御參淸涼殿東面、則出御、關白不參」給之間、室町殿令候主上（稱光天皇）之御裾御座、室町殿御裾頭弁（萬里小路時房）候之、只自然奉引直許也、
（4オ）
寄鳳輦於紫震（宸）殿南面、次第如例、公卿將（×將）依不候、隆豐朝臣（鷲尾）勤釼璽役、臨期自南階西方、參進役之、主上乘御之後、帖置御裾給、次室町殿經簀子、自西階御下殿、御隨身祗候儲、先行給、押少路殿先之（×之）御騎馬、不及御參列、室町殿於宰相中將亭御騎馬、御前行、予・執權・小冠等歩行、於中御門東洞院邊拜見御例（列）者也、明日日次不快之間、今日行幸也、頭弁時房朝臣奉行、卽供奉、

廿九日、癸巳、晴、御禊行幸幷御棧敷御幸、廷尉佐拜賀等事在別記、

卅日、ヽ————

（同筆奥書）
「此御記抄出之次、聊注之、
自應永廿年至廿三年、大略宣記、於文庫祖父入道殿（廣橋兼宣）御在世中、損失云ヽ、仍應永御禊行幸・大嘗會以下御記無之、於石清水臨時祭者有之、其外此御記幷御受衣記内裏之外、粉（紛）失畢（×之）、歎而有

餘者也、爲後不審、聊記之、

文正元年五月九日　　權中納言藤原綱光(廣橋)

」

〇下郷共濟會所藏文書ノ内

（端裏書）
「賀茂祭女使事」

應永廿三年

三月

後小松上皇より賀茂祭典侍の仕立を命ぜらる

十日、晴、藏人右少弁經興（勸修寺）爲　仙洞（後小松上皇）御使入來、傳　勅言云、賀茂祭典侍事可沙汰立云々、加思案重可申入左右也、其間事、可得其意之由示之、且此子細可披露云々、先申入此子細於　女院（崇賢門院、廣橋仲子）御所者也、

傳馬事、五疋、

一疋　鹿毛

一、　覺恩院

「一、長尾
「一、（大宮爲緒）官務　」
一、（賀茂廣久）賀茂社務

因幡
　人夫事、
御室（入道永助親王）　「五人
妙法院殿（堯仁法親王）　「三人
羽田（近江蒲生郡）　「二人
有福（備後甲奴郡）　「二人
今林（丹波船井郡）　「一人
勸修寺（經興）　「一人　」
近衞殿（忠嗣）
飛鳥井（雅縁）　一人
但馬　三人

雑色員

出車三人

(時基)西洞院　二人

(實村)一条少將　一人

童車二人

(大江)俊仲　一人

(惟宗)泰任　一人

(中原)師胤朝臣　一人

狩衣九、

西洞院中間　一人　出車、

一条少將中間　一人　同、

泰任　一人　童、

前駈雑色

二人　二人

此外

孫次郎　大郎　兵衞三郎　左衞門五郎

〇コノ間、遊紙アリ、

（廣橋宣光）
廷尉佐出立

白張二人

一具　茶染

一具　白張

下袴

大帷白、

一斤染單

扇二本黃、淺黃、白薄之上ニ引青花也、各六骨、

烏帽子櫛形、

帶青朽葉、

太刀沃懸地、無文、

僮僕
看督長二人
左　清包　香狩衣、〻をかさねて矢を負、弓を持へし、大
右　行國　粮𬼀まて一向ニ六百疋下行、人別三百疋分也、
走下部二人
調度懸一人
童一人
松若　狩衣新調、委細見去年記、
隨身二人
火長二人
直垂中間二人
兵衞五郎　左衞門五郎
雜色二人
右衞門三郎　大郎三郎

〇宮内廳書陵部所藏柳原本二

馬鞍具足

(69オ)

馬鞍具足

馬黑、　鞍(蒔繪)まきゑ、

切付(木綿)もんめん、　泥障(虎皮)とらのかわ、

轡　手綱腹帯

鞭　差縄打交、」

(69ウ)

引指縄白、　紺總鞦

鐙　力皮

表敷

男共

備中(源盛繼)　出羽(藤原資興)　出雲　井上(性金)　右京(藤堂景能)　孫次郎

掃部(速水信景)　順阿

馬事

〵黑　〵山崎　資久　田結庄　平野神主（卜部兼有カ）
〵吉田神主（吉田兼富）　三井　〵官務　〵賀茂社務　〵因幡
〵三河（藤堂景盛）　〵長田

人夫事

備後二人　羽田　但馬　今林一人　勸修寺僧正（尊興）三人

○國立歴史民俗博物館所藏義持公南都下向申沙汰記

「(標紙題簽)義持公南都下向申沙汰記　兼宣公自筆本　一巻」　○本記、モト冊子装ナラン、

〔應永二十三年〕

八月

足利義持南都下向の用意

(1オ)「(モト表紙ウハ書)神宮御參事、
南都御下向事、」

春日社先達

「(モト表紙見返書)一、御社儀者、(大中臣)師盛卿先達御申也、

興福寺先達

一、興福寺儀、別當(孝俊)御先達可申歟事、」

」

以下傳奏廣橋兼宣奉書日次を撰ばしむ

（2オ）

可有御參詣春日社、來月中旬日次可被撰申之由、被仰下候也、謹言、

八月廿四日　判

(土御門泰家)安三位殿

足利義滿初度參詣の例を尋ぬ

(足利義滿)北山殿初度御參詣　春□□(日社ヵ)時參仕人々交名、可被□(注ヵ)申之由、被仰下候也、恐々謹言、

八月廿四日

頭弁殿」

伊勢貞經に衞府侍の交名を尋ぬ

（3オ）

來月可有御參春日社候、衞府六人可被參申之由、被仰下候、○交名可被伺申候、日次雖未治定候、忩先令申候、恐々謹言、

八月廿四日

(伊勢貞經)伊勢守殿

宿坊を用意せしむ

(足利義持)室町殿南都御下向事、□□(可爲ヵ)來月十日比之由、俄御沙汰□、宿坊事、任例可爲御門跡

候、急速可有御用意之由、可令申沙汰給候也、謹言、

八月廿五日

中納言僧都御房」

（4オ）

義持下向を興福寺に傳ふ

室町殿南都御下向事、可爲來月十日比歟之由、御沙汰候、且可存知旨可有御下知寺門候、（ママ）日次治定之後、雖（〆重）可申候、（〆也）且「可存知之旨、可有御下知寺門候也、」（行間補書）恐ゝ謹言、

八月廿五日

佛地院殿（孝俊）

春日社に傳ふ

室町殿御社參事、可爲□（來ヵ）月十日比歟之由、俄御沙汰候、可被存知之狀如件、

同　日　判

神主三位殿（大中臣師盛）」

（5オ）

東大寺に傳ふ

室町殿南都御下向事、可爲來月十日比歟之由、俄御」沙汰候、日次治定以後、雖可申

候、且先馳申候、社家・寺門事、可有御下知候哉、恐々謹言、

同日

(忠慶)尊勝院殿

(約七行分空白)

」

供奉の人々

(6オ)

公卿

下官

(烏丸豊光)左衛門督

日野中納言(有光)

殿上人

(飛鳥井)雅清朝臣

(山科)教豊朝臣

(裏松)義資朝臣

(白川)資雅朝臣

(勸修寺)經興
(日野西)盛光
(廣橋)宣光

諸大夫

(高階)經康　(惟宗)康任」

(7オ)
廿六日、良懃上洛、自一乘院殿(昭圓)条々有御談合事、

一乘院坊官上洛す

一、御參向事、
(足利義滿)鹿苑院殿最初至德二八廿八御下向之時、門主(孝憲)於庭上被任御會尺之例之条可然哉、然者任其時之御例、(〻御)臨期可有御蹲居歟、

義滿初度下向の例に従ふべし

一、公方樣入御檜皮屋事、
今度之儀可爲勿論也、

一、御參社之時御見物事、
以御裏頭之儀御見物可然哉、

社參見物は裏頭たるべし

一、段錢事、

先例に任せ段錢を懸く

足利義嗣下向は未だ沙汰なし

傳奏廣橋兼宣奉書
滿濟に輿力者を出さしむ

（8オ）

先〔忩〕如先〻可有御沙汰、且不可背先規□□〔之旨ヵ〕、內〻可仰含寺官候、万一猶不事行候□〔者〕、可
被經　上裁歟、
一、御水干事可爲二具歟事、
二具可然候、忩可尋試候、
一、御進物事、
任先規可有御沙汰也、
一、□□〔押小ヵ〕路大納言殿（足利義嗣）可有御下向歟事、
未及御沙汰候、若內〻可有御下向歟、
一、調菜人事、
可仰含候也、
（約三行分空白）
來月十日比、可有春□□〔日社ヵ〕御參詣、御輿〔皆具〕幷御力者三□〔手〕、可令召進給之由、被仰下候也、
恐惶謹言、
八月廿八日

三寶院殿（滿濟）」

（9オ）廿九日、甚雨、御力者事、自山門三門跡各一手被召進事も先例候、今度儀、先雖相觸三寶院候、若可申入三門跡欤之由伺申之處、此儀可然、三寶院今度隨躰可下向南都之由、可被仰也、旁可申入門跡云〻、

山門三門跡に力者を需む

妙法院宮（堯仁法親王）　靑蓮院殿（義圓）　梶井殿（義承）

〔九月〕

南都御出之儀、可令申□□〔沙汰〕給之由、被仰下〻〔×候也〕委細以使者令申□□〔候也〕〔や〕、恐〻謹言、

傳奏廣橋兼宣奉書

九月三日

伊勢守殿（伊勢貞經）」

（10オ）八〔九〕月二日、殿上人御點又錯亂、被除教豐（山科）朝臣・經興（勸修寺）兩人、被召加定親（中山）朝臣、以上可爲六人之由、被仰下者也、

供奉の殿上人を交代す

義持神宮參詣あるべし

四日、又御點錯亂、被止定親朝臣、被召加經興候畢、

六日、被仰下云、神宮御參可爲來十八日也、公卿執權(烏丸豐光)・日野中納言(有光)・北畠中納(木造俊泰)□[言ヵ]三人、殿上人義資(裏松)・教豐(山科)朝臣□□可爲此分云々、忩相觸者也、

(約七行分空白)

以下傳奏廣橋兼宣奉書

下向料の下行

(11オ)

南都御下向安三位(土御門泰家)御訪、貳千疋可令下行給之由、被仰下候也、恐(×同)々謹言、

九月六日

伊勢守殿

南都御下向料御所侍御訪、五百疋可令下行給之由、被仰下候也、恐々謹言、

同日

同人

來十一日

南都御下向料番頭八人・釜殿一人、各□□□[七百疋]、以上六千三百疋、可令下行給之由、□□[被仰ヵ]下候、恐々謹言、

義滿初度參詣時の出路を幕府奉行に示す

同　日

同　人

南都御出御路事、引見候之處、至德二年八月廿八日御初度出儀、南行室町至一条、東行至烏丸、南行至鷹司、東行至東洞院、南行至八条」(12オ)□□〔坊門〕、東行至万里少路、南行至九条、東行至法性寺大路之由、所見分明候、可被得其意候哉、謹言、

九月六日

齋藤加賀守〔基喜〕殿

八幡東大寺興福寺參詣の用意

東大寺御奉幣足三千疋・神馬一疋、

八幡先達

条〻、

一、八幡御社參之時、御先達ハ神主□參懃歟、於何所可有止御輿、可有御歩行哉、

一、大文御座一帖可被用意事、

東大寺先達

（13オ）

一、御奉幣并膝突布ハ社家ニ可被用意事、

一、御幣ハ神主直ニ可進上歟、御共人□歟、兩様未決定事、」

一、御［奉］幣終テ後ハ、神主直ニ給御幣テ、可申祝事、

一、神馬可引立舎人、社家ニ可被用意事、

一、大佛殿ポ御參之時御先達事、寺務（光經）寺御參寺、御參并大勸進可被參申歟、何所ニ可令參儲給哉事、

隨存出注申候、定注漏事候歟、委可奉存候、

○存出分尋申候委可奉存候猶注漏事候哉可奉存候戒壇院長老ハ不可□參申候哉、

（以下七行、墨線ニテ抹消ス）

「十一日御下向必定候目出候寺□返々察申候

一、自東大寺八幡御參興福寺様ハ於南大門前御輿より下御此所より御▨先達ポ可有御參候

歟如何御巡礼也まつ南圓堂次金堂

拜次第可奉存候御巡礼終候者於何所被召御手輿可有還御一乘院哉

（紙繼目）」

（14オ）

□□院僧正与貴方御座席様不審申候了御返事未到候可奉存可得其意候恐々謹言

九月八日

（孝俊）佛地院殿

（抹消終）」

伊勢因幡入道(貞長)殿被申候在家少々、可被點進之由、可申旨候、恐々謹言、

九月八日　性[金](井上)

淨瑠璃院御坊中

以下廣橋家青侍井上性金奉書
宿所の點定

五大院角坊ｃ可爲中山殿御宿[所候]雖ｃ被點置候、中山殿不可有御下[向]候之間、以此所可被定勸修寺殿御宿候、一所ハ以外狹少之由奉候、同中坊未被打札所候歟、同可被點進之由、可申旨候、恐々謹言、

九月八日　性金判

同　人

（15オ）

□□侍宿及闕如之由歎申候、後大院未被打札所候歟、可被點遣由、可申旨候、恐々謹言、

同　日　同

同　人

足利義量病むと雖も下向す
參宮は十一月に延引す
東大寺雜掌正倉院開封に就き勅使の下向を請ふ
注進遲々を叱責す
廣橋兼宣書狀
急ぎ勅使を立てんとす
一條經嗣の判斷を請ふ
傳奏廣橋兼宣奉書
勸修寺經興を勅使となす

八日、雨下、參仕之時被仰下云、彼若公(足利義量)御樣只同躰御座云々、万一雖有事、猶十一日御下向可爲勿論之由、被仰□(下ヵ)、將又御參　宮事ハ來十八日者□可爲十一月云々、
入夜東大寺雜掌入來云、可被開當寺之寶藏者、可有　勅使之參向、鹿苑院殿(足利義滿)御下向至德二年八月廿八日也、此時頭左中弁賴房朝臣(萬里小路)參仕云々、此事重事也、何至今注進遲々哉由、乍返答先尋申事之次第於准后(一條經嗣)者也、件狀如此、

(16オ)

「來十一日室町殿(足利義持)南都御下向候、此次可被開東大寺寶藏候、此時每度被立　勅使之由、只今自寺門注進候、自　院(後小松上皇)被立　勅使分候者、着淨衣輩參向ニも不可有子細候哉、然者不可有○(事)煩候、可爲冠帶者、自今難事行事候、且准據例者可爲如何樣候哉、以貴計□明朝爲申入室町殿、雖夜□(中ヵ)候、驚高聽候、恐存候之趣、可令披露給候也、恐々謹言、

九月八日

松殿少將殿(忠行)

來十二日被開東大寺寶藏日、爲　勅使可令參向給之由、被仰下候、□(御ヵ)仰天察申候、○(可爲)

(17オ)

御束帯候、委」可期面奉候、恐々謹言、

九月九日

勸修寺殿

重陽良辰、自他幸甚々々、

〇日次記原本

「(標紙題簽)兼宣公暦記　自應永廿四年正月一日至十五日　自筆本　壹巻」

目録

(1オ)

「(端裏書)應永廿四年正月条々取目六、」

「(異筆)應永廿四年

正月

(2オ)

一日、令獻御文於女院(廣橋仲子)崇賢門院、給之處、御返」事女院勅筆、被遊下之事、拜礼并院(後小松上皇)供藥御參之事、拜礼之時、(廣橋宣光)(ママ)左佐殿資光、令勤申次給、父子之礼之事、

四日、女房之敍位事、(足利義持)室町殿御臺・妾(裏松榮子)以下、自無位直敍三二位之例并三位ヨリ不經二位敍一品先例、被尋外記之事、

五日、敍位之儀、笞文御參并入眼御奉行之事、委、

室町殿年始御參　內之事、(一條經嗣)關白舊冬歳暮爲御礼無參　內之事不可然之由、自室町殿被咎

之處、先〻強非參　內之儀之由、關白返狀到來之事、件返札本紙被續加之也、」

(3オ)

（異筆）「應永廿四年ノ也、」

應永廿四年

正月大

一日、戊子、

天晴、風靜、將迎三元之初節、宜謳万國之太平春也、幸甚〻〻、家門之繁昌、子孫之相

(4オ)

續、云壽云福可任所存間、早旦奉拜尊神以下者也、任万歳之恒例、進上賀札於崇賢門院、

崇賢門院に書札を獻ず

被遊下御返事、依添祝着之氣味、所續加也、」

(5オ)

（異筆）「この所にすうけん（崇賢）門院の文あり、二枚物也、

廣橋兼賢崇賢門院書狀を軸に仕立つ

爲累代重寶、今度一軸仕置者也、

（廣橋）兼賢」

宣光と室町殿に參賀す

（6オ）

見齒固置菓子、於垸飯者明日可致沙汰云〻、午天着直垂參賀室町殿、廷尉佐(廣橋宣光)同車之、諸大名少〻未退出程也、面〻群集無骨之間、相伴少冠參御會所方、大名達退出以後參御前、次御所、南向、廷尉同參、

今日着直垂事、舊冬廿七日被仰下之間、如此進退者也、先〻者四日參賀畢、

足利義量に參賀す

被仰下云、今日御參　內可爲申初也、余則可歸參、於自余之輩者、可參儲御下車之所之由、奉仰退出、直參若公(足利義量)御方構見參、被下御釼於兩人、自愛〻〻、猶雖可申入祝言於御臺御方欤、諸人群集之砌、依無便宜不申入也、」

（7オ）

細川滿元垸飯

未初着衣冠、上結、此裝束依仰也、乘車參室町殿、東行鷹司、至万里少路南行、至二条東行、至富少路南行、至押少路西行、至万里少路南行、於三条坊門万里少路下車、自唐門參昇中門、參御前、今日垸飯管領(細川滿元)也、右馬助自西面參仕、着淺黃直垂白小袖、指鞘卷之黑塗刀、申初令着御直衣給、御烏帽子、白御袙、志〻良御指貫也、則有垸飯之儀、頭左中弁義資(裏松)朝臣着狩衣、上(×小)結、候陪膳也、事終入御女中、頃之出御、於御會所被解御服、令改着御冠給、其後更又令着御直衣給、永藤(高倉)朝臣裝之、余依御氣色候御前裝束、余持御釼、可參御車之由被仰下者也、寄

義持三條坊門邸を發つ

御車於中門西面、余先引出引懸莚、褰御簾、□(乘)御後收引懸莚、持御釼乘御車、依仰卷上(×上)御簾、於門外懸御牛、御路北行万里少路北行、至中御門西行、至東洞院北行、

御釼伯中將資雅朝臣、(白川)束帶闕腋、御沓內藏頭教豐朝臣、(山科)衣冠、上括、諸大夫刑部大輔康任、(惟宗)衣冠、下括、衞府伊勢七郎右衞門尉參儲御下車所、(貞彌)日野中納言(有光)衣冠、上括、・頭弁束帶、同在此所、經左衞門陣、自高遣戶臺盤所南面、御堂上、依仰余先參御前、(稱光天皇)奏聞御參之由、次自御湯殿上西面御參、余褰御簾也、則依召參北面簾代、御盃二獻程、仙洞上﨟幷三位殿(日野西資子)各着張袴、參給、數獻後出御〻藥、

參內

禁裏供薬

義持一條經嗣に參內を促す

先之關白可參給之由可申旨、有室町殿仰、則於御前書狀馳申之間、無程參　內、衣冠、上括、舊冬歲末」（8オ）礼不參　內給之条、不可然之由可申旨有御氣色、仍其子細見御返事、所續加也、」

○以下錯簡、此ヲ正ス、

一條經嗣書狀

（10オ）祝詞不可有盡期候、幸甚〻〻、最前御參　內尤以珍重候、何樣可令早參候、僮僕尓不具之間計會候、就其歲暮礼先〻強不及參內候、」（11オ）今更非緩怠之儀候、御沙汰次第恐存候、其間事、可然候樣可令得其意給候哉、謹言、

正月一日　(一條經嗣)(花押)

(切封墨引)」

御湯殿之上に一獻あり
稱光天皇出御
義持退出す

（9オ）

御藥出御以前、於御湯殿之上又有一獻、關白令候給、室町殿御盃關白令飲給、其後　出御之間、室町殿幷關白內々令候簾中給、余依仰候簀子、三獻御盃出現後御退出、自庭上以余被申今日儀珍重之趣、奉仰　奏聞、含　勅答披露之、則參御車、還御後改着束帶、則歸參、可候親族拜由申入後退出之處、於門下參會執權、（烏丸豐光）今日御參內依時儀之不快、執權不參、於親族拜者參也、則可歸參之由約諾、

歸宅し裝束を改む

歸壽域着束帶、
有文巡方玉帶付金魚袋、右、　餝太刀
此外色目如例、
左佐同着束帶、
闕腋赤衣　半臂襴忘緒青板引、依爲非職也、
付銀魚袋　卷纓冠不及老懸、
沃懸地太刀　黃文平緒
門部隨身二人　火長二人
用小八葉車、左佐車也、但赤鞦、牛飼着薄色狩襖、同車廷尉佐者也、

廣橋資光拜賀の裝束

(22オ)

右大弁宰相(廣橋資光)今日申拜賀、

有文巡方玉帶付金魚袋、右、　竪文表袴

裾自踵下三尺五寸、依爲大弁參議也、　笏

如木雜色二人　同牛童

同車副一人　小雜色四人也、

資光出發す

於門外乘車、廷尉佐褰(×金)車簾、・黃金物榻檳榔毛御車・黃金物御榻等、自前殿下(近衞忠嗣)申請、代々例也、雜色二人取松明前行、先參室町殿申拜賀、則可立親族之拜也、宰相出仕後、余寄車於中門乘之、左佐同之、

親族拜のため室町殿に參ず補歷草子

毛車路遲々之間、余先參室町殿、尋參仕人々書散狀、厚帋也、補歷草子相副所持參也、

此程宰相已參之間、申次事仰內藏頭教豐朝臣者也、

義持已に就寢す

持參御所方之處、已御寢云々、仍不及申入、事之儀致其沙汰者也、下家司二人階間左右、立明掌燈又同之、

余以下降立中門之外南腋、東上北面、假立之間不及揖也、殿上人立公卿列末、悉立定後、廷尉佐着沓、自中門外(×沓)方隨身兼儲此所、歩出來余前、余少揖、次佐揖、左廻、經本路堂上、次降中門之切妻、自中門之內進出、今度持笏、不着沓也、余前一揖、次余少揖、次佐聊兩三步退蹲居、是家礼儀、更立起至中門西

(12オ)

面沓脫下、着沓加殿上人列也、」次余兩三步進艮方、更左廻向今出河(實富)大納言少揖、更右廻

室町殿親族拜

入中門、當階間西之柱立北面、一揖、去南事、當中門南柱也、次第參列、頭弁立公卿末、雅清(飛鳥井)朝臣以下當三条(公量)大納言後一列、悉立定後二拜、〻〻畢自下﨟離列退出、

坊城俊國冠を落とす

二拜之間、左衞門佐俊國(坊城)落冠放本鳥云〻、列近〻人〻驚目云〻、希代珍事也、抑又參列之時、兩度揖有之、非弁少納言輩、何有揖哉、不可然事也、

院拜禮

余直參院、佐同車者也、事具後有拜礼、余以下也、申次事、執權左衞門督(烏丸豐光)勲仕之、殿上人ハ貫首職事外不可立云〻、仍佐可存略之由仰含者也、右大弁宰相拜礼以後則參內、申

資光參內し拜賀を申す

拜賀、不及堂上退出、余可候　仙洞供藥之由有　勅定、仍供藥事了則退出、

仙洞供藥

出御寢殿北面階間、六个間、於此所有供藥儀、陪膳左大臣(今出川公行)直衣、下袺、參仕、則候御簾、出御之時、御隨身發前聲、左大臣安座後、余正笏參仕、自簀子着端座、揖、次藤中納言(土御門資家)束帶、奧、・洞院中納言(滿季)直衣、端、・執權束帶、奧、・中御門前中納言(松木宗量)束帶、帶劍、・吉田宰相(清閑寺家俊)束帶、奧、左佐菓子役送也、撤帶劍、羽林輩不撤之、如何、兩樣可依所爲歟、

御藥權弁盛光(日野西)奉行、節會右少弁經興(勧修寺)申沙汰、」

(13オ)

親族拜參仕の人々

親族拜

公卿

余　今出河大納言　三条大納言

新大納言(木造俊康)　中山中納言(満親)　藤中納言

帥中納言(正親町三條公雅)　左衛門督　新中納言(裏辻實秀)

日野中納言　山科宰相(教興)　吉田宰相

藤宰相(今出川公富)　千種宰相中將(雅光)　中御門宰相(宣輔)

左大弁宰相 時房朝臣(萬里小路)　右大弁宰相 資光朝臣

殿上人

雅清朝臣　教豐朝臣　義資朝臣　資雅朝臣

宗繼朝臣(松木)　藤光(日野町)　行光(柳原)　經興

盛光　量光(日野)　宣光　俊國」

(14オ)
二日、己丑、

孔子
法性寺(藤原爲盛)・金吾禪寺招請、勸來樂、男共同之、賦料足也、孔子者也、」

室町殿に參ず
(15オ)
晴、午天着直垂參室町殿、當年可被行女敍位歟、然ハ御臺一位事幷南向(德大寺公俊)左大將妹也、室町殿御妾也、

女敍位につき談ず
二位事ホ雖可被執申、三位殿(稱光天皇)當今國母、無御加級者、可有御斟酌□(之)旨昨日有仰旨、但定心院(日野業子)

殿室町殿御［継］母、一品事御年齢何程哉、可相尋一位禪門（日野資教）云〻、仍今朝相尋之處、一位返事如此、
此趣今日令披露之處、御臺一品事者追可被執申旨也、
定心院殿、五十五歳、（應永十二年）七月八日所勞危急之時被申請云〻、
南向ハ無位人也、直敍二位雖有先例、猶可有御斟酌、只可被申三位也云〻、將又關東前
（16オ）
管領上杉右衞門佐（氏憲）ハ、舊冬以來關東大變以後、爲京都御敵、仍可被加治罰也、爰京都
畠山前管領（満家）ハ右衞門佐入道也、同名有其憚、被改名稱之条、有種〻之御談合、且又此子
細可申入　仙洞之由、有御氣色、其後退出、
及晡着直衣□□［紐］參　院、則依召參　御前、女敍位事幷畠山假名事ホ奏聞、奉　勅答、數
獻後退出、右大弁宰相幷左佐參賀近衞殿、」
（17オ）
改年吉祥珍重候、可令參賀候、
抑定心院殿一品事、應永十二年七月八日候、可得御意候哉、恐〻謹言、
正月二日　性光（日野資教）」
（18オ）
三日、庚寅、
晴、午終參賀室町殿、

日野業子の例を尋ぬ
義持畠山満家と上杉氏憲官途同じきにより此れを改めんとす
資光宣光近衛殿に参賀す
日野資教書状

四日、辛卯、

晴、早旦參室町殿、女敍位幷畠山間事等、　勅答之趣申入者也、」

（女敍位に就き後小松上皇の勅答）

(19オ)三位殿ハ不經二位□敍一品給之条尤可然歟之由、自室町殿雖被申之、叡慮之儀、不經二品自三位敍一位之条先規未詳歟、其上強今不忩思食之間、旁可爲二位也、御臺一位事ハ、自元二位之上者、一品事勿論候、南向二品事、直敍已近例候之上者勿論之由、有　勅答、此趣披露之處、御臺一位事ハ追可被執申、南向加階事、只可爲三品之由、重可申入云々、

（義持側室南向の敍位を申す）

日次事、以式日被行之樣可申入云々、藏人方奉行被仰藏人右少弁經興畢、執筆事、可爲右大將(西園寺實永)之由有　院仰、仍余內々先仰遣者也、女敍位加階事、相尋先例之處、少納言賴季(清原)眞人請文如此、　院御藥三个日散狀、奉行　院司吉田宰相注送間、所續加也、」

（清原賴季請文）

(20オ)清少納言賴季眞人請文

（女敍位の勘例）

女房自三位敍一位例、引見候之處、所見不詳候、但自無位或敍二位、或敍三位例、繁多候、凡女敍位、不經本位、臨時　朝恩候之間、強不勘盡候、以此等分可得御意候

(21オ)哉、」賴季誠恐謹言、」

○此間闕、

（27オ）

節會（七日カ）□北陣參仕官人事、兼日□□（相觸）左佐之間、令下知姉少路志明繼（坂上）者也、

日野町藤光奉書

職事御教書如此、文章不審、有內〻字之上者、白痲勿論也、

白馬節會參陣官人以下、任例可令下知給候、及巨細候之間、內〻令啓候、恐〻謹言、

十二月廿四日　藤光

左佐殿

藤原資興奉書

下知明繼奉書如此、

白馬節會參陣官人才事、職事狀如此、任例可令相觸給由所候也、仍執達如件、

十二月廿七日　少尉資興（藤原）奉

謹上　姉少路志殿

坂上明繼請文

明繼參陣官人の散狀を進らす

明繼狀如此、何不書位署哉、」

（28オ）

白馬節會參陣官人散狀一紙令進覽候、得御意、可令披露給候、恐〻謹言、

十二月卅日　明繼請文

藤堂右京亮殿（景盛）」

白馬節會參陣散狀（29オ）

「（見返端書）北陣官人事、」

（折紙）
白馬節會參陣散狀事、

（中原）章茂朝臣 子細、可參仕言上之由申也、

（坂上）明雄宿祢 奉

（中原）章郷朝臣 奉

（坂上）明之宿祢 田舍下向、正月末可上洛旨申也、

（大石）（敍）釼弘 故障之由申也、

明繼 奉

以上、」

資興奉書（30オ）

白馬節會北陣參仕人ゝ、大判事（中原章茂）幷掘（堀）河志（大石敍弘）兩人、猶被相觸□被申散狀之由候也、恐ゝ謹言、

正月五日　　　資興奉

姉少路志殿

資興奉書

章茂者可參、敍弘者未及分明之領狀之由、明繼來申間、重又仰遣之旨、今日參陣人〻重領狀之趣、可被進散狀候、爲被付進職事候、剋限事、殊可被忩之由御沙汰候、可令存知給之旨候也、恐〻謹言、

正月七日　　　資興奉

姉少路志殿

(23オ)

散狀遂以不進上之間、領狀之輩、余以內〻狀、仰遣奉行職事者也、左佐可立敍列之由被仰下之間、裝束色目才奉申談執柄者也、(一條經嗣)

宣光敍列の裝束を一條經嗣に談ず

卷纓老懸　　闕腋袍

沃懸地太刀在虎皮尻鞘、　半臂欄在忘緖、

平胡籙在間塞、　蒔繪弓

靴青地、　紺地黃文平緖

魚袋（但臨期可撤之由、有殿下仰、仍略之、）」

白馬節會

（24オ）臨期佇立月花門邊、

式叙人　俊康卿　實秀卿　有光卿　家俊卿

兵叙人　隆豐朝臣（鷲尾）　資雅朝臣　量光　宣光

宣命拜　叙人位記を取る

內弁催叙列之間、先式叙人入月花門、立右伏之南、次又兵叙人次第歩、連左近之南、次宣命拜、〻畢叙人進寄案下、給位記、式兵同時也、量光進取位記、次左佐少揖、參進案下、輔代跪、左佐同跪、置弓於地、取位記少拜、次取弓立起右廻、經量光列之東、立量［光］□列之西少揖、（先之位記入懐中、）式兵悉取位記後、同時拜舞、

拜舞

拜舞畢、先隆豐朝臣離列退之間、資雅朝臣・量光ホ次第退出、（×去）左佐少揖退出、」

（25オ）此揖事申談殿下之處、可有揖云〻、仍如此令教訓者也、但自餘兵人〻不揖、可否如何、猶可尋知事也、退此列事、自上首可退之由、見次第之處、式叙人更以不動之間、隆豐朝臣先退出歟、

內辨二條持基

內弁二条大納言殿（持基）令懃仕給、散狀如此、北陣參仕官人ホ交名、何不書載哉、尤可書載之条近例也、

昇敍の人々

姉小路尹家は斯波義教の扶持を受く

（26オ）

被書入敍位人々、正二位源朝臣俊康・藤原朝臣滿親・正三位藤原朝臣隆光（武者小路）・正四位下源朝臣資雅・正五位下藤原朝臣永基（冷泉）・從五位上藤原」朝臣尹家（姉小路）、以上就入眼、上卿余令下知大內記（東坊城長賴）者也、尹家者飛驒國師（司）親類、前管領武衞禪門（斯波義教）扶持云々、內々付給之間申入　院、無子細者也、

」

○宮內廳書陵部所藏柳原本三

一條經嗣書狀

（10ウ）

聖年之嘉兆、人日之祝詞、一段幸甚、萬端重疊、不可有盡期候、抑衞府佐敍列裝束色目、示給分無子細候歟、但於魚袋者、臨期撤之候哉、自今曉荒痢歡樂以外平臥之儀候間、今夜出仕不定候、扶試最中候、仍省略候、千喜万悅可期慶謁候也、謹言、

正月七日　（一條經嗣）（花押）

○日次記原本

散状

（31オ）

（宿紙折紙）
白馬節會

公卿

二条大納言　新大納言
藤中納言　新中納言
日野中納言　吉田宰相
中御門宰相　時房朝臣

少納言

惟有朝臣

辨

盛光

次將

左

（以下見返シ）
資敦朝臣（平松）　雅清朝臣
隆豐朝臣　資雅朝臣

右

教豊朝臣　兼英(楊梅)朝臣」

(34オ)八日、乙未、

女叙位散狀を義持に進らす
叙位に就き南向の名字を俊子と定む

(34オ)晴、早旦參室町殿、今夕女叙位散狀奉行藏人右少弁」經興付給之間、所持參也、南向從三位加階事、余書折帋、可進　仙洞之由有仰、御名字事、先日伺申之處、可相談(ヌ申)左大將云々、仍相談之處、三字書載折帋注送之間、披露之處、可爲俊字由被治定者也、

定子　康子(繼)　俊子

勸修寺經興廣橋綱子の加級申文を誤る
上皇これを訂せしむ

散狀幷聞書如此、典侍殿(廣橋綱子)加級事、以臺盤所札面、奉行職事造申文之處、正五位下之由書上之間、任申文執筆叙之云々、大嘗會女叙位之時、令叙正五位下給也、今度ハ可爲四品之由、大外記師胤(中原)朝臣來申之間、忩申入　仙洞之處、任例可申沙汰之旨被仰經興き、參差之条不可然、所詮可爲四品也、內々得其意、可仰奉行幷外記之由、有　勅答、仍先仰含外記畢、依爲書載聞書也、同又仰奉行之處、仰天種々謝送者也、」

(34オ)凡三位以上加階者規模事也、其以前之加級ハ強雖不及所望、爲有限事之間、令叙者也、可昇一品之階級佳瑞也、珍重幸甚々々、

式日女敍位は延文三年以來後小松上皇女房奉書

(35オ)

以式日被行女敍位事、延文三年云〻、其後今度儀也、神妙、」
よへ(昨夜)の女しよ(敍)位無爲に候へ、まことにめてたく候、すけ(典侍)殿御かきう(加級)の事、したゐ(次第)のま
ゝに候へきよしを、ふ(奉)行におほせられて候へハ、又正下とさゝへ候申文をつくりて
候けるやらん、猶〻大しやうえ(嘗會)のしよ(敍)位を、いかにもはうきやく(忘却)して候らんとおほえ
候、」

(36オ)

(切封墨引)
ひろハしとの(廣橋殿)へ」

德大寺公俊名字注進狀

(37オ)

(折紙)
左大將公俊卿、注進之、
定子
繼子
俊子」

女敍位散狀

(38オ)

(宿紙折紙)
女敍位

執筆
右大將
辨
經興
次將
(四條)
隆盛朝臣
入眼
上卿(以下見返シ)
洞院中納言
少納言
(西坊城)
長政朝臣
內記
(東坊城)
元長

執筆西園寺實永

入眼上卿洞院滿季

女叙位聞書　（39オ）

從二位　藤原（日野西）資子
從三位　藤原（徳大寺）俊子
從四位下藤原（高倉）能子掌侍、
　藤原（廣橋綱子）綱—
從五位下鴨　友子藏人、　忍坂文子院當年御給、
　藤原具子（裏松康子）北山院當年御給、
外從五位下藤井近子內教坊、　藤井次子女史、
　櫻井春子采女、　櫻井枝子掌縫、
　善淵深子女嬬、　海　石子水取、
應永廿四年正月八日」

後小松上皇女房奉書　（40オ）

おほせられ候へんすれとも、そこよりもおほせられ候て、さやう候へゝ、あらためさせられ候へ、うつゝなく候、又まさなか（飛鳥井雅永）事、しよ（叙）位に返ゝ正たい（躰）なく候、ちきにもかき入の事心え候ぬと申とて候、かしく、

勧修寺経興書状
（41オ）

臺盤所の札に誤あり
（42オ）

廣橋邸に宴あり
（43オ）

招請する人々

（切封墨引）

────とのへ　」

如仰女敍位無爲珍重存候、旁可參申入候、抑大納言（廣橋綱子）典侍殿御局御本位事、相違返々不審存候、任臺盤所札申沙汰仕候、且每度之儀候哉、所詮件札書誤候歟、又令無沙汰不直改候歟、如彼」札者、慥御從上分候之間、奉載申文候之處、相違之条迷惑無極候、御四品之分、則可加下知候、尙々件札相違無正躰存候、旁可參賀言上仕候、經興誠恐謹言、

正月九日　　　經興請文

（切封墨引）　」

今日人々招請、勸來樂者也、入來人々、

一位禪門　　新大納言俊康、　　大納言入道（日野西）資國、祐恆、

飛鳥井中納言入道（雅縁）　　藤中納言資家、　　執權豐光、

中山中納言満親、　帥　中御門前中納言(松木)宗量、
新中納言實秀、　日野中納言有光、　山科宰相教興、
吉田宰相家俊、　中御門宰相宣輔、　伯二位資忠、
菅二位(東坊城)長遠、　法性寺三位爲盛、　新三位(高倉)永俊、
左大弁宰相時房朝臣
雅清朝臣　(山科)教有朝臣　教豊朝臣　頭弁義資朝臣
資雅朝臣　藤光　行光　經興
盛光　元長　(五條)爲清　量光
(和氣)郷成朝臣

不參の人々

(忠嗣)近衛殿渡御藤井宿所云々、仍三位(藤井嗣忠)父子不入來、帥中納言(正親町三條公雅)并季保(四辻)・知興(橘)朝臣稱出行不入來、左大弁宰相又不入來、
・垸飯并心静賞翫後、人々退散、一位禪毎年今日參　内并　院云々、仍早々被歸了、去年春八明日如此會合畢、當年者今日致沙汰者也、幸甚々々、」

(44オ)九日、丙申、

人々室町殿に參賀す
義持僧俗對面の人を指定す
安居院良宣内々義持に見參す
崇賢門院德大寺俊子敍位を賀す
舊冬以來義持と北山院不和
藏人頭拜賀以前は白紙綸旨を用ふ
稱光天皇綸旨踏歌節會に資光を召す

十日、丁酉、

自夜雨下、早旦參室町殿、淨菩提寺長老・竹中喜侍者等被賀來、「(45オ)任毎年之儀人々多參賀之處、被仰下云、僧中ニハ　御室(入道永助親王)・准后(法尊)・妙法院宮(堯仁法親王)・下河原宮(乗朝法親王)・相應院宮(弘助法親王)・圓滿院(行助法親王)・花頂僧正(定助)、俗中ニハ關白・前關白(近衞忠嗣)・左大臣・前右相府(鷹司冬家)・右大將・二条大納言、此人々許可有御對面、於其餘者不可及御對面、可得其意云々、仍此外人々申事之由被退出者也、午終有御對面、

安居院良宣法師召具參、於内々御所構見參、祝着々々、

抑南向三品事、自　崇賢門〔院脱〕被賀申〇室町殿、余勲御使者也、此次被仰下云、毎年當月十六日ニハ雖有御參賀崇賢門院、當年者不可有其儀也、其故者、依都賀尾慈松房(北山院御兄弟、)進退事、舊冬以來北山院与室町殿御不和之間、當年未有御參賀北山院之間、其日又以可爲同前也、内々得其意、可申入崇賢門院之旨、有室町殿仰、」

(46オ)(三條西公保)頭中將拜賀以前之間、白麻書之也、

十六日節會御參事、可承存候、外記散狀遲々間、且執啓如件、

正月十日　　左中將公保

謹上　右大弁宰相殿」

資光等と吉田社に詣づ

(47オ)
十一日、戊戌、
晴、立春幸甚〻〻、早旦着衣冠、參吉田社、宰相(廣橋資光)幷左佐着直垂令同車者也、宰相舍弟小(後ノ竹屋冬俊)生同相伴、於社頭有奉幣、夜前幣料百疋付遣壹岐守了、於拜殿神主(卜部兼富)勸一盞、祝着〻〻、
賀茂・北野社ホ參事、追可參詣也、參賀室町殿、」

上皇の賀札を義持に傳ふ

十二日、己亥、
(48オ)
晴、時〻雪下、早旦參室町殿、自 院被進御賀札之間、所持參也、午終まて雖祗候御寢之間、預置 勅書於永藤(ㇾ俊)朝臣退出、則着狩衣參女院御所、左佐着白張令同車者也、先詣猪熊殿燒香、

宣光近衞忠嗣に從ひ院參參內

及晚左佐着束帶參近衞殿、覽吉書、次御參 院・ 內裏之間、左佐參御車、懃兩御所之申次者也、
十三日、庚子、
晴、時〻雪下、午初參室町殿、昨日進置 勅書御返事〻伺申入之處、來卅日可有御參、其時可被申也云〻、

（49オ）

師胤朝臣持參盃、是南向三位加階聞書持參之時、砂金十兩被下之、此事余媒介之間喜事也、藤井三位以下會合、賞翫之、頭弁」入來、有相談事、三条大納言預置舊冬貢馬事也、

内裏權大納言典侍局に宴あり

入夜參　內、依召也、是於權大納言（日野光子）典侍局毎年今日有一獻云〻、爲祗候也、一位禪門・日野中納言・量光・資親等參候、左大弁宰相依當番同候、左佐自晝祗候、依爲當番也、半更以後退出、

近衞家青侍と畠山滿家被官人喧嘩す

青侍傍輩滿家被官人を討つ

忠嗣使者を滿家に遣す

（50オ）

抑申終程、於鷹司烏丸路頭有喧嘩事、陽明祗候青侍越後左衞門尉丶丶与畠山（滿家）彼管人与一兩人事也、先与一男、以腰刀害越後左衞門之間、左衞門則以腰刀突与一、雖然左衞門者痛手也、則顚倒、与一男ハ乍負手逃去之處、左衞門傍輩藏後左衞門尉追懸、（切伏）与一男云〻、乍驚進青侍等於近衞殿者也、」忩被遣御使於畠山許、可被仰事之子細之由申入者也、仍刑部大輔康任（惟宗）爲御使罷向之處、申慇懃御返事云〻、及晩又自畠山許付藤井三位、以前御使事畏申云〻、希代珍事也、此兩人日比不斷會合知己也云〻、敵人打留之条尤神妙〻〻、

（51オ）

大舍人座火く

十四日、辛丑、
朝間雪甚下、終日見雪花、午初當西有燒亡、大宿也、

室等と崇賢門院を訪ふ

宴あり

三毬打

仙洞二位殿局に宴あり

崇賢門院よりの引出物

(52オ)
午天參　女院(崇賢門院、廣橋仲子)、女房(兼宣室)幷小女・左佐・阿賀女才同車、先寄車於御庵(素玉、兼宣妹)、三獻後參　女院、典侍殿同參給、被乘新輿也、幸甚〻〻、大祥寺(聖)(義持女)方丈幷方丈御所(後圓融天皇皇女、聖□)御出座、七獻後退出、又於御庵被祝申、典侍殿有三獻、歸壽域、左佐參　內、依當番也、及曉更退出、其後三毬丁三本燒之、珍重〻〻、自　仙洞有御使、是於二位殿局有一獻云〻、昨日於　內一位相語了、尤雖可參、沈醉之間存略也、

今日儀

女院御引出物五百疋・銚子提・引合十帖也、

大祥寺(聖)方丈引合十帖・銚子提、

方丈御所練貫二重・引合十帖、

一獻足五百疋、

御庵へ持參五百疋也、

自女院各〻被下御引出物、

(53オ)
十五日、壬寅、

晴、參賀室町殿、明日渡御　崇賢門〔院脱〕事、伺定者也、
明日物詣懸牛事、借用藏人右少弁、件返」報如此、無何所續加者也、
抑自嵯峨法皇(後龜山法皇)被進御賀札於室町殿、件御書所寫留也、

後龜山法皇義持に賀札を進らす

（54オ）

」

○宮内廳書陵部所藏柳原本三

三陽喜氣之春、一天泰平之時、幸甚〻〻、千万祝言併期佳謁候也、恐惶謹言、

正月十四日　金剛心(後龜山法皇)

「一校、」(中間奥書)

後龜山法皇書狀

（15ウ）

○國立歴史民俗博物館所藏義持公南都御參詣從記

「（標紙題箋）義持公南都御參詣從記　自應永廿四年八月廿三日至廿九日　兼宣公自筆本　一卷」

應永廿四年

八月

（1オ）

足利義持南都下向に同道す

廿三日、自曉天雨休止、天明後進發、廷尉佐（廣橋宣光）所同道也、各用塗板輿、余輿舁六人、小冠分三人召之、強力族也、裝束以下唐櫃舁之、中間二人所相副唐櫃也、

木津舟橋成らず

木津舟橋（山城相樂郡）、依洪水未終功之間、用舟者也、

淀より舟を取り聚む

此橋事、兼日仰含侍所（義範）一色、幷齋藤加賀守（基喜）之間、自淀取聚舟渡之者也、

般若寺に詣づ

申剋詣般若寺、於方丈被勸茶、抑相國寺（慶仲周賀）・鹿苑院（鄂隱慧奯）・ホ持寺・ホ持院ホ方丈被下向、於此

東院に入る

寺各入見參、其後下着東院坊、ゝ主(光曉、兼宣弟)幷禪師(兼曉、兼宣息)房出逢庭上、

足利滿詮檜皮院に著す
儲の用意無きにより一乘院より進む

於客亭被勸一獻、心靜賞翫、兩院家人ゝ幷學侶使節才入來、」

(2オ)

入夜四辻中將季保朝臣入來云、少(小)河殿(足利滿詮)只今御下着、御宿坊檜皮院也、御儲才事一向無用意歟、可被如何哉之由相語之間、則進使者於一乘院、無沙汰不可然之由、仰遣三人之奉行之間、則一獻・御飯才進之云ゝ、此御下向事、不相替室町殿(足利義持)之御儲可用意由、自京都仰含好繼(內侍原)・良乘・親乘才者也、仍如此申遣之、」

宣光と春日社に詣づ

義持一乘院に著す

(3オ)(4オ)

廿四日、晴、早旦着直垂乘輿、相伴廷尉佐參御社、異躰之間不及奉幣、爲奉拜社頭也、」次參一乘院(昭圓)殿、室町殿御坐所御執(室)禮、爲加檢知也、申初室町殿御下着、經興福寺北幷西、自一乘院南面四足門入御、寄御輿於公卿座之南妻、余候庭上、神主師盛(大中臣)卿父子才各着淨衣候庭上、

興福寺東大寺僧等參賀す

數剋祇候御前、學侶・六方・衆徒幷東大寺ゝ官才參仕、賀申御下向事、各勲申次、其後退出、法性寺三位(藤原爲盛)今日下向、

一乘院に宴あり

晚頭着狩衣參一乘院殿、左佐(廣橋宣光)着茶染白張伴參者也、執權(烏丸豐光)參會、殿上人悉參仕、着座如例、西端一間隔屏風、爲一乘院門主御渡所、次二間爲女中御棧敷、次半間爲眞瑞喝食座、

各立隔屏風者也、東端大文一帖敷之、東西行、爲少(小)河入道殿御坐、中央間同疊敷一帖、是室町殿御座也、此外少文疊一向略之、但縁指莚一二枚敷之、爲諸大名座、大飲御酒也、」(5オ)事終自下﨟起座退出、余參御前、及數盃之大飲、更闌退出、

義持滿詮尊勝院を訪ふ

廿五日、晴、今日可有四座之猿樂也、其以前可有御入東大寺〻務尊勝院(光經)坊、余可參會申之(6オ)由被仰下之間、午剋許向此坊、其後少(小)河殿入御、次室町殿渡御、數獻後還御、」爲御共直參一乘院殿、次長老達參給、

鹿苑院・等持寺・相國寺・等持院等也、

一乘院に四座猿樂あり

以南之公卿座爲棧敷、頃之猿樂始行、秉燭後事了退出、」

細川滿元密々に春日社法樂百首和歌を興行す

(7オ)飛鳥井中將(雅清)相語云、爲當社法樂、密〻管領(細川滿元)勸進百首和哥云〻、仍短尺六首与之、明後日相構可詠給也、是管領相計云〻、」

田樂

義持禪僧以外の見物を禁ず

(8オ)廿六日、晴、增阿彌田樂也、申初始行、一位禪門(日野資教)以下京都人〻・兩寺〻務(孝俊・光經)等見物處、長老達見物外、誰〻も不可有見物之儀之由、富樫大輔(滿成)相觸之間、武家輩等も悉退出了、余尤(9オ)雖可參御前、大飲御酒難治之間、加斟酌者也、田樂五番、」已及秉燭事終、

自所〻棰以下到來之間、自京都下向人〻賦之、」

義持一乗院昭圓坐所喜多院を訪ふ

裏松榮子宿所内侍原坊

延年延引す

興福寺別當孝俊義持に引出物を進上す

延年

榮子長谷寺に詣づ

（10オ）
廿七日、自夜雨下、早旦參御所、今日渡御一乗院門主御坐所喜多院、剋限未事所伺申入也、役送者如去年頭弁（裏松義資）・伯中將資雅朝臣（白川）・少冠三人可參之由被仰下、僧綱者就爲坊主、喜多院僧正（空昭）一人外、不可參御前之由所被仰下也、仍內々令入魂了、申初入御、此時分小雨洒間、內々被用御輿了、三御盃外三獻後還御、直渡御內侍原好繼坊、御臺（裏松榮子）御坐此所之故也、

抑今夜爲六方沙汰、可有延年之處、依陰氣可延引之由被仰下之間、衆徒已少々出立之程止之了、

寺門（孝俊）御引出物今日進上之、腹巻五兩・砂金三百兩盛盆、也、於具足者則進之、至砂金者還御以後可進京都也、」

（11オ）
廿八日、晴、入夜有延年、余并雲客各着座、執權ヘ依爲御神事不參、

御臺令參長谷寺給之間、御庵（素玉、兼宣妹）并聖芳（兼宣女）御房被參御共也、（〻候間）仍輿舁八人召進之、晩頭則御還向、

及半更延年事終退出、令沈醉者也、

廿九日、晴、天明之間着淨衣、參一乗院殿、廷尉佐同之、雲客次第參集、

〇國立歴史民俗博物館所藏義量公參內幷院參始參仕記

「(標紙題簽)義量公參內幷院參始參仕記　應永廿四年十二月十三日十四日　兼宣公自筆本　一卷」

（1オ）

應永廿四年

十二月

足利義量參內院參始

十三日、甲申、晴、及晡深雪下、今日中將殿(足利義量)御方初而可有御參　內(稱光天皇)幷　仙洞(後小松上皇)之間、酉終程兼―(宣)着直衣、上結也、尤雖可下結、可參御車之上、細々起居爲無煩也、且依室町殿(足利義持)仰也、　參室町殿、姉少路万里少路御所、　先之御牛飼・番頭才少々參候、

足利義持北野殿を訪ふ

秉燭以後、室町殿自北野殿(足利義滿側室西御所)亭還御、　先之御方御所(若公)(於小御所)令着御裝束給、前右兵衞督永藤(高倉)朝臣奉粧之、

義量の裝束

御裝束色目一事以上御元服之時、量御裝束也、

浮文御直衣
御文小葵　裏濃紫
一倍浮織物〇浮文濃紫御指貫
御文龜甲紫、　浮線綾丸白、　裏濃紫
腹白御下絬
濃色御下袴
蘇芳御袙
濃打御單散薄、
透額御冠
横目御扇
紅薄様御帖紙
以上、
（2オ）
次室町殿有御装束、永藤朝臣同奉仕粧之、
義持の装束
張目綾御直衣　同薄花田御指貫　白御下袴、御下絬也、

身固

義持義量同車
兼宣も同車す

義持義量室町殿を發つ

參内

次縫殿頭泰定（土御門）束帶、（×参）若君之（ママ）奉仕御方御所之御身固、
次寄御車。於中門妻戸、下簾、依雪張雨皮、西面、兼｜（宣）先取兩御所之御釼二腰、共以蒔繪、納御車、前之左方、次引出引
懸莚褰御簾、候御車之左方、次室町殿御乘車、次若君御方御所同御乘車、後之左方、次疊帖入引懸莚、次兼
（宣）｜參御車、後右方、
次御出門、御牛飼十人許欤、番頭八人、各取松明、御（×遣）牛飼十人許欤、御遣手童一丸着狩衣、自余
直垂也、北行万里少路、至鷹司西行、於南陳（陣）御下車、自左衞門陣御參　内、」

（3オ）

先諸大夫康任（惟宗）立御榻於車之後、先之兼｜（宣）下車、若君御方御所御下車、兼宣奉抱之、蘭令頭弁褰御簾給、中將宗繼朝臣
先之（兼宣）取御釼、給中將資雅（白川）朝臣、中將宗繼（松木）朝臣獻御沓、次室町殿御下車、先之中將雅清朝臣獻御沓付御釼持之、季賢（源）諸大夫
取御榻立之、內藏頭教豐（山科）（×教）朝臣獻御沓、先之中將雅清（飛鳥井）朝臣持御釼、御下車以前先被下之、依深雪季賢擁
御笠、御方御所御笠康任擁之、布衣侍二人伊勢共以伊勢黨也、名字可尋記也、祗候、所役雲客以下諸大夫・
侍等、悉以參會御下車所者也、」

（4オ）

左右大將以下現任公卿大略（多以）參候、殿上人又以數輩自四足門北腋（折）西并南一列、雲客在公卿列末、
室町殿令向第一公卿左大將（徳大寺公俊）給、有聊有御礼令過御座、

稱光天皇義量に盃を賜ふ
義持義量退出す
次で院參
後小松上皇義量に盃を賜ふ
次で二位殿局に參ず
義持義量室町殿に還る
天皇上皇義量に劍等を賜ふ

自高遣戸御堂上、（室町殿御堂上之時、若君御方御所有御蹲居、）殿上人數輩取脂燭前行、自御湯殿之上之西向遣戸、御參（兼宣褰御簾、）御參北向簾代、若公（君）同御參、三獻之　天盃、以御酌被進若公（君）、〻〻令頂戴給、則持御盃令起（×報）御前給、（所役人如先、）御座長橋勾當內侍局、（藤原能子）數獻後、室町殿御退出、若公同被伴申、直御參　仙洞、〻〻　御歩儀也、

經左衞門陣幷正親町、自　仙洞西向四足門御參、（公卿以下同參、）自中門沓脫御堂上、如〻如　內裏雲客取脂燭前行、自御湯殿西面妻戸御參、爲一事同　禁中之儀、三獻御盃御給之後、若公御入二位殿（國母、）局、（日野西資子）數獻之後、室町殿御退出、若公同御退出、於四足門南腋御乘車、還御〻所、其後兼ー（宣）歸蓬蓽、于時半更過程歟、」

（5オ）十四日、晴、昨日御參　內始珍重之間、事更被進御釼、（白、）於中將殿御方、爲　勅使兼宣參仕、自　仙洞同以（×以）執權（日野中納言有光卿、）被進御馬（鹿毛駮、）・御釼、（白、）

○廣橋興光氏所藏寫本

「(標紙外題)
端ニ云、
應永廿五年四月
」

(1オ)

應永廿五年

四月

足利義持源氏物語中不審條條に就き後小松上皇に尋ぬ

上皇宸筆を以て答ふ

十五日、晴、參　室町殿(足利義持)、被仰下云、源氏物語内条々(篇目在左、)可尋申入　院(後小松上皇)之由、蒙仰退出、以書狀申入之處、入夜被下　勅書、(續左、)條々則被注下之間、雖夜陰馳筆書寫者也、」

義持更に尋ぬ

(2オ)
十六日、晴、早旦持參　勅書以下之處、如此早速被注下候之條畏入候、剰被染　宸翰之条、猶々忝存候、以參拜猶可申入旨、可參申入　仙洞、次ニ又同物語内一个条(篇目在左、)又被申入子細、同參申入院者也、

紅葉賀

一、紅葉賀事、

或抄云、紅葉の陰也云々、

又或祕抄云、ウツホ（宇津保）ノ物語ニ神泉苑ニ紅葉賀キコシメスヘキトアリ、又雪の賀トテアリ、承和御時紅葉賀ヲ被行歟云々、

右兩説分にて候ハヽ、賀ハ只宴なとの心にて候歟、此外御賀准據例なとハいくらも注付たる物とも候へとも、誰人の賀の沙汰不見及候之間、令略候、只今御不審而〔面〕白候、仍加今案候之處、花宴巻に源氏の御紅葉」の賀とあり、父のきりつほ（桐壺）の御門を奉賀歟、御門の御年四十五十の間、無所見候へとも、源氏の御紅葉賀と候之上者、うたかひなく候歟、愚存分此候、

（3オ）

揚名介

一、揚名介事、

或祕抄云、諸國介也、必源氏の人のなる也云々、

今案、假令縣召除目なと申揚名介とあらん申文ハ、其國をハさゝて異名を書たる由歟、しからハ掾目を任する様に、いつれの國の介にても可任歟、仍うつほ中文の舊案、吉野春風・三輪車持なと在之、いつれの國にても可任歟、

但此事、其國をさためて任する家ありと云々、さりなからそれハわか家の説は
かりにてこそあるへけれは、世間一同に用る説にてハあるましきよし覺候へハ、
右に注付候分不可有相違候歟、

わかむとほり

一、わかむとほりの事、
或抄云、王家無等倫、皇孫也云々、」

（4オ）

又或秘抄云、
法華經化城喩品云、
世雄無等倫、百福自莊嚴、世雄ハ雌雄ノ義也、雄ハ佛也、雌ハ不生也、
日本紀云、
八十之子孫（ヤソノツヽキ）、王之子孫也、王家同事也、
口傳云、
わかむとうりハ皇孫のよし奥の巻にもみえたり、日本紀にも同前たるへし、よまむ
にハ、わうかむとうりと讀へし、やかてわの字を書へし、わうと書事ハ僻事也云々、
又一說云、　別融（ワカントホリ）云々、

（５オ）

日本記
垂仁〔應神〕天皇秋（十五年）八月、上野君ノ祖（ミヲヤ）荒田ノ別（ワカレ）巫別（チキワケ）（ナ）ヲ遣百濟、聘（ヨク）（フ）王仁、同十六年二月、王仁來、太子菟〔菟〕道稚郎子、是ヲ師トシテ文ヲ」習給、トホリサトラストイフ事ナシ、彼荒田王孫也、別巫（ワカレナキ）ノワカレヲトリテ別融ト云也云〻、

此説ハ異説候、右ニ注して候口傳説、勝説候歟、

右條〻説管見の所覃、且注付候也、

（６オ）

と（宿直物）のゐものゝ袋の事、

賢木巻
大將殿なとハましてよろつ物うく（憂）てこもりおはす、除目のころなと院の御をりをハさらにもいはす、としころおとるけちめなくいたはり給し人なとおほく、みかと（御門）のわたりひまなかりし馬・車もうすらきて、さふらひにとのゐものゝふくろおさくみえす、

在所事、源氏大將亭勿論、しかるを薄雲女院三条宮にかへり給て後の儀と被注人有之歟、以外參差候歟、」

件袋事、

或抄云、殿上宿直名字書たる簡（號日給、）をおさむる袋事欤云々、
又或祕抄云、件袋事、大臣家可然儒家号侍所、源氏于時大將也、然而大臣家同事也、とのゐものゝ袋とハ、簡入られたる袋欤、彼袋ハ三四尺許にて、四位より六位ニ至まて殿上人の名を書たる物也、
又云、日給簡とて彼簡入たる袋也、上古にハ大臣家に至まて用之云々、
　此外兩說雖有之、不用口傳之間略之、
今案、此事簡要ハ、源氏大將亭なれとも、爲上古之儀之間、大臣家おなし樣に普通の日給の簡の寸法なるへし、然間象戲の馬のやうにちいさく別〱にしたるよし被注人ある欤、右の祕抄の口傳のことくならハ、此心可相違、全不可有大小之沙汰欤、
　大概愚如此、」

後小松上皇女房奉書　（7オ）

（端裏書）「應永廿五　四　十六」
かの三か条、ことに物さハかしく申され候て、いかゝ候ハんとはゝかり（憚）おほしめし候、さりなから、かやうにわさと御申候、ことに悦思ひまいらせられ候、又をしかいもとの事、これもそつし（卒爾）に候へとも、大かゐ（概）しるしてまいらせ候に、やかてけさん（見参）に入ら

れ候事にて候へく候、ちかきほとハかやうの事も御わすれ候歟、ことに正たい（體）なく候
よしを、よきやうに心えて申され候へく候よし、申せとて候、かしく、」（8オ）
（切封墨引）
ひろはし（廣橋兼宣）とのへ」（9オ）

をしかゐもとあるじ

をしかゐもとあるしの事、
右大將・民部卿なとのおほな〳〵かわらけ（土器）とり給へるに、あさましうとかめいてつゝをろす、をしかいもとあるしははなハたひさうに、
或抄云、此事古來之尺皆以不分明、
水源抄に、　凡垣下主（ヲシカイモトノアルシ）、
紫明抄說云、　而夫婦主（シカイモトアルシ）、
おろすをしかいもとあるしははなハたおこ也、
かやうにをもし（文字）をハさきの詞のするゑによみつけさせて、句をきりてかやうに尺したり、
又或抄云、

凡垣下主、まつしくいやしき者也云、（藤原）俊成卿説、

今案、是ハ兩説候歟、此事ゆふきり（夕霧）の大臣文生にて、あさ名（字）つきたる儀式也、大學寮の博士とものふるめきこた（古體）ゐなるものとも着座して、勸盃の作法のえたへすおかしきさまを書たれハ、假令兩樣ともにいやしく異形なる躰歟、」

（10オ）

大概率尓に注付候、定誤候歟、

藤原俊成の說

○國立歴史民俗博物館所藏禁裏御修法申沙汰記

「（標紙外題）禁裏御修法申沙汰記　應永廿五年七月十日十一日　兼宣公自筆本　一巻」

（1オ）

應永廿五年

七月

稱光天皇病む
後小松上皇并に足利義持聖護院道意に加持を命ず

十日、晴、禁裏（稱光天皇）不豫御事、今日又有御發之間、爲御加持、入夜聖護院准后（道意）參　內給、自院（後小松上皇）被仰云々、又奉室町殿（足利義持）仰、余以書狀申入者也、件狀如此、

傳奏廣橋兼宣奉書

禁裏聊御不豫事候、爲御加持、可有御參　內之由可申入旨、室町殿仰候、此趣可令得御意給候也、恐々謹言、

七月十日　兼宣

聖玉殿
爲申次藏人佐宣光（廣橋）、着衣冠參　内、所祗候也、余候　院之間、藏人佐參　仙洞、奉　勅參禁裏者也、　主上（稱光天皇）出御議定所、於此所被申御加持云々、　主上者令着御引」（2オ）直衣御座、准后者令着鈍色給歟、如何、不分明、三个日可參給云々、

（天皇議定所に出御す此所にて加持）

十一日、晴、早旦參室町殿、被仰下云、　禁裏御祈事、於　内裏被行御修法之條可然、阿闍梨可爲誰人哉可伺申　院、外典御祈事、仰縫殿頭泰定（土御門）一事可被行之也、將又諸門跡ホ於本坊可被致御祈禱、可觸申之儀、藥師・延命・不動、此尊三ヲ支配て、此外爲阿闍梨相計、雖爲何尊、一壇又相並可致沙汰之由、可申沙汰云々、

（義持天皇平癒のための禁裏修法を命ず外典御祈も命ず）

御修法阿闍梨事伺申之處、妙法院宮（堯仁法親王）可有御沙汰之由、有　仙洞之勅答、則又伺申室町殿處、　勅答之上者忩可申妙門云々、日次事、相尋泰定之處、注進如此、」（3オ）

（阿闍梨妙法院宮堯仁）

於　禁中可被行御修法、日次任所在、可被撰申之旨、被仰下之狀如件、
七月十一日　判
縫殿頭殿
追申、

（傳奏兼宣奉書日次を土御門泰定に尋ぬ）

可被行外典御祈、日次同可被撰申之由、所被仰下也、

傳奏兼宣奉書諸門跡に祈禱を命ず

（4オ）

爲　禁裏御祈禱、延命護摩一七个日可令懃修給候、此外雖爲何尊、一壇相並可令致沙汰給之由、」被仰下候、御撫物渡進候、恐惶謹言、

七月十一日

長者僧正御房

（入道永助親王）一品宮

（乗朝法親王）上乗院宮

（弘助法親王）相應院宮

（堯仁法親王）妙法院宮

（義圓）青蓮院准后

○宮內廳書陵部所藏柳原本三

應永廿六年

(30オ)

二　月

釋奠延引す

二日、丁丑、晴、雖爲尺奠延引之、大學頭長政(西坊城)・奉行翰林在直(唐橋)朝臣所勞之間不參之故也、抑外宮月讀宮去月四日回祿云〻、就此事宴穩之座可被停止哉否事、相尋先例於兩局者也、

外宮月讀社火災に依り宴穩座停止の先例を兩局に尋ぬ

稱光天皇綸旨

就外宮月讀宮回祿事、釋奠宴穩座可被停止哉否、云先例、云准據、可被註申之旨、被仰下之狀如件、

二月七日　　　　　　　　　　左衞門權佐(廣橋宣光)判

四位大外記(中原師胤)殿

四位大史(大宮爲緖)殿

(30ウ)

就勘例猶不審□相尋□沙汰者、余遣奉書者也、

就　外宮月読宮炎上事、尺奠宴穏座可相止哉否事、仁安(異筆)「已後不見、」

(中間奥書)「一校、」

○國立歴史民俗博物館所藏公宴和歌部類ノ内

（101オ）

應永廿六年宣記

三　月仙洞

仙洞和歌會

足利義持内々院參す

廿八日、天快晴、午剋參室町殿（足利義持）、今日御出剋限ホ事爲伺申入也、酉剋（斜）着直衣、下結、小冠同（廣橋宣光）束帯、不及帯釼、同車參院、先之人々少々參候、及晩室町殿内々御參、於東對妻令着御直衣給、御冠、余・執權（日野有光）・左大弁宰相義資朝臣（裏松）・藏人左佐ホ（廣橋宣光）祇候、室町殿御懷帋若有落字哉、可拜見之由被仰下、殊勝之由申入候也、

此御懷帋高者（事カ）、十六日内裏御會之時、依仰余調進之者也、今日之儀又以同前、今朝於御所御清書之時、令拜見畢、

義持後小松上皇御製を拜見す

盃あり

上皇出御す

義持以下著座

頃之御參御前、秉燭程也、先之上皇（後小松上皇）已令粧御服御烏帽子、直衣、蘇芳御指貫、雲立涌竪文、白御下袴、御座、室町殿被申云、御製可被拜見申之由也、余申入此趣之間、則被進御製、御拜見後、則御返進、余給之進院者也、其後御盃、五獻後出御、室町殿令候御簾給者也、上皇着御々茵之後、室町殿御安座、次左中弁盛光（日野西）朝臣參御前、次右大將（西園寺實永）以下次第着座、余着奥座、室町殿御座次也、菅二位（唐橋在宣）以下

下臈より懷紙を置く

正親町三條公雅の失により人々咳聲を發す

(101ウ)

不」着御前座、依座之狹也、次勘ケ由次官爲清(五條)持參文臺、仰之置也、次治長(粟田口)・持和(冷泉)朩敷讀師・講師圓座、次治長令持參切燈臺、移置高燈臺燭、撤高燈臺、次殿上人自下臈置之、左大弁宰相義資朝臣取副懷帋於笏、跪御前、無揖、一兩膝行後、置笏於右方、取懷帋置文臺、次取笏退、左廻、次第置懷帋處、洞院中納言(滿季)未置之以前、三条新大納言(正親町三條公雅)已起座之間、人〻咳聲、依更安座、余置檜扇於座傍、取出懷帋、聊向右方座下、披見端作、起揚進御前、以兩手持之、文ノ上在左、聊左ノ方ヲあけて持之、講師の圓座ノ前ニ膝ヲ突て聊膝・○以下、兼宣自筆記ニ接續ス、

○國立歴史民俗博物館所藏仙洞和歌御會記

「(標紙外題)
仙洞和歌御會記　應永廿六年三月廿四日　兼宣公自筆本　一卷
」

○以下錯簡アリ、コレヲ正ス、第六紙端ニ「聊」「左」「方」「あけ」「持」ノ殘畫見ユ、

義持懷紙を置く
讀師西園寺實永
講師日野西盛光
下讀師中山定親

披講

讀師講師退出

御製披講
御製讀師義持
御製講師日野有光

（6オ）

□□〔聊膝〕行、其由也、手ヲ及テ置之、懷帋ノ下ノ方、御前ニ向也、左廻歸着□□〔本座ヵ〕、次右大將置之、雖在端座、猶左廻て歸着、次室町殿令置御懷帋給、諸卿動座、次依御氣色右大將起座、移讀師座、次讀師召講師、其詞□□〔講師ヵ〕盛光朝臣、□□〔左中ヵ〕弁正笏參進、着講師圓座、圓座を前ニ押遣て正ハ不着也、無揖、如何、次召講頌人〻、被目余、〻懷中檜扇參進、候講師□〔ノヵ〕左腋、洞院中納言以下次第着之、次召下讀師、其詞定親朝臣、中山中將參進、次讀師取懷帋給定親朝臣、兩度ニ給之也、次下﨟□□□□〔懷帋ヨリヵ〕次第置文臺ノ上、最末持和哥也、講師讀之、

春(ハル)ノ日、太上皇仙洞(タイシヤウクワウノセントウ)ニ侍(ハヘリテ)、同ク鶴砌(ツルミキリ)ニ馴(ナル)トイヘルコトヲ詠(エイシテ)、□〔製ヵ〕〔セイニヵ〕應(ヲウ)和歌(セルワカ)　持和(モチカス)

端作ヨリ和哥ニ至テ悉讀之、次余發言、次第講頌□□□〔一反也ヵ〕、次少將〔冷泉〕爲之懷帋、名字不讀之、忘却歟、比興、參議ニ至まて一反、大中納言二反、室町殿御哥五反、悉披講畢後、右大將懷中共ヲ取重て三に疊て文臺の西ニ置て退出、本座ニ着す、講師者室町殿御歌讀上テ則起座、次室町殿移着讀師座給、公卿悉動座端ノ座ニ着、人〻以下簀子、講頌人〻も動座、則被進御製、次受讀師ノ御氣色、日野中納言有光卿、起講頌之座、直ニ着講師座、次讀師令披御製給て令置文臺給、御懷帋ノ上ノ方□〔ヲヵ〕被當御前也、講師讀之、則起座復講頌座、七反披講後、讀師令取御　製給間講頌人〻退出、室町殿御製を御懷中後、令復御本座給、次動座人〻安座、次奉行盛光朝臣參進、取懷帋入懷中退□〔出ヵ〕、次撤圓

上皇入御

上皇御前にて
當座和歌あり

座・文臺等、（燈臺體切燈臺也、）次　上皇入御之間人々又動座、□□□（室町殿ヵ）如初令候御簾給、入御之後、則室町殿有御參御前、有當□□□（座御哥ヵ）、一位禪門（日野資教）・飛鳥井中納言入道（雅縁）等依召參候、及曉天御退出、

今夜御隨身兩三人（布衣、）祗候庭上、出御・入御之時發前聲、廳官候立明□□（兩人ヵ）、」

○ココニ圖アルモ、便宜次頁ニ掲グ、

（3オ）

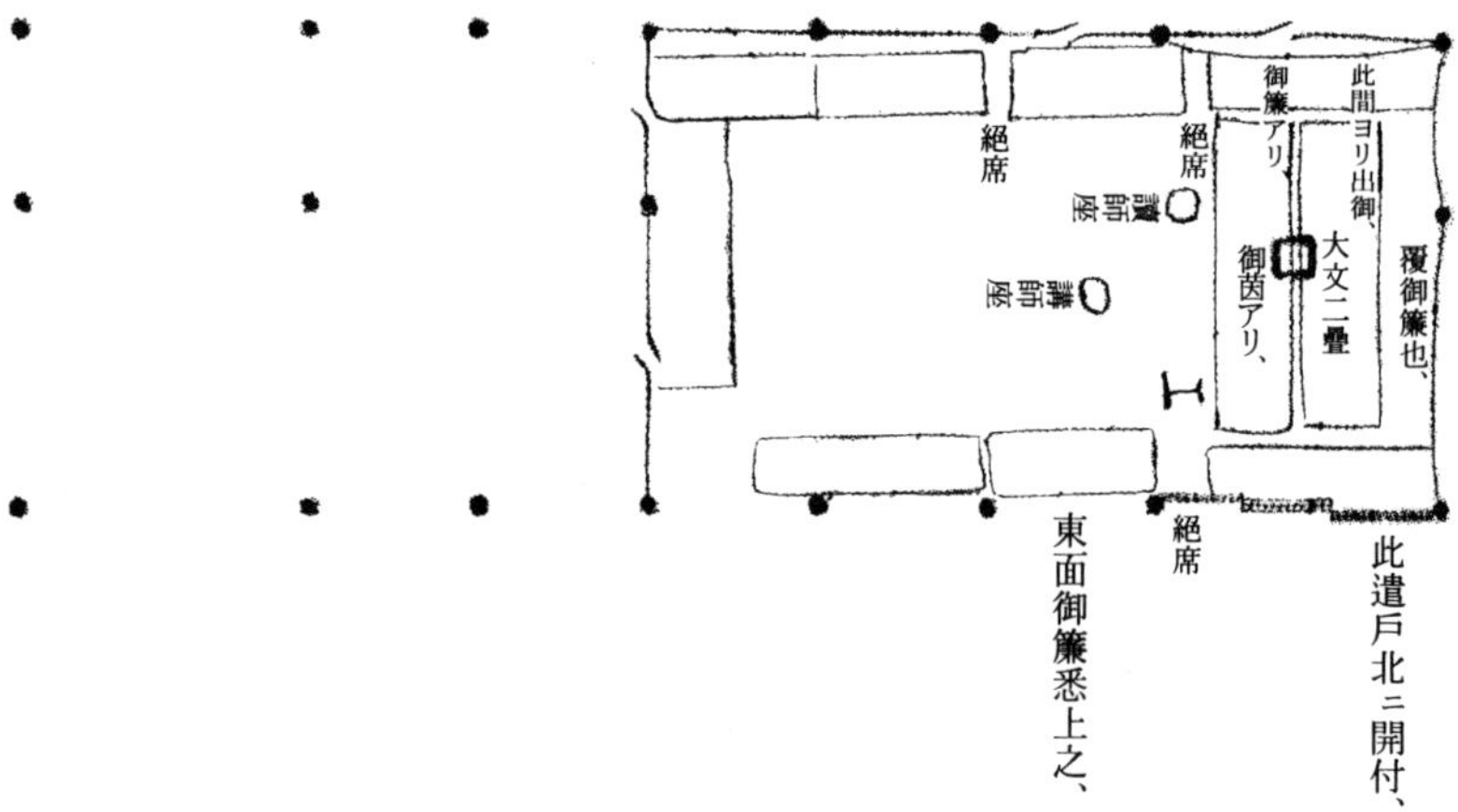

散狀如此、奉行右中弁盛光朝臣筆也、所役雲客何不書載□」

仙洞和歌會散狀 （4オ）

（折紙）
和歌御會

公卿

内相府御直衣、奥、 室町殿　　（西園寺）實永卿衣冠、端、 右大將

（廣橋兼宣）大納言直衣、奥、 御參　　（二條）持基卿衣冠、端、 左大將

公光卿直衣、奥、 三條大納言　　公雅卿直衣、端、 新大納言

滿季卿直衣、奥、 洞院中納言　　實秋卿直衣、奥、 一條前中納言

（裏辻）實秀卿直衣、奥、 權中納言　　有光卿直衣、奥、 日野中納言

實盛卿直衣、端、 德大寺中納言　　（東坊城）長遠卿束帶、 菅宰相

（持明院）基親卿衣冠、 前左兵衞督　　（藤原）爲盛卿衣冠、 右衞門督

左大弁宰相束帶、 義資朝臣

殿上人各束帯也、

中將 雅清朝臣(飛鳥井)　中將 定親朝臣

(以下見返シ)少將 雅永朝臣(飛鳥井)　藏人頭左中弁 經興朝臣(勸修寺)

(廣橋宣光)藏人權右少弁兼左衞門權佐 御方　少將 爲之

侍從 持和　右中弁 盛光」

上皇義持詠歌を撰定す

(5オ)一、抑室町殿御詠三首、兼日廿三日、被經　仙洞叡覽、余奉仰　奏聞三首內、被進御點、件御哥續□勅書者也、

講頌の人々

(1オ)一、講頌人〻、余・洞院中納言・日野中納言・菅宰相・右衞門督・左大弁宰相義資朝臣・中將雅清・雅永朩朝臣、宣□〔光〕・爲之・持和朩也、余伺定、仰含奉行者也、

兼宣宣光詠歌を上皇の叡覽に備ふ

一、余父子和哥、雖相談飛鳥井(雅世)、猶備室町殿上覽之處、可經　仙洞叡覽之由被仰下之間、彼是三首を一紙に書連て、入見參之處、被染下　宸翰之間、所續加也、

宸翰を賜ふ

一、此散狀に所役殿上人可書載哉如何、可否可尋知□□〔者也〕、

花山院長親一首詠進す
今度の歌題は勅題

一、耕雲菴(花山院長親)又号如住院、老僧以此題詠進一首於室町殿[之◯]間、所書加也、

一、今度　勅題也、就之若御教書〻樣可有子細欤之由、雖有沙汰、曆應二六廿七　仙洞光嚴院、御會　勅題也、件度所見不分明欤、所詮至御教書之文章者、不可有殊儀、至懷帋之銘、可書載　勅題之二字之由、被治定畢、

兼宣請文

『請文如此、右中弁爲五位之間、如此書也、』

鶴馴砌

右和歌題、來廿八日可被披講、可令豫參之由、謹奉候畢、早可令存知之旨、可得御意之狀如件、

三月廿一日　　權大納言兼宣

『請文ニも凝風情之由、雖有書載之人、自稱之条不甘心之間、如此書之、但可否如何、』

」(2オ)

後小松上皇院宣
詠進を命ず

鶴馴砌

右和哥題、來廿八日可被披講、凝風情可令豫參給之由、　院御氣色所候也、仍言上如

件、盛光誠恐謹言、

三月廿一日　　　　　　　　右中辦盛光奉

進上　廣橋大納言殿　○コノ院宣ノ正文ハ國立歴史民俗博物館ニ藏ス、

○國立歴史民俗博物館所藏祈年穀奉幣用脚申沙汰雜事文書

(標紙題箋)「祈年穀奉幣用脚申沙汰雜事文書　應永廿六年秋　一卷」

(1オ)

應永廿六年

七月

祈年穀奉幣の用意

五日、晴、可被行祈年穀奉幣之由、有室町殿(足利義持)仰、用脚才事可尋沙汰也云々、申畏奉之由、藏人方分配事相尋之處、藏人頭左中弁經興(勸修寺)朝臣也、仍可申沙汰之由、書遣奉書畢、且又此子細申入　仙洞(後小松上皇)者也、

傳奏廣橋兼宣奉書　祈年穀奉幣申沙汰を命ず

可被行
○祈年穀奉幣候、御分配候欤、可令申沙汰給之由、被仰下候也、恐々謹言、

七月丶日　兼宣

頭左中弁殿

〇中間闕、

時有出御者也、

祈年穀奉幣要脚事

奉幣要脚

（2オ）

伊勢幣料ホ　九千四百八十疋
自餘廿一社幣料　万六千八百疋（一社別八百疋、）
御湯具　八十疋
神部九人御訪　九百疋
傭士九人御訪　五百八十疋
召使御訪　三百疋
使人御訪　三百疋
常〔掌〕燈　卅疋
以上貳千百九（×六）九十疋、

公方御藏
國役

惣都合貳万八千百七十疋、
此内万千八十疋者、自御藏御下知〔行カ〕、自余ハ國役也、」

（3オ）

○中間
闕、

□□□中納言
久我中納言（清通）
德大寺中納言（實盛）
花山院中將（持忠）

（4オ）

「（追筆）廿三」
「百六十八貫」　二百五十貫
九十四貫八百　十二貫
二十一貫九百　廿一貫
一貫七百」

次官幷使人可被召進人ゝ、

石清水
〱德大寺中納言

賀茂上、下・
〱前關白（近衛忠嗣）

ゝ松尾　大原野
〱關白（九條滿教）

平野
〱左相府（九條滿敎）

（5オ）

「百ゝ七ゝ十ゝ六ゝ貫
百七十二貫
百十貫八百」

春日
ゝ前右相府（德大寺公俊カ）

松尾梅宮

（6オ）

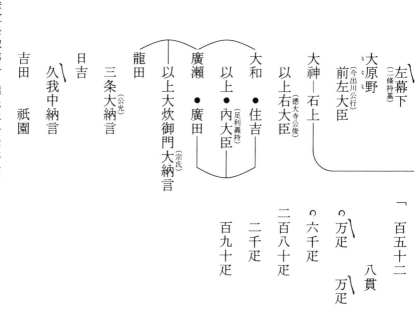

「左幕下（二條持基）　百五十二
大原野　八貫
〃〃〃前左大臣（今出川公行）　○万疋　万疋
大神―石上　○六千疋
以上右大臣（徳大寺公俊）　二百八十疋
大和　●住吉　二千疋
以上●内大臣（足利義持）　百九十疋」
廣瀬　●廣田
以上大炊御門大納言（宗氏）
龍田
三条大納言（公光）
日吉
久我中納言
吉田　祇園
」

以上持忠朝臣

丹生

貴布祢

（7オ）

（端裏書）「應永廿六」

奉行頭左中弁經興朝臣進上室町殿散狀也、披露後所預置也、

（折紙）祈年穀奉幣使

伊　勢

石清水

久我中納言　　季（源）賢

賀　茂

中御門宰相（宣輔）　　重（三善）統

松　尾

奉幣使散狀

（8オ）

右衞門督（藤原爲盛）　經康（高階）
平野
綾少路三位（田向經良）　周長（源）
稲荷
時基朝臣（西洞院）
春日
藤宰相（武者小路隆光）　懷俊（藤原）
大原野
久衡（三善）
太（ママ）神
康任（惟宗）
石上
康任
太（ママ）和

(大江)匡祐
廣瀬
(大江)匡重
龍田
(高階)俊氏
住吉
匡祐
日吉
(三善)藤衡
(以下見返シ)梅宮
俊氏
吉田
(藤原)永重
廣田

匡重
祇園
藤衡
北野
治(粟田口)長
丹生
貴布祢

勸修寺經興請文

(9オ)

(端裏書)「經興朝臣」

可被行祈年穀奉幣、尋日次可申沙汰之由、謹奉候了、可存知候、再興相當分配候、感悦存候、誠恐謹言、

七月四日　　　經興請文

経興書状　(10オ)

恐欝之處、此仰殊畏入候、旁期參上候、
抑奉幣日次如此撰申候、十六日者無幾候之間、難事行候、來廿二日被行之様、得御意
候哉、併可參申入候、誠恐謹言、
七月六日　　経興使
」

経興書状　(11オ)

如仰二星之期日、千秋之固盟、珍重〻〻候、可參賀言上候、誠今朝者不遂參會、恐
恨存候、
抑奉幣使(×御點)以下事、只今參　院、忩可伺定候、御一鞭殊畏存候、条〻併期參上候、誠恐
謹言、
七月七日　　経興使
」

経興擧状　(12オ)

(端裏書)「應永廿六」
何時御參候哉、必可參會仕候、
幣料寸注進、行繼(宗岡)只今携來候、則進召之候、得御意候哉、誠恐謹言、

七月十日　　　　　　經興上

伊勢兩宮幣料等注進狀

（13オ）

（折紙）
注進

祈年穀奉幣内　伊勢太神宮兩宮幣料并諸司料足事、

幣料

三千四百疋　官方幣料

諸司料足

九百疋　大藏省

三百疋　別宮幣

三百疋　木工寮

三百疋　掃部寮

三百疋　唐錦

百　疋　大鳥・住吉楯板

百　疋　鉾柄

百　疋　篦鳥羽

百　疋　裹薦

百　疋　　廣瀬・瀧〔龍〕田楯板
百五十疋　　靭以下
千五百疋　　使王〔兼氏王〕御訪
〔以下見返シ〕
五百疋　　忌部御訪
六百疋　　神部二人御訪
二百疋　　六位外記御訪
二百疋　　六位史御訪
百　疋　　召使御訪
二百疋　　伊勢衞士二人〔×人〕
三十疋　　掌　燈
　已上九十四貫八百文、
右注進如件、
　　應永廿六年七月　日
〔見返シ奥書〕
「伊勢幣料」

使王
忌部
神部

伊勢衞士

」

神祇官鎰取等申狀　（14オ）

（折紙）
神祇官鎰取等申、
祈年穀奉幣參役御訪事、
右、兼日召伊勢忌部下向幷當日參役御訪、被下行二百疋、爲全所役、恐〻言上如件、
應永廿六年七月　日
（見返シ奥書）
「神祇官鎰取才」

二十一社幣料等注進狀　（15オ）

（折紙）
注進
祈年穀奉幣廿一社幣料幷神部衞士等御訪事、
二万千疋　幣料
二千百疋　神部廿一人御訪
千百疋　衞士廿一人御訪
已上二百四十二貫文、
右注進如件、

應永廿六年七月　日

（見返シ奥書）「諸社幣料」」

仕人等申狀　（16オ）

（端裏書）「仕人ホ」

仕人等謹言上、

欲早被下御訪致奉公、祈年穀奉幣間事、

右、奉幣之兼日當日奉公、不可有其怠、早五百疋被下御訪、爲致晝夜奉公、仕人等謹言上、

應永廿六年七月　日」

經興擧狀　（17オ）

（端裏書）「頭左中弁祈年穀奉幣諸司」

祈年穀奉幣諸司注進兩通、召進上之候、誠恐謹言、

八月五日　經興狀」

川康行申状　（18オ）

俸祿の地有名無實により御訪を需む

（端裏書）「内竪康行」（竪、下同ジ）
内竪（川）康行謹言上、
祈年穀奉幣參役御訪事、
右、以内竪町并梨本俸祿、夙夜奉公之處、於梨本者釜殿左衞門五郎五段抑留、不及地利之沙汰、内竪町膳部大隅左衞門令混合居住地、任雅意押妨、旁以有名無實之上者、爲邂逅之重事、被下付御訪、爲全出仕、粗言上如件、
應永廿六年七月　日
」

主殿寮申状　（19オ）

（端裏書）「主殿寮」
主殿寮申、
來廿二日祈年穀奉幣南殿掌燈事、
右、任例被下付五十疋、爲致無爲沙汰、粗言上如件、
應永廿六年七月　日
」

經興書狀

(20オ)

彼幣料早速被下行候、目出存候、勘減御問答隨仰候、神妙候、軒廊御卜事已申入候了、可被申談子細候、重而可有　勅答之由、其沙汰候之間、可被行哉否事之御意見を内々

軒廊御卜を行ふべきや

(21オ)

尋申入候つ、尤可有其沙汰事之由承」候つると披露候き、猶可申相事候、且内々尋御申候哉之由存候、委旨期參言上存略候、誠恐謹言、

七月廿八日　經興使

(切封墨引)　經興使」

經興書狀

(22オ)

(端裏書)「稲荷社役事」

(端裏ウハ書)「(切封墨引)

廣橋殿　經興狀」

西洞院時基稲荷社役を斷る

(23オ)

只今申狀備高覽候哉、抑時基朝臣稲荷奉幣(〻奉 幣)使御點候、去月中旬比より連々催促、請文未到候之處、一昨日來申候之旨、大會參向連續難治候云々、仍内々伺申入候之處、彼參向重役不限一身候、石淸水使已下已十余輩參懃候、爭可(〻申)」申子細候哉之由被仰下候

重て御教書を遣すも受取らず

之間、重遣御教書候之處、昨日及四个度稱留守返賜候、所詮彼使、御教書候者敢不可請取之由、示付候之間、何个度雖持來候、難申次之由、靑侍男返答候云々、故障之謂者、雖幾度候請文にこそ申候へんするに、不可執入之由申候者、力不及事候、仍今朝

奉幣使諾せざれば大會供奉を許さずと諭す

凌辱候、遣使者、所詮大會御出前驅十余輩、被發遣彼幣使候、申子細族、彼供奉不可叶之由、其沙汰候つ、可及此御問答候、

猶此れを斷る

雖然猶可申故障候歟之由示送候之處、以外及嗷々之返答候、此上者、定可訴申候歟、堅令加御勘發給者(×之)畏悅候、且存　朝用之闕如候、心中爭被比遁避之跡候哉之由存候、不肖之質塵重職、蒙嘲」哢候之条歎存候、事々旁期參上候、誠恐謹言、

(24オ)

八月五日　經興狀

經興書狀

(25オ)

如仰御卜申御沙汰、御纏頭察申入候、彼社解忩可召進上候、今朝者必期存參會候之處、就賀茂事、齋藤加賀(基喜)來申事候之間、被障礙候つ、只今欲參候、事々併期參上候、誠恐謹言、

八月六日　經興使

經興書狀
賀茂山枯槁に就き軒廊御卜を行ふ

（26オ）

今日も及兩回仰遣候了、

賀茂山木枯槁事、(×に)被行軒廊御卜候、重載社解可注進之由、昨日則加下知候之處、(賀茂)季久者前官之間、非無斟酌之由申候之間、改補已後之日次ニて候へんにこそ其謂候へんすれ、以去六月十日餘之日次」（27オ）注進之条、可有何斟酌(×酌)候哉之由、仰含候了、一社又爲疑怠候云ゝ、自昨夕令淘汰候程候、遲ゝ非緩怠候之間、且令申入候、到來候者、則可召進候、餘者存略候、誠恐謹言、

八月七日　經興狀

（切封墨引）

廣橋殿　經興狀」

經興書狀
石清水鳥居顛倒す

（28オ）

八幡鳥居顛倒事、自社務(善法寺宋清)進上社解爲躰不法由御沙汰候と、(中原)師胤朝臣語申候、雖何樣候、付廻被召下候哉、急速大切之間、如此言上候、誠恐謹言、

八月九日　經興狀」

經興書狀　(29オ)

（端裏書）
「頭左中弁」

祈年穀奉幣調進物御訪ホ未下之諸司ホ、今朝來申候間、勘減分加問答注進之候、委旨可參申入候、誠恐謹言、

八月八日　　經興狀」

經興書狀　(30オ)

出納申薩摩國錦并御湯桶未下之由申候、先日注進之分、申上子細候哉、爲有御問答、召進職貞（中原）候、就其御拜出御〻方御早參事、得御意候哉、事〻可參申入候、誠恐謹言、

八月十六日　　經興狀」

經興書狀　(31オ)

今日祭礼御見物之比、若御　院參なと可候哉、無心本存候、曉來以外損事候之間、狀躰恐存候、奉仰高免候、被勘下候哉、

祈年穀奉幣無爲遂行す　(32オ)

昨日奉幣之儀、無一事之違例無爲、五穀豐饒之瑞、萬民愷樂基候歟、且政化之中興、當申沙汰、自愛無極候、神祇官之儀、秉燭程に事畢候之間、則參室町殿」子（×委）細旨趣申

足利義持日野西盛光の不參を怒る

入候き、右中丞(日野西盛光)并宗豐(葉室)朩不參之間、兼行仕候、仍及遲〻之由申入候了、今日御參之時、猶此分可得御意候、右中不參者、如法不悅入仰候き、可有高察候、昨日儀、於事以(〆以)御指南毎事快然、雖日來繁多候、殊御懇切之至、以何謝言可申盡候哉、只可在不言之中候耳、事〻併期參例(謝)候、誠恐謹言、

八月十八日　經興狀

（切封墨引）

廣橋殿　經興狀

(標紙題簽)「賀茂祭典侍幷出車申沙汰記　兼宣公自筆記　壹卷」

(端裏書)「賀茂祭事應永廿七」

(1オ)

應永廿七年

三　月

賀茂祭典侍の用意を命ぜらる

十日、晴、賀茂祭典侍事可沙汰立之由、奉行藏人權弁俊國(坊城)奉書到來、明日室町殿(足利義持)八幡御社參事爲申沙汰、在八幡宿所之處、此奉書到來之間、歸洛後可獻請文、且可得其意之由返答者也、

足利義持石淸水參詣のため兼宣八幡に下向す

重又催促之間、出領狀之請文、連續大儀、爲之如何、只奉仰　神助者也、」

後小松上皇院宣　（2オ）

賀茂祭典侍、可令沙汰進給之由、被仰下候也、俊國誠恐頓首謹言、

三月九日　俊國狀

廣橋大納言殿（兼宣）」

坊城俊國書狀　（3オ）

（端裏書）「賀茂祭事」

賀茂祭典侍事、御上（ヽ下）洛以後、可被下分明御請文之由、蒙仰候了、一通被召下此使、重（4オ）可伺申入候、尤雖可參申入候、且言上仕候、俊國誠恐」頓首謹言、

三月十三日　俊國狀

廣橋殿

（切封墨引）」

用意の篇目　出車雜色　（5オ）

篇目

一、出車雜色事、

西洞院（時基）　二人

一条少将(實村) 一人
以上三人、狩衣ハいつれも此方ニ用意、

童車雑色

一、童車雑色事、
吉田神主(卜部兼富)二人
平野神主(卜部兼勝)二人
以上四人、狩衣事右におなし、

(6オ)

釜殿傳馬

一、釜殿傳馬五疋事、
一疋 鴨社務(鴨祐有カ)
一疋 同祝
一疋 安富
一疋 遊佐豐後(禪久)
一疋 小馬

人夫

一、人夫事、
但馬(樂前庄カ) 二人

羽田（近江蒲生郡）　二人

備後（甲奴郡有福庄）　二人

今林（丹波船井郡）　一人

御園（近江神崎郡柿御園）　一人

（7オ）

●御室（入道永助親王）　二人　廿三、

妙法院殿（堯仁法親王）　二人

・四条大納言（×御）（隆直）　一人

別当（勧修寺教興）　一人

裏松（義資）　二人

●岡崎前座主（桓教）　二人　廿日　廿一日、

●竹内前座主（良順）　二人　（廿日　廿一日）　廿二日　廿三日、

三寶院（滿濟）　二人　十九日　廿日、

●勸修寺僧正御房（興胤）　二人　（廿日　廿一日）　廿二日　廿三日、

淨土寺僧正御房（持辨）　二人（廿二日　廿三日）十九日　廿日、
●實相院僧正御房（義運）　二人（廿二日　廿三日）同、
座主准后（×后）（義圓）・　三人（廿二日　廿三日）同、
●殿下（九條滿教）　三人（廿日　廿一日）同、廿二日　廿三日、

砂

一、砂事、
妙法院殿　申入者也、
上乘院宮（道朝法親王）
侍所一色（義範）、　卅餘兩
御室より　十兩」

出車

（8オ）

一、出車事、
納言車ニて候程に下すたれ（簾）候へし、祭奉行職事もよをしわたす也、車の數ハさたまり候ハぬ、出車に乘候へき人躰もいたつら候ハヽ、職事にかねて申つかハして、何兩もたひ候ハんすれとも、かたのことく一兩にて候、
當日の朝まわしたひ候車副二人・牛牛飼（ママ）・榻〻持・雨皮持、車にそひ候なり、雜色三

人ハこれに用意候、

この雑色のさねハ、近衛殿（忠嗣）祇候人ともに借請候、立ましり候に煩候はぬ人に申候、

かりきぬ（狩衣）をハこれに用意候、

當年ハ（應永廿七、）西洞院の時基朝臣二人、一条少將實村朝臣一人借給候、

五衣

一、五衣事、

勾當内侍（高倉能子）の局へかねて申をくなり、前の日にても當日の朝にても長櫃を」（9オ）つかハして申わたし候、

檳榔を中門の廊によせて、かねて装束司の物五きぬを、車の前よりいたし候左右の袖とつまとをいたして閇付候、妻ハすたれのそハより、袖ハ簾の下より、前の左右にいたし候、

扇

「扇事、」（行間補書）

藏人方より泥繪のあふきをまいらせ候、件の扇を二本、車の前のすたれの外にならへてとちつけておき候、

剋限に女房練貫の小袖若ハ紅梅、其人の年に寄候へし、に、生の紅の袴を着候て車にのり候、車を中門

に寄て、前駈男簾を持あけ候てのせ候へハ、車の左の方にのり候、これも女房二人乗
候へき事本儀にてや候ハん（候へとも）衣の袖妻をいたし候やうハ、二人とみえて乗候ハん（×候へとも）すれと
も、略儀にて一人乗候、この人躰ハ御中程の人候そかしな、」

童女

（10オ）

一、童女事、

參議の車にて候程に、下すたれハあるましく候、奉行職事もよをしわ（×て）たす也、車の數
ハさたまり候ハぬ、出車の數候ハ、童女の車も數そひ候ハんするにて候、參議車にて
候程に、車副一人・牛飼・榻ゝ持・雨皮持、（参議にてハ、まつハ白張舎人持候へきにて候へとも、退紅も例候、）これらハ車
に副てきたり候へし、雜色をハ四人、是ニ用意候、出車ハ三人ニて候へとも、童車ハ
北陣ニて御覧候程に、牛を懸はつし候時、三人ハ不足候程に、四人ハよく候、
此さねをハ諸大夫、又ハ吉田・平野神主、若ハ又官外記の輩なとにかりうけ候、當年應永廿七、ハ吉田神主兼富と平野神主兼勝とに（×候）各二人借請候、これも狩衣をハ是ニ用意候、
北陣ニて牛をかけはつして、車をひかしむきに引直て、くひ木を▨榻の上に（×に）おき候へ

（11オ）

ハ、六位藏人車の前にきたり」て、弓ニて童の持て候扇をおしのけ候へハ、ことさら
ちとのけ候まねにて、やかてもとのことくあふきを持てい候なり、其後車を北むきに

引直て牛をかけ候、

一、人夫支配事、

葵を納候長櫃　二人各退紅、

絲毛の車の榻　一人

如木の牛飼持候へとも、閑路をハ人夫にもたせ候へとハ、一人牛飼にたひ候、

諸大夫二人笠持　二人各白張、

釜殿馬口付　六人

雜色床子持　一人

如木牛飼　一人

人夫

清閑寺家房御教書　(12オ)

賀茂祭用途内伍千疋、被付女房使御訪殘候、可被下行之由、前藤中納言殿所候也、

恐ゝ謹言、

應永廿七

四月十三日　康久判

(承操)

禪住坊

（13オ）

「（以下七行、墨線ニテ抹消ス）
下行物事

髪上　五百疋

しかい（牛飼カ）。二人　百廿疋　二百四十疋

かさ（笠）　百疋　十疋　二十疋

わりこ。二人分　四疋　八疋

北陣女官　百六十疋

御座のろく　百廿疋

以上」

かものまつり（賀茂祭）の下行物

一、きたのちん（北陣）　百六十疋

一、御さ（座）わたし　百廿疋

一、しかい二人　二百四十疋

兼宣公記第一　應永二十七年三月

一、かさ・わりこ二人のふん　二十八疋

以上、

一、けいし(家司)二人　二百疋」

(14オ)

一、かな井殿(鼎)　千三百五十疋

一、髪上御訪以下。　千五百六十四疋

一、下家司行繼(宗岡)

訪二百疋

御褉具五十疋

以上貳百五十疋、」

(15オ)

(見返シ奥)「右相府」

(標紙題簽)「仙洞御修法申沙汰記　應永廿七年五月　兼宣公自筆本　一巻」

(1オ)

應永廿七年

五　月

足利義滿追善法華八講
後小松上皇夢想により七佛藥師法を行はんとす
阿闍梨妙法院宮堯仁

六日、陰、御八講以後參鹿苑院御寺、及晩退出、秉燭程自　仙洞(後小松上皇)被下　勅書、是依有　御夢相事、可被行七佛藥師法、用脚二万疋、以鳥取(備前赤坂郡)幷上村(丹波船井郡)御年貢可被召進之由、可申入室町殿(足利義持)、阿闍梨事可申入妙法院宮(堯仁法親王)云々、

以下後小松上皇院宣

七日、陰、大法日次事、可相尋陰陽助賀茂定棟朝臣之由、被仰下之間、遣奉書者也、

(2オ)

於　仙洞可被行七佛藥師法、今月下旬日次可被撰申之」由、被仰下之狀如件、

五月七日　判（廣橋兼宣）

陰陽助殿

自來廿四日、於　仙洞可被行七佛藥師法候、可有御存知之由、・院御氣色所候也、以此旨可令申入　妙法院宮給、恐々謹言、

五月九日　兼宣

日嚴院（兩繼）僧正御房

自來廿四日、於　仙洞可被行七佛藥師法候、此三種（在注文、）可被借渡之由、自　仙洞可申入旨被仰下候、可令得御意給候也、恐々謹言、」

五月十日　兼宣

法輪院（心明）御坊

（3オ）

一、御受戒有無事、

宜有計御申之由　勅定候、就有無所役人可催儲事、
一、日中結願之時、御布施員數兼日奉存、（卿相）雲客人數可相催事、
一、承仕候所被構中門之南土庇条、可爲如何樣哉事、
一、日中結願之時、伴僧定悉被引御布施欤、然者奉人數、可相催（儲）所役人事、

（4オ）

備前鳥取庄年貢を召す

仙洞御料所備前鳥取庄當年御年貢內万疋、爲御祈禱要脚、可被渡進妙法院殿御使之由、
被仰下候也、」恐々謹言、
五月十二日
（義則）赤松殿

丹波上村庄年貢を召す

仙洞御料所丹波國上村庄當年御年貢內万疋、爲御祈禱用脚、可被渡進妙法院殿御使候、
委旨以使者令申候之狀如件、
同日
清石見入道殿」

脂燭殿上人等を召す

（5オ）自來廿四日、於　仙洞可被行御修法、夜々脂燭人々被結番候、初夜・廿六・卅日、以

装束を定む

上可令存知給候、初夜者束帯、其外者可爲衣冠・狩衣候、布々衣者不可叶候、秉燭以

結願日の布施取も命ず

（6オ）前可令早參給候、來月一日結願爲御布施取、束帯、」辰剋可令參仕給之旨、被仰下候、及

巨細候之間、内々令申候也、恐々謹言、

五月十六日　（兼宣）〻〻

（山科教豐）內藏頭殿」

（7・8オ）自來廿四日、於　仙洞可被行御修法、夜々脂燭人々」被結番候、初夜幷廿七日可令存

知給之由、被仰下候、可爲衣冠・狩衣之間候、布々衣者不可」叶之由、其沙汰候、及

（9オ）巨細候之間、内々令申候、恐々謹言、

同　日

（季保）四辻中將殿

（光淸）千種中將〻」

（10オ）

自來廿四日、於　仙洞可被行御修法、夜〻脂燭人〻被結番候、初夜并廿七日可令存知候、初夜者束帶、廿七日者可爲衣冠・狩衣之間候、布〻衣者不可叶候、○來月一日結（秉燭以前可令早參）給候、

（11オ）

願爲御布施」取、束帶、辰剋可令參仕給由被仰下、候也恐〻謹言、（及委細候之間、內〻令申候也、）

同日

北畠殿　四条中將殿（隆盛）

油少路殿　四条中將〻（隆夏）

自來廿四日、於　仙洞可被行御修法、夜〻脂燭人〻被結番候、廿五・廿八兩夜可令存知給由被仰下候、可爲衣冠・狩衣間候、秉燭以前可令早參給候、及巨細候之間、內〻令申候、恐〻謹言、

同日

四辻新中將殿（季俊）」

（12オ）

北畠中將殿（木造持康）

自來廿四日、於　仙洞可被行御修法、夜〻脂燭人〻被結番候、初夜・廿七・卅日、以上可令存知給候、初夜者束帯、其外者可爲夜冠〔衣〕・狩衣候、布〻衣者不可叶候、秉燭以前可令早參給候、來月一日結願爲御布施取、束帯、辰剋可令參仕給之由被仰下候、及巨細候之間、内〻令申候也、恐〻謹言、

同　日

(松木宗繼)中御門中將殿

(有定)六条中將殿

(白川雅兼)伯中將殿

(13オ)

自來廿四日、於　仙洞可被行御修法、夜〻脂燭人〻被結番候、初夜幷廿八日可令存知給候、初夜者束帯、閑日者可爲衣冠・狩衣之間候、布〻衣者不可叶候、秉燭以前可令早參給候、來月一日結願爲御布施取、束帯、辰剋可令參仕給之由被仰下候、及巨細候之間、内〻令申候、恐〻謹言、

（14オ）

同　日

新少納言殿（清原宗業カ）
大内記殿（東坊城元長）

自來廿四日、於　仙洞可被行御修法、夜ゝ脂燭人ゝ被結番候、廿五・廿八両日可令存知給、可爲衣冠・狩衣之間候、布ゝ衣不可叶候、秉燭以前可令早參給候、來月一日結願爲御布施取、束帶、辰剋可令參仕給由被仰下候、及委細候之間、內ゝ令申候也、恐ゝ謹言、

同　日

左兵衞權佐殿（西洞院時基）
世尊寺侍從（行豐）ヘ

（15オ）

自來廿四日、於　仙洞可被行」御修法、夜ゝ脂燭人ゝ被結番候、廿五・廿九両日可令存知給候、可爲衣冠・狩衣之間候、布ゝ衣者不可叶候、秉燭以前可令早參給候、來月

一日結願爲御布施取、束帶、辰剋可令參仕給之由被仰下候、及巨細候之間、內〻令申候、
恐〻謹言、
同日
飛鳥井（雅永）新中將殿

自來廿四日、於　仙洞可被行御修法、夜〻脂燭人〻被結番候、廿五・廿九兩日可令存知給〇由被仰下候、可爲衣冠・狩衣之間候、布〻衣者不可叶候、秉燭以前可令早參給、及巨細候之者也、
間、內〻令申候、
恐〻謹言、
同日
（高倉永宣）前右兵衞佐殿
右兵衞佐ヽ

（16オ）

自來廿四日、於　仙洞可被行御修法、夜〻脂燭人〻被結番候、廿六・廿九兩日可令存知給之由被仰下候、可爲衣冠・狩衣之間候、布〻衣者不可叶候、秉燭以前可令早參給

候、及巨細候之間、內〻令申候也、恐〻謹言、

二月十六日

（17オ）

園少將殿（基世）

左馬頭〻（冷泉永基）

左衞門佐〻（甘露寺忠長）

」

自來廿四日、於　仙洞可被行御修法、夜〻脂燭人〻被結番候、廿六・廿九兩日可令存知給候、可爲衣冠・狩衣之間候、布〻衣者不可叶候、秉燭以前可令早參給候、來月一日結願爲御布施取、束帶、辰剋可令參仕給之由被仰下候、及巨細候之間、內〻令申候也、（〻如此）

恐〻謹言、

同　日

冷泉少將殿（爲之）

（18オ）

」

自來廿四日、於　仙洞可被行御修法、夜〻脂燭人〻被結番候、廿六・卅日兩日可令存

知給之由被仰下候、可爲秉衣冠・狩衣之間候、布〻衣者不可叶候、秉燭以前可令早參給候、及巨細候之間、
內〻令申候、恐〻謹言、
同日
(勸修寺經直)
前兵部權少輔殿
(粟田口治長)
兵部權少輔、」

藤原資興奉書
島田益直に御
祈奉行を命ず
(19オ)

自來廿四日、於　仙洞可被始行七佛藥師法、可令申沙汰給之由、(廣橋宣光)藏人左少弁殿御奉行所候
也、恐〻謹言、
五月十九日　(藤原)資興奉
前
(×少)
大藏大輔殿(島田益直)事也、
御祈奉行事、益直代〻存知之由申入之間、伺申候之處、任例可存知云〻、仍仰含益直者
也、

後小松上皇院
宣
公卿を結願日
に召す
(20オ)

七佛藥師法結願、可爲來月二日、早旦辰剋可令參仕給之由、　院御氣色所候也、仍言上宣
光誠恐」謹言、如件、

五月廿四日　　　　　　　　　　　　　　　左少弁〻〻奉

進上　中山大納言殿（満親）
三条大納言殿（正親町三條公雅）
洞院大納言殿（満季）

七佛藥師法結願、可爲來月二日、早旦辰尅可令參仕給者、依　院御氣色言上如件、宣光謹言、

同　日　　　　　　　　　　　　同

進上　權中納言殿（裏辻實秀）
日野中納言殿（有光）
久我中納言殿（清通）
德大寺中納言殿（實盛）
万里少路中納言殿（時房）
左衞門督殿（裏松義資）

七佛藥師法結願、可爲來「月二日、（以下原本闕、㋳ニヨリ補フ）早旦辰剋可令參仕給者、院御氣（色脱カ）如此、仍上啓如件、

同日　　少弁（左脱カ）丶丶

謹々上　左大弁宰相殿（柳原行光）

別當殿（裏松義資）是ハ左少弁、

來月二日大法結願御布施取、可令參仕給者、依　院御氣色、上啓如件、

同日　　同

謹上　頭中將殿（中山定親）

頭弁殿（日野西盛光）」

「(標紙題簽)兼郷卿月次神今食奉行記　應永廿七年十二月　兼宣公自筆本　一巻」

(1オ)
「(端裏書)月次神今食奉行事付參向事」

應永廿七年

十二月

宣光分配により月次祭奉行す

一日、晴、來十一日月次祭、依分配藏人弁(廣橋宣光)申沙汰者也、月次號書祭、上卿者分配人雖可相催、左相府(持基)二条、大納言御時分配之間、御任槐以後未被改分配、仍以神今食夜祭是也、卜合人、可兼行月次之由所申沙汰也、

宣光初度參仕に就き不審條々を上卿に尋ぬ

（2オ）

（約六行分空白）

月次神今食參事、宣光初度也、所〻揖ホ事、次第之面有不審事ホ、就上卿相談万里少路」中納言、時房卿、件狀如斯、

兼宣書狀

（3オ）

久不得面謁次、丶丶丶丶、

抑神今食弁卜合之間、宣光可參向之由申候、就其者异坂枕之儀、一揖離列候之上者、所役以後歸立本列之時、可有揖之条勿論候歟、此時若略揖儀も候哉如何、將又於南舍勸盃之時、弁持參盃於上卿御前之時、乍持盃一揖飮之、更入酒進上卿、取續杓、依爲五位也、次拔笏退出之時、尤可有揖候歟之由存候之處、若略揖儀も候哉らん、此兩度揖不審候、御所爲如何、不堪恐鬱染筆候、必可令勘付給候、他」事期參會候、恐〻謹言、

十二月十日　　兼宣

（時房）万里少路殿

萬里小路時房書狀
時房より尋ぬることあり

（4オ）

返報如斯、爲後證所續加也、」

雨儀之時、北廳前列可爲軒下候哉、其所狹少之間、一列定難協（×例）候歟、然者可爲重行候哉、若又南面一列候哉、先規如何、且被廻貴計、示預候者畏悅候、散狀一本、

爲房卿記の例

（5オ）

以後便申請候乎、

先度尊翰畏悦候、聊取亂事候之間、愚報遲怠恐存候、明夕御方御參目出候、殊可早參之由承候了、可得其意候、舁坂枕儀事、揖離列之上者、復本列之時、同揖之條、不能左右候歟、時房所爲其分候き、但此列稱假立、不揖事も候へは、所役參進之時も、若略揖候哉、慥」不存知候、勸盃之時(於軾)揖事、乍持盃一揖、續杓以後拔笏揖退之由、曩祖爲房卿(藤原)注置候、但有無兩樣事候歟、就中件軾、敷上卿座後之時、勸盃人着沓經座後、就之候歟、又敷座前之時、不着沓自座前參進、是又古來兩端候哉、近年諸司每度儲座前候、明夜も定可爲其分候哉、猶〻愚報懈怠恐懼候、明日以後、每事可參申入候、恐惶謹言、

十二月十日　　時房

（切封墨引）　　時房」

兼宣書狀

民經記の例

（6オ）

就右之返報、重又遣愚狀如此、

夜前巨細之貴報恐悦候、兩所揖有無事、散不審、(〆候)爲舁坂枕、列立北舍南幔門外之時有揖之由、曩祖經光卿(藤原)天福二年六月十一日爲弁官參仕之所見分明候之間、雖假立猶可

揖之由存候、揖離列之条者、雖勿論〔所見〕候候、復本列之時揖猶不審候き、御所爲尤叶理候之間、可致沙汰之由仰含候、兼又勸盃之時、就〔依〕軾之在所可着沓哉否事、雖在御着座之後、猶可經長押之上候歟之間、徒跣叶理候哉之由存候、凡此軾或敷上卿御着之御座上方事も候哉、將又雨儀之時北廳前列事、承安二年十二月十一日高祖兼光卿（藤原）于時藏人左少弁、參仕之時、依甚雨上卿以下懸裾擁笠之由所見候、軒下尤叶理候哉、然者一列歟重」行歟、可隨宜候歟、今日晴天珍重候、晝祭者如何ニも早速雖可申沙汰候、諸司ホ定及晚可參候歟、加催促程候、散狀召進候、毎事可仰御扶持候也、恐々謹言、

兼光卿記の例

（7オ）

十二月十一日　　兼宣

万里少路殿

返報狀如此、

」

時房書狀

（8オ）

尙々恩問畏悅千且〔且千カ〕候、秉燭可參仕候也、

態尊札畏入候、兩所御揖事被治定候、珍重候、勸盃經座後時沓事、如仰存本儀候へハ、不着之条叶理候けり、雨儀作法委細承候了、條々擊愚朦候、返々大幸畏悅候、散狀」給候了、散不審候、猶々態蒙仰候、不知所謝候、毎事期參拜候也、恐惶謹言、

（9オ）

十二月十一日

（切封墨引）

時房

時房

○宮内廳書陵部所藏柳原本三

〔應永二十九年〕

〔二　月〕

足利義持院參

兼宣義持の突鼻を解かる

足利義持赤松持貞邸を訪ふ

後小松上皇義持に馬劍を贈る

(72ウ)

○前〔一日〕闕、廿九日以來、自室町殿〔足利義持〕有御突鼻、今日內々雖令祗候、不被召御前之處、有被仰下之旨間、余召出之、仍三人參御前、數獻後、室町殿御退出、余爲院〔後小松上皇〕使御使、乍躰直垂躰、則參仕室町殿之處、御座越後守〔赤松持貞〕宿所之間、則參彼所、今日御參殊以日〔目〕出思食之間、殊更御馬一疋・御劔一腰被進之者也、畏入之由奉室町殿御返事、則歸參院、其後退出、弁〔廣橋宣光〕猶令祗候者也、○コノ記事、錯簡ニヨリ當年三月ニ配サルルモ、今コレヲ改ム、

○日次記原本

「(標紙題簽)

兼宣公曆記　自應永二十九年二月三日至六月廿七日　自筆本　壹卷」

(1オ)　後小松上皇女房奉書

その〻ちもあれへ御まいり候やらんにて候、めてたく候、さてたい二(題)しゆ(首)まいり候、ちかきほとにまいりとも候へ〻、申され候へく候、さそと又をしへかり、まいらせられ候、ことに□□(めて)たき御□(さ)か月申御さた候て、いと〻□のしこうを□□候よし、よく〱申とて候、あなかしこ、

(切封墨引)」

(2オ)　ひろハしとのへ」

(3オ)　義持細川義之死穢の事を尋ぬ

四日、壬辰、

晴、參室町殿、被仰下云、讃岐入道(細川義之)穢、若可及室町殿歟、委被尋聽食程也、先參室町殿輩者不可參　内云〻、次參　女院(崇賢門院、廣橋仲子)御所、次退出、

五日、癸巳、
晴、早旦有風爐、自午點始行別時、如每年、
抑自　院被仰下云、按察卿(甘露寺)兼長、所勞危急之間、藏人左少弁房長(甘露寺)尺奠申沙汰辭退申、可被如何哉、弁可申沙汰云ゝ、申畏奉之由者也、

甘露寺兼長の病危急

六日、甲午、
陰、詣七觀音、以次參妙法院宮(堯仁法親王)、是就出仕事昨日被下御使間、爲畏申入也、

七觀音に詣づ

○國立歷史民俗博物館所藏釋奠雜事文書

「（標紙題箋）應永廿九年二月釋奠雜事文書　壹卷」

（1オ）

「（端裏書）奉行事應永廿九 二」

應永廿九年

二月

上皇宣光に釋奠奉行を命ず

六日、雨降、晡天自　院以女房奉書也、（勅筆）被仰下云、尺奠事宣光可申沙汰云々、可存知仕之由所申入也、旨趣見女房奉書、分配公卿ヰ忩相尋之處、（四條隆直）藤大納言以下請文所到來也、」

（2オ）

「（異筆）稱光院實仁（初躬）・宸筆二枚有、これを取申候、則しやくてん（釋奠）ノ上卿・弁ヰノ事也、」

一日のうちハ、又ーーーーー

ひろはしとのへ」

西坊城長政書状
釋奠文人領状の人なし
（3オ）

釋奠文人事、以廻文度々雖相催候、更以無領状人候、所詮爲清(五條)朝臣・在豐(唐橋)・治長(粟田口)才參
仕候者、講頌不可御事闕候、此上者、爲翰林雖何个度相催候、中々不可事行候、内々

奉行より催すことを請ふ
（4オ）

被伺申、爲御奉行嚴密可被」召仰候、不然者定可御事闕候間、内々令申候、恐々謹言、

二月五日　　長政(西坊城)

（切封墨引）

御方
甘露寺殿(房長)　　長政」

中原師勝申状
明經道功人の昇任を請ふ
（5オ）

(端裏書)
「師勝(中原)朝臣」

釋奠明經道堂監并同學生功人事、折紙進上候、任例被宣下候之様、可有申御沙汰候哉、
仍言上如件、

二月五日　　博士中原師勝上

進上　藏人左少辨殿」

（6オ）

（折紙）
明經道堂監功人

申　權律師、

大法師慶有

同學生功人

申　權少僧都、

權律師祐惠

師勝擧狀

（7オ）

（端裏書）
「師勝朝臣」

釋奠料足以下事、史生行繼（宗岡）申狀三通進上候、任例忩可有申御沙汰候哉、仍言上如件、

二月四日　　博士中原師勝上

進上　藏人左少辨殿

宗岡行繼申狀　（8オ）

（端裏書）
「史生行繼申狀」
大學寮廟師史生行繼謹言上、
欲早被仰修理職、御帳臺長木八支・盛殿棚板拾枚・小榑廿五支、運送釋奠祭間事、
右任先例、注進如件、
應永廿九年二月　日」

行繼申狀　（9オ）

（端裏書）
「史生行繼申狀」
大學寮廟師史生行繼謹言上、
來九日釋奠祭算道堂監學生代二人御訪功人事、
申　隼人佑、　橘吉安
申　右京亮、　藤原正光
申　美作守、　三善吉連
申　左衞門尉、源貞兼
右學生者、近年依無其仁、每度被下任官功、致無爲沙汰上者、忩被宣下、爲全所役、

注進言上如件、

　　應永廿九年二月　日

〇日次記原本

（4オ）
七日、乙未、

〇日次記原本殘闕

（15オ）
晴、午剋參室町殿之處、被仰下云、宇佐宮　神寶發遣事、去年以來藏人右少弁俊國(坊城)所申沙汰也、事次第委相尋可申入云々、委細在別記、今日三个度參室町殿、是依此事也、抑按察所勞危急之間、申出家暇之間、一位事被　宣下者也、仰俊國召進　宣下案畢、此事有室町殿御尋旨、以俊任(坊城)卿近例有　勅許歟之由所申入也、

妙法院宮被下御書、一昨日參事被悅思食旨也、參仕事旁以雖有存旨、閣万事了、

義持宇佐宮神寶發遣の事を尋ぬ

甘露寺兼長所勞危急により一位宣下

○日次記原本

洞院滿季書狀

(5オ)昨日遂慶謁、述祝詞才候之条、爲本望候き、今春者、連〻以面談可解心緒之由存候、(6オ)兼又雖左道候、」殊更年始之間、兩種進之候、比興候、謹言、

二月七日　(洞院滿季)(花押)

廣橋大納言殿

(切封墨引)

(7オ)八日、丙申、

(8オ)九日、丁酉、

滿季廣橋邸を訪ふ

釋奠に獻する詩の添削を請ふ

晴、早旦參室町殿、次參　女院御所、

余留守之間、洞院大納言(滿季卿)入來、弁對面云〻、余出仕事被賀之、次ニハ今日尺奠可參之間、瓦礫詩可仰意見云〻、余歸華之時、可相傳之由返答云〻、晡時分被遣書狀於弁方、

(9オ)余書返報、返遣詩者也、件詩幷書札如斯、余依爲儒中也、一座被商量歟、可恥〻〻、

弟光雅興福寺別當に任ぜらる

抑興福寺別當喜多院空昭、至當年□〔己カ〕四个年經歴間辭退、就權別當光雅(兼宣弟)僧正轉任、隆雅僧
(9オ)正任權別當、此事御執　奏、余勤御使也、」任近例口宣也、弁令宣下者也、

滿季書狀

今朝以面會聊述心事候、尤本望候、抑一絶被備尊覽候者、可申請候、更不弁方角候、
(10オ)不被貽賢慮、以芳恩被加添削候者、眞實恐悦之由、」能〻可被申候、付廻申請可令淸書
候、他事期面會候、恐〻謹言、

二月九日　滿季

詩

古文孝經
法天象地自然心
易俗以民盛德音
好是廟堂爲礼樂
杏花芬郁入呻吟」

(11オ)十日、戊戌、
晴、松林院(光雅)・藥師寺(隆雅)兩人上洛云〻、余依腰痛不參、
十一日、己亥、

相國寺轉經

晴、依室町殿仰、晝程參相國寺轉經、結緣者也、

仲光正忌舍利講

十二日、庚子、
晴、先公(廣橋仲光)御正忌、如年々盧山寺長老(示鏡辨空)以下七人招請、行舍利講、參詣瑞雲院、以次詣盧山」(12オ)
寺、晩頭參室町殿、

義持院參

十三日、辛丑、
晴、於弁方有精進解之朝飡、室町殿有御　院參、內々所有御參二位局(日野西資子)也、依召參仕、直
垂也、一位入道(日野資教)・執權(日野有光)・藤中(烏丸豐光)・裏松(義資)以下參會、慶洞丸參仕、所(乍)着單物、候　上皇之御陪
膳、

○日次記原本殘闕

「（標紙題簽）
兼宣公記　殘闕、年代不明、　拾一切
」

義持重寶を持參す

（1オ）
○モト別記ノ断簡ナラン、（十三日）晴、早旦參室町殿、今日御參　院可爲必定云々、頃之退出、未剋許着直垂、參　仙洞庭上之處、日野大納言有光、・藤中納言豐光、參候東面庭上、申斜室町殿御參、內々御直垂也、有御持參色々御重寶、被置別當局（東坊城孝子）御直廬也、

重寶の目錄

御具足色々

御小袖御服十重

しろきほけん（本絹）

からおり物（唐織）

たゝ織もの以下、色々御小袖とも、目驚ハかり也、

御釼一腰

食籠一

　異他御重寶云々、

きんらん(金襴)一段

かうはこ(香筥)一

ほん(盆)二まい

　以上、

上皇出御懸物の鬮あり
兼宣初に鬮をとる

(2オ)

臨期　上皇出御、數獻御酒以後、祗候公卿共に逸」興ニ被出懸物、可被執孔子之由有室町殿、(仰脱カ)永藤卿(高倉)持參具足之注文、依仰余書名鬮置御前、納御硯筥蓋、依室町殿仰、余最前取之、次

一位入道以下次第取之、

鬮取の注文

慶洞丸　香合

一位入道　同

余　繪二幅

三条大納言(正親町三條公雅)　香爐　權大納言(裏辻實秀)　水指

執權　胡銅花瓶

藤中納言
飛鳥井中納言入道(雅縁)　胡銅花瓶
万里少路中納言(時房)
菅宰相(東坊城長遠)　小袖三重色〻、
左大弁宰相(日野西盛光)　太刀　中山宰相(定親)
右兵衞督(高倉永藤)　盆
公卿者別而取孔子、相殘鬮被下雲客、但懸物員數不足、人數巨多之間、無孔子ニ被入之、
兵部卿永俊卿(高倉)以前不參御前間、被加殿上人列、
頭右大弁宗豐朝臣(葉室)
以上兩人無孔子也、
季俊朝臣(四辻)　盆　長政朝臣(西坊城)
永宣朝臣(冷泉)　永基朝臣(冷泉)
宣光　しゆす　有親(中山)

○日次記原本

十四日、壬寅、

○國立歴史民俗博物館所藏法勝寺大乘會申沙汰記

「(標紙題簽)法勝寺大乘會申沙汰記　兼宣公自筆記　壹卷」

(1オ)
「(貼紙)法勝寺大乘會御申沙汰御教書　被催兩局歟　應永廿九」

應永二十九年

二月

上皇宣光に法勝寺大乘會參向勅使を命ず勅使を諾し奉行の交替を請ふ

〔十〕□四日、天晴、風寒、自　院以女房奉書勅筆也、被仰下云、自來十八日可被□〔行ヵ〕法勝寺大乘會、勅使弁事□藏人弁也、可存知仕之由、所申□□〔勅〕使參向事者不可有子細候、奉行事被仰誰人哉之由申入處、同可存知云々、頃之公文從儀師ヽヽ入來之間、條〻雖相尋、猶不散不審之間、去年此會事依申沙汰、相尋頭右大弁宗豐(葉室)朝臣之處、忘却云〻、仍吉田中納言家俊卿、度〻申沙汰之間、相尋□(之)處、□□委細也□□(云〻)、」

上皇女房奉書

（8オ）

○以下錯簡アリ、今此ヲ改ム、

○前闕、十八日法せう寺の大え(會)にさんかう(參向)の弁ひて(秀)光(日野)ニおほせられ候つ、けんひやう(現病)こうしやういまたかなひかたく候よし申候、とし國(俊)十八日より神事にて候、つねなを(經直)(勸修寺)いまたはいか(拜賀)を申候ハて、あすの大ハら(原野)(坊城)のにもとし國をかたらひ候よし申候ほとニ、御事かけ(闕)候、弁殿御さんかう候へと申され候へ、さも候ハゝ、御けう書をなされ候事候、

（切封墨引）

ひろハしとのへ」

上皇女房奉書

（9オ）

大え(會)ちよく使の事、しさい候ハぬ、返〻めてたく候、ふ行とてハをかれ候ハす候、さんかうの弁、御けう(教)書をなし候事、しそく頭弁にて座す、此間うかゝひ申候しほとに、

（7オ）

なにと候けるやらん、御けう書」なとの事ハ申さた候けるやらん、かくへちにハ候ま

しき事にて候、御けう書をもせん〳〵（先ゝ）のことくなされ候へく候よし、心え候て申せと
て候、かしく、

（切封墨引）

□□□（ひろは）しとの□（へ）」

從儀師申云、開口問者事、山門講師候之間、三井輩必可參懃候、蓮月院僧都範親去年參（2オ）懃候き、被仰此僧都之条可然歟、此役急事候、先給御教書忩可付遣由申之、今日依爲赤舌日、以昨日日付先此一通書給者也、依爲官方事所用白紙也、弁書之、案文如斯、

自來十八日可被始行法勝寺大乘會、開口問者可令參懃給之由、被仰下候也、仍執達如件、

二月十三日　　右中弁〻〻

謹上　蓮月院僧都御房（範親也、）」

（3オ）

自來十八日可被始行法勝寺大乘會、住學生參懃事、可令加下知給之旨、被仰下候也、
仍上啓如件、

二月十五日　　　　右中弁宣光

光雅謹々上　松林院僧正御房
(兼宣弟)光曉　東院僧正御房
房能謹上　花園法印御房是以下仍執達也、
忠宴　石泉院法印御房
良宣　安居院法眼御房
近衛坂丶丶丶

東院は料所不知行により召し進すに及ばず

（4オ）

南都兩人內東院ニハ料所近年不知行之間、不及召進云々、仍不及相催者也、松林院ニハ料所無子細之間、必召進云々、此僧正當時興福寺別當也、」表書事、若雖書興福寺別當敟、此學頭者就師跡相續之間、猶松林院可叶理敟之間、如此所相計也、三井學頭ハ花園・近衞坂兩人也、花園ハ房能相續無子細、近衞坂事、房譽僧正後誰人相續哉、相尋花園可相觸也、

近衛坂相續の僧を知らず

安居院法眼可召進學生事、直內々依申遣、不及給御教書於從儀師者也、

以下上皇院宣催行を惣在廳と兩局に命ず

自來十八日可被始行法勝寺大乘會、任例可被致沙汰之狀如件、

同　日　　右中弁判

惣在廳御房（×房）

公文從儀師御房

（中原師勝）四位大外記殿

（大宮爲緒）四位大史殿

」

法勝寺の堂莊嚴を命ず

（5オ）

自來十八日可被始行（當）法勝寺大乘會、堂莊嚴以下事、任例可被致沙汰之由所（旨、）被仰下也（狀）

仍執達如件、

二月十五日　　右中弁宣光

法勝寺執行御房

大藏卿法眼御房

」

（6オ）

自來十八日可被始行當寺大乘會、堂莊嚴以下事、任例可被致沙汰之旨、被仰下狀如件、

同　日　　右中弁判

法勝寺執行御房

自來十九日可被行圓宗寺二會、任例可被致沙汰之狀如件、

二月十五日　右中弁判

惣在廳御房

公文從儀師御房

來十九日可被行當寺二會、任例可被致沙汰之狀如件、

二月十五日　右中弁宣光

圓宗寺執行御房

圓宗寺二會の催行を命ず

」

〇日次記原本

十五日、癸卯、

晴、自　仙洞被進　勅書之間、所持參室町殿也、御座寸持寺、依御談義也、持參此御寺

義持等持寺談義を聽聞す

者也、

十六日、甲辰、

十七日、乙巳、

仁和寺宮永助等院參す
御會あり

(13オ)

雨下、及晩晴、午剋參　仙洞、藏人弁同着狩衣所召具也、御室(入道永助親王)幷妙法院(堯仁法親王)・上乘院(道朝法親王)才宮有御參、兼日御短尺有披講、次有御乘船之興、次有御連哥、又有當座御哥二十首、抑召次幸(末佐)まさ男乍着單物參、次舟取楫者也、

裏松義資等廣橋邸を訪ふ

十八日、丙午、

晴、裏松中納言・右兵衞督永藤(高倉)卿・梶井(義承)門跡廳按察法眼仁淸(富小路)・吉田神主兼富(卜部)才隨身盃入來、

義持院參す
別當局に梅を觀る
義持參院の折別當局を直廬となす

十九日、丁未、

晴、自夜深雪下、早旦參室町殿、一昨日　仙洞御會式所申入也、晝程有御　院參、内々所有御參別當局(東坊城孝子)也、是爲梅花御賞翫、自　院依被申也、將又料足三千疋被下別當局、昨日以兵衞督被送遣也、是毎度御　院參時、以此局被成御直廬之間、爲被謝此事也云々、

昨朝有室町殿」○以下、日次記原本殘闕ニ接續ス、

○日次記原本殘闕

日野資教庭上にて義持の盃を飲む

（3オ）
仰旨、一位以下候庭上、慶洞丸又參、召次幸雅男同候庭上、被下室町殿御盃（於）召次、（件）盃一位入道飲之、舊冬以來此儀云〻、及晩御退出、

北野社に詣づ

今朝未明參北野社、自今日至來廿五日可參詣之由、所令祈念也、」

○日次記原本

護溪理永院參の用意

（14オ）
廿日、戊申、
晴、進車於大聖寺、是御喝食御所（護溪理永、後小松上皇皇女）可有御參　院料也、依　院仰也、早旦參北野社、

仙洞猿樂を見物す

廿一日、己酉、
晴、早旦參北野社、次參室町殿、申斜參　仙洞、是爲猿樂見物、依召所祗候也、藏人弁同所參也、」

○日次記原本殘闕

（12オ）

一位入道者輕服暇中也、爲法躰之間、祇候不可有子細之由、依被仰下參仕云々、法躰之条者雖勿論、俗人同事歟、尤可被憚者哉、伯二位資忠卿今日祇候如法參會難儀［之や］□事也、雖然　勅定之上者、猶令參會之由、蜜々所相語也、爰日野大納言有光、・藤中納言豐光、此兩人同輕服事也、仍不及參仕、但以直垂躰、相交雜人祇候庭上之處、被下御盃之間、參

日野有光烏丸豐光庭上に祇候す

（13オ）

簀子下、三条大納言公雅、取御酌候簀子上、余持盃同候堂上、堂」下飮之、又二位局國母、・廊局（日野西資國女）二位局妹、此兩人も同輕服之間不參之處、以搔取之躰內々可見物之由、依　勅定參仕間、同火依難儀伯卿退出、更闌余退出、依醉氣也、藏人弁者猶可祇候之由所仰含也、曉更令退出云々、」

輕服の人々

日野資教法體たるにより祇候す

日野西資子等搔取の體を以て內々見物す

資忠王同席を避け退出す

○日次記原本

（15オ）

廿二日、庚戌、

晴、早旦參北野社、次參室町殿、」

（16オ）

廿三日、辛亥、

廿四日、壬子、

廿五日、癸丑、
晴、未明參北野社、女中・新典侍局・弁・茶〻丸ホ令同車者也、至今日七个日參詣、無爲遂其節、幸甚〻〻、
廿六日、甲寅、
廿七日、乙卯、」
(17オ)廿八日、丙辰、
祈年穀奉幣
晴、早旦參室町殿、依祈年穀奉幣、弁參　內幷神祇官、
廿九日、丁巳、」

〇日次記原本殘闕

〇中間闕、
仙洞に懸物の鬮あり
義持召次幸滿佐に盃と物を賜ふ
(16オ)被置懸物於東門番屋、各至此所取之、孔子畢後、被召出幸滿(召次)佐於庭上、被下室町殿之御盃、則室町殿御酌、此時永藤卿小袖織物、幷太刀腰刀ホ持參之、召次取之(×也)退出、希代之眉目歟、

次青蓮院准后(義圓)幷三寶院僧正、滿濟、各着付裳衣參御前、是御前栽拜見儀也、室町殿御媒介也、靑門者三千疋御折紙、三寶ハ二千疋折帋各持參之、余經奏聞者也、子剋許室町殿御退出之間、僧中同之者也、○滿濟准后日記ニヨリココニ収ム、」

義持の媒介により靑蓮院義圓等參ず

○日次記原本

(18オ)

三月小

一日、戊午、

晴、看經等如每朔、午天參賀室町殿、(足利義持)弁所令同車也、(廣橋宣光)構見參後、參女院御所、(崇賢門院、廣橋仲子)次退出、」

(19オ)

二日、己未、

自夜甚雨、自未剋屬晴、

午一點着直乘(垂)詣圓興寺、是今日室町殿依可有渡御此寺也、弁同騎馬、余用輿者也、弁者直可參梶井殿之由所仰含之、未初室町殿渡御、於客殿□住持御對面、御菴(後ノ光庵、兼宣妹)素玉御房、豫參會給、本尊幷護摩堂等御巡見後還御、不及進御茶、且兼素玉御房所被伺定也、

足利義持圓興寺に詣づ

本尊護摩堂等巡見す

次で梶井門跡を訪ふ
室町殿に猿樂あり
梶井門跡に參仕の人々
梶井義承等室町殿猿樂を見物す
琵琶法師院參
義持細川滿元邸を訪ふ猿樂あり

次渡御梶井殿、余同參、數獻後還御、余爲室町殿御使參　仙洞(後小松上皇)、蒙　勅語、直可參室町殿之由被仰下之間、則所參室町殿也、先之猿樂已被始行了、
今日參梶井殿人々、
(20オ)余・日野大納言(有光)・藤中納言(烏丸豐光)・教豐朝臣(山科)・雅兼朝臣(白川)・宣光才也、」
酉初程還御、
梶井門主(義承)同有御參室町殿、是爲猿樂御見物也、管領(畠山滿家)・前管領(細川滿元)以下諸大名多以參仕、大飲御酒也、執權(日野有光)・藤黄門(烏丸豐光)才同參會者也、猿樂未事終以前、余依沈醉早出、
相一・千一兩面琵琶法師參　仙洞、余奉行之間、所召進也、弁伴參者也、」
(21オ)三日、庚申、」
(22オ)晴、相扶餘醉、午剋許參　女院御所幷室町殿、次參青蓮院准后(義圓)、其後退出、弁者參賀兩御所之後退出、今日於右京大夫(細川滿元)宿所有猿樂、室町殿渡御、酉斜被下御使云、此御書持參
(23オ)」仙洞、御返事者可持參右京大夫宿所云々、申畏奉之由、則持參　院、(着直垂、所参庭上也、)被下勅書御返事、持參、猿樂最中也、大飲御酒也、女中參御前、北野殿(足利義滿側室西御所)尼公、同被候御前、御菴依召參給者也、管領以下諸大名濟々焉祗候、飛鳥井中納言入道(雅縁)同參、大飲御酒、依○難

堪忍余早出、但退出以後、無程還御云々、

歌合の事に就き義持赤松持貞等を折檻す

抑此間武邊輩有歌合事云々、依此事自室町殿越州（赤松持貞）以下有御切檻事歟、仍右京大夫入道彼管人号奈良若薫逐電之由、有其聽之處、今夜被仰右京大夫入道被召出了、」

（24オ）

四日、辛酉、

雨下、明後日爲參春日社、始行神事之間、有風爐、入夜參　内、

五日、壬戌、

近日人々物詣に就き輿舁を得ず

晴、明日料輿舁方々雖致祕計、近日人々物詣之間難得云々、爲之如何、

六日、癸亥、

上下御靈社に詣づ大聖寺方丈御所院參

晴、以神事次、參御靈兩社、次參室町殿、次參　女院御所、及晩依召參　仙洞、大聖寺（聖□、後圓融天皇皇女）方丈御所有御參、被召御舟程也、其後數獻祗候後退出、方丈今夜者可有御逗留　仙洞云々、

七日、甲子、

學問所に連句あり

半更程雨下、天明以後屬晴、依召早旦參室町殿、頃之參　女院御所、於學問所有聯句、

入夜依召弁參　内、天明後退出、

（25オ）八日、乙丑、

松木宗宣等を招く

晴、中御門前中納言（松木）宗宣卿、・伯二位資忠、・頭中將（松木）宗繼朝臣、・中將雅兼」才招請、有朝飡、中斜依召參室町殿、執權・藤中才參會、及半更有御雜談、其後退出、

九日、丙寅、

神祇伯家朝食に招かる

義持院參す

晴、早旦向伯卿許、依招引也、法性寺三位（藤原爲盛）弁藏人弁同車者也、朝飡以後卽歸華、午天着直垂參　仙洞庭上、執權・藤黃同參會、共以直垂也、頃之室町殿御參、於別當局（東坊城孝子）」

○宮內廳書陵部所藏柳原本三

（64オ）有一獻御會、靑蓮院准后（義圓）御參、」

義持斯波義淳所持の笛を上皇に獻上す

（64ウ）抑左兵衞佐義淳（斯波）所持笛共、自室町殿被召進　仙洞者也、俄被召（山井）□〔景〕房、此器物とも拜見之、仙洞被遊御箏、次猿樂發音曲、翻回雪袖、

參仕の人々

一位・三条大納言・權大納言・万里小路中納言（時房）・飛鳥井中納言入道・菅宰相（東坊城長遠）・伯二位（資忠王）・兵部卿（高倉永俊）・永宣朝臣（冷泉）・永基朝臣（冷泉）・宣光（中山）・有親・丶丶才祇候、

楊梅兼英盜人に殺害せらる

抑去曉楊梅中將兼英朝臣宿所ニ盜人亂入、兼英朝臣者當座ニ爰〔天〕亡、子息小生（楊梅兼興）負手云〻、

不便〻〻、

○日次記原本

（26オ）十日、丁卯、

義持畠山持國邸を訪ふ
猿樂あり

晴、不出仕、依餘醉也、室町殿渡御管領（畠山持國）少弼宿所云〻、依猿樂也、

招きにより鷹司冬家邸を訪ふ

於學問所有聯句、秉燭後參鷹司殿（冬家）、依有御招請也、御庭糸櫻得盛程也、內山僧正御房同有御出座、若公（鷹司房平）御元服事爲御談合也、御盃三獻後退出、

十一日、戊辰、

光緣正忌

雨下、光緣正忌也、靈供事、施入竹中者也、瑞雲院（光海、兼宣弟）入來給、有諷經、自鷹司白癩二十・太刀一腰、昨日參仕之御引出云〻、祝着者也、

十二日、己巳、

十三日、庚午、

（27オ）十四日、辛未、

十五日、壬申、

十六日、癸酉、
十七日、甲戌、
十八日、乙亥、
（約三行分空白）」

○日次記原本殘闕

義持仙洞舟遊申沙汰を命ず

義持は五壇法修中斷酒により不參

上皇命により琵琶法師院參

（8オ）天晴、參室町殿、執權・藤黄才參會、被仰下云、仙洞御舟事、今日面々可申沙汰、於
人數者、去十二日花御賞翫之時申沙汰輩可然云々、余申入云、然者內々御參可然候哉
之由申入之處、五壇法修中至來廿二日可爲御斷酒之間、御參不可叶、只面々忩參可申沙
汰也、事更其子細以御書被申　院也、此御書余可持參之由蒙仰退出、直參　仙洞、別當(東坊城
孝子)局申入事之由處、猶可有御參之由被申之条可爲何樣哉之由、預　勅問之間、御祈禱中御
（9オ）斷酒之上者、不可有御參之条勿論歟之由申入之間、此上者面々忩相觸可參申」入云々、
退出之後悉相催、晩頭參仕者也、抑千・相兩琵琶法師依　勅所召進也、於南殿南面可有
御會云々、秉燭以後　出御之間、余以下參　御前之簀子、用圓座、兩三獻後、被召琵琶法

平家物語

中山有親幸滿佐棹を取る

兼宣等御座舟に參ず

船中に一獻あり

（10オ）

義持和歌を進らす
上皇和す

（30オ）

義持詠歌

師於南階之簀子、五句申之、其間も御酒也、平家物語畢兩輩退出者也、

次被召御舟、有御乘船興、中山少將有親朝臣・召次幸滿佐男〔當時上皇御寵愛無双也、着單物折烏帽子、〕兩人取棹、　上皇御服御道服也、堅固依爲内々儀也、余・三条大納言・執權・權大納言・飛鳥井中納言宋雅禪〔着衣袴、〕才參　御座舟、此餘輩候次船、於船中有一獻、廊局〔日野西資國女〕爲御陪膳參候、于時春天風靜、宮漏夜闌、月在天上明々、舟浮池畔、岸に或有管絃之御遊、或有詩哥之御詠、催興斷腸者也、終夜御遊之後、天明程相伴藏人弁退出、沈醉可謂「言語道斷者哉、抑御遊之初莚、自室町殿被下御書之間、拜見之處有和哥、仍備　叡覽之間、被進御製如此、

○廣橋賢光書寫本第五册

君もさそ猶万代と
ちきるらん
若木の花の
春の□□□〔行すゑや〕

足利義持假名消息　(30ウ)

樂全子(足利義持)

先日参上の時、雨や候つる、きさらきの花も拝見仕候はて、無念申はかり」なくとこそ候へ、さそ面白候らんと存候、面〻返〻御うら山しくて候、一首任筆可進上候、返〻無念に候、一見之後、丙丁童子可被分付候、此若木花いかゝ候へき、至禱〻〻、

廣橋とのへ

○下郷共濟會所藏廣橋文書

廣橋兼賢の注記　(31オ)

(追記、㊇ヲ以テ補フ)「兼賢公加筆也、」

這御詠一首、・御消息、義持公尊翰也、家寶誠」積善之餘慶云〻、隨而一軸候者也、

上皇詠歌

御製

老木たにさらに
花めく春なれや
やふしもわかぬ
君かひかりに

兼宣詠歌

愚詠二首

この春の君か

めくみはやふしわかぬ
老木わか木の
花にみえけり
わきてけふ君か
こと葉の玉にしき
かゝるを千代の
はしめとてしる
兼宣上

○日次記原本殘闕

此御詠才事、依季保朝臣新妻女事也、仍有種〻注也、抑余又加一首、捧請文事、朔日被
下御詠之条、依畏入也、
抑舊冬預置貢馬（鴾毛駮、）此間出蚊觸之間、□□處遂以斃（○下闕、）

（11オ）

兼宣に預けらる貢馬蚊觸を病む

○日次記原本

(28オ)
十九日、丙子、
晴、依有御使、押餘醉參室町殿、夜前　仙洞御會式、所有御尋也、被進御書於　院之間、
余持參、則又歸參室町殿、

廿日、丁丑、
晴、早旦參室町殿、今日　八幡御下向俄延引、式在別記、
晝程依召參室町殿、於才持寺有御談儀、可聽聞之由被仰下、今日壽量品也、一品講尺後
還御、

義持八幡下向延引す

義持等持寺談義を聽聞す

廿一日、戊寅、

○宮内廳書陵部所藏柳原本三

(64ウ)
陰、自晝程雨下、拂曉弁着束帶、余以直垂同車、向北野宿坊妙藏院、是一切經會參向弁
事依被仰下也、自此坊刷行粧、
僮僕

宣光北野一切經會奉行を命ぜらる

青侍一人上﨟、・中間六人召具、

小雜色　四本

笠持舍人等也、

弁參　社頭、余者內々留宿坊、

今日大會之儀、上卿以下可被下御點之由、去比自室町殿可申入院之由被仰下者也、仍上卿日野大納言・參議菅宰相・弁宣光可存知之由、被下勅筆之處、日野大納言有光卿、者輕服者也、爲暇以後間、雖不可有難、被仰他人条可然哉之由、室町殿仰○以下、日次記原本ニ接續ス、

（65オ）

如此、仍申入　院之處、被仰三条大納言公雅卿、者也、參議事、依爲當氏去々年以來菅宰相參仕者也、上卿以下至召使着透廊、

○日次記原本（29オ）

室町殿今朝渡御北山鹿苑寺、御點心以後御出一切經假殿邊、余令見物哉之由被尋下弁之間、宿坊ニ候之由申入之趣告送之間、以直垂躰參御座所、南鳥井外有御佇立、令着御衣青色、御座、管領以下諸大名參候、御經輿入御　社頭之後還御、又渡御鹿苑寺、御中食以後還御云々、

上卿正親町三條公雅
參議は當氏により東坊城長遠
義持鹿苑寺に詣づ
次で北野社一切經假殿に到る
畠山滿家以下諸大名參候
經輿社頭に入御す

余內〻以輿歸壽域、

酉初弁歸來、無爲被遂行云〻、珍重〻〻、掃部寮座事、自社家直下行料足云〻、遲〻之間、遣使者於掃部頭師鄉(中原)許、加催促者也、

晩頭着直衣參　內、藤中納言豐光卿、并資任(烏丸)參仕、此少冠初參也、內裏(稱光天皇)近來有御不豫氣、仍御酒一向無御沙汰、藤中納言相伴資任早出、直參　仙洞云〻、余并万里少路中納言猶候　內之處、兵衞督永藤卿(高倉)送使者云、可參室町殿云〻、忩自　內退出、改着直垂、參室町殿之處、明旦可參之由御使趨來之間、自路次歸者也、甚雨也、

烏丸資任初て參內す
稱光天皇不豫により酒の沙汰なし

廿二日、己卯、

晴、早旦參室町殿、五壇法今曉結願之間、御撫物・御卷數ホ爲披露也、御出御寺、還御時分重可參之由、蒙仰退出、晝程先參　女院御所、次參室町殿、前管領右京大夫參會、

五壇法結願

(30オ)

細河兵部少輔(滿久)籠居以後初參、有大飮御酒、數獻後退出、

細川滿久籠居以後初て室町殿に參ず

廿三日、庚辰、

晴、依召晝程參室町殿、有大飮(〻餘)之御酒、

廿四日、辛巳、

義持妙法院を訪ふ
次で院參す

(31オ)雨下、相扶餘醉、着直垂、午一點參室町殿、頃之參妙法院(堯仁法親王)御門跡、室町殿依可有渡御也、自晝程天晴、午半天室町殿渡御、數獻後直御參 仙洞、雖爲御直垂儀、御參南庭、有大飮御酒、日野大納言・藤黄・裏松(義資)才各直垂、皆以自妙門所參御共也、」

廿五日、壬午、

廣橋兼綱月忌
義持八幡善法寺に下向す
細川滿久邸を訪ふ

(32オ)廿六日、癸未、

晴、御月忌如例、早旦參室町殿、自今日渡御八幡善法寺坊、余・日亞(日野有光)・藤黄・飛鳥井才同道、向細河兵部少輔宿所、籠居以後爲賀礼、各所令(懐中)千疋之折紙也、則面々歸者也、

兼宣八幡に下向す

廿七日、甲申、

晴、晝程下向八幡、則參御所、入夜歸宿所、善法寺々中也、裏松以下明日可參御共輩、皆以令宿此寺中者也、

義持石清水八幡に詣づ
除目入眼
宣光從四位下に敍せらる

廿八日、乙酉、

雨下、早旦着直垂參御所、午天御出、余以直垂躰登山、御笠者小者擁之、委旨在別記、夜前除目入眼、小折紙頭弁(葉室宗豐)送給之、可入室町殿見參云々、宣光相副書狀、四品事無子細云々、所令自愛也、幸甚々々、」

義持歸洛す
兼宣參內院參し宣光昇敍を謝す
琵琶法師院參し平家物語を語る

(33オ)
室町殿御歸洛、後塵所令上洛也、申斜歸洛、其後參　內、少冠弁四品事爲畏申入也、次
又御不豫事驚入由處所申入也、不及出御、次參　仙洞、四品事同畏申入者也、琵琶法師
二人參、語平家、更闌退出、此法師二人寄宿此宿所、

義持北野社に參籠す

室町殿自八幡直御參籠北野社、可爲三个日云々、」

○中間闕、

後小松上皇女房奉書

(34オ)
申され候へ、猶々くれう(供料)の事、□〔と〕もかくもこそ御さた候ハんすらめにて候、御心え候
て、きとたれにてもおほせつけられ候やうに、申御さた候へく候よし申とて候、あな
かしこ、

(切封墨引)
ひろハし□□□〔とのへ〕」

石清水社參供奉交名

(35オ)
(折紙)
飯尾加賀守清藤注送者也、
石清水八幡宮御社參
供奉布衣

伊勢次郎左衛門尉貞房
伊勢与一左衛門尉貞宣」

○日次記原本

葉室宗豊書状　(57オ)

縣召除目小折紙一本、雁進上〔寫〕仕候、可被入見參候哉、誠恐謹言、

三月廿八日　(葉室)宗豊上

廣橋殿」

縣召除目小折紙　(58オ)

(折紙)參議(高倉)藤原永俊
同(花山院)持忠兼、
侍從(鷲尾)藤原隆遠
同　實淳
同　季廉
陰陽頭　安倍有重

大學博士中原師世兼、
兵部少丞藤原範景（岡崎）
宮內大輔藤原嗣光（土御門）
伊豆守　祝部憲長
加賀守　大神景清（山井）樂人、
丹後守　高階經貞
石見守　平　清實
左近中將藤原基世（園）
同　持冬（今小路）
少將藤原實博（以下見返シ）
右近少將藤原實雅（正親町三條）
將監狛　葛興舞人、
左兵衞尉中原盛胤
右兵衞權佐藤原幸房（清閑寺）

少尉豊原光秋樂人、
大神(山井)景康樂人、
少志狛　近定舞人、
同　則行舞人、
五位藏人
辭退
權右少辨藤原(勸修寺)經直
參　議源(田向)　經良
藤原(葉室)長忠

○以上二紙、錯簡ニヨリ應永三十年三月記ニ収メラル、今コレヲ改ム、猶本記第二ニ於テ、以上二紙ヲ應永三十年三月記末ニ収メタルハ誤リナリ、

○日次記原本

琵琶法師平家三句を語る

(36オ)廿九日、丙戌、
(37オ)晴、琵琶法師二人相一、千一、語平家三句、各給小袖一重、

○日次記原本殘闕

〔四　月〕

宣光と北野社に詣づ
足利義持松梅院を訪ふ
次で院参す
猿樂あり

(17オ)

晴(朔日)、早旦奉拜尊神、次令同車宣光(廣橋)朝臣、參　北野社、參社頭後、參室町殿(足利義持)御參籠所、構見參、小冠同參御前、幸甚〻〻、有御盃、次御出公文所禪能法印坊(松梅院)、□(次)退出、相扶酒氣着直垂、參　仙洞(後小松上皇)、執權(日野有光)・藤中(烏丸豐光)・裏□(松)中(義資)納言等參會、申斜自禪能坊直御參、御直垂也、於南庭依(可)有猿樂、白地被構舞臺、被懸南面之翠簾、融高欄之融(ゞ)、室町殿有御祗候簀子、余等候庭上、

抑素玉房(後ノ光庵)余妹、依召被參申臺所、方丈御所(後小松上皇皇女)聖□、幷御喝食室町殿御女、有御參、各被進料□(足)□疋之御折紙、召次幸滿佐同候庭上、入夜室町殿御退出、弁着衣冠參仕、尤以幸甚〻〻、自今日立賀茂祭神事之札、

」

○日次記原本

義持富小路仁清坊より院參す

(38オ)二日、戊子、
晴、及晩室町殿有御參　仙洞、忩可參之由、有裏松中納言使者、着直垂馳參者也、室町殿渡御仁(富小路)清坊、御歸次有御參云々、頃之御退出、
三日、己丑、
四日、庚寅、
(39オ)五日、辛卯、
六日、壬辰、
雨下、依召參室町殿、爲御使參　院、則又歸參、入夜退出、

義持清水寺に參籠す

七日、癸巳、
晴、室町殿自今日七个日有御參籠清水寺、有御座寶福寺、依召晝程〔參、〕及晩退出、
八日、甲午、
晴、參御參籠所、

子晉明魏名號歌を義持に詠進す
更に後小松上皇に進らす

九日、乙未、
(40オ)晴、參御參籠所、數剋祗候、(子晉明魏、花山院長親)耕雲和尚同被參籠、被詠進」名号歌於室町殿、件歌被進

上皇和す

院、自　仙洞以御　製被和遣、

十日、丙申、

晴、參御參籠所、爲室町殿御使參院、則又歸參清水、

○日次記原本殘闕

平野祭

(6オ)

抑平野祭弁依爲分配所參向也、上卿四条大納言隆直卿、奉行職事藏人權右少弁經直(勸修寺)申沙汰、

宣光四位中辨拜賀奏慶

(×出)・內侍出車頭中將宗繼(松木)朝臣云々、弁今日所　奏慶也、先參　社頭、祭礼以後、卽參　內(稱光)

吉書

裏(天皇)・　仙洞、各於殿上口申拜賀云々、不及申次、吉書仰官務、爲緒宿祢(大宮)、加賀國解文也、

略儀を用ふ

不及如木雜色并青侍召具、以略儀爲先、且又貞和四年八月廿九日瑞雲院(廣橋兼綱)四位中弁御拜賀也、任此時之御出立者也、幸甚々々、」

○日次記原本

(41オ)

十一日、丁酉、

飛鳥井雅縁名號歌を義持に詠進す

雨下、自晡程雨脚休止、參御參籠所、飛鳥井入道(雅縁)同參、是件名号歌爲詠進也、頭弁(葉室宗豐)同參、

就和田庄事所參申入也、及晩退出、直參　仙洞庭上、弁依當番祗候　內者也、𨁈（白）

葉室宗豐和田庄の事を義持に申入る

琵琶法師院參

琵琶法師二人參　院、及曉更退出、逗留此亭、

十二日、戊戌、

（42オ）

晴、御月忌如例、雖爲神事中、依爲親昵瑞雲院（光海、兼宣弟）入來給、琵琶法師二人今朝歸了、」

十三日、己亥、

義持淸水寺を出で玉泉寺を訪ふ

晴、室町殿今朝自御參籠所渡御玉泉寺、御中食以後還御御所、此時分參室町殿、至夜景退出、

十四日、庚子、

十五日、辛丑、

晴、參室町殿、入夜參　仙洞、

十六日、壬寅、

十七日、癸卯、

稱光天皇孔雀を所望す

（43オ）

雨下、依召參室町殿、抑自　禁裏御所望之間、被召進孔雀、」赤松入道（義則）所預置也、今夜者被召置　禁裏、及晩又參室町殿、亥初退出、素玉御房同所被參（×參）申也、

十八日、甲辰、
朝間雨脚洒、及晡屬晴、依召參室町殿、入夜退出、飛鳥井中納言入道相伴所參也、

十九日、乙巳、

天皇孔雀を義持に返す

晴、午天着直垂參　內裏庭上、依召也、是被返進孔雀於室町殿、被謝申之趣蒙　勅語、
直參室町殿、孔雀所召具也、

等持寺首楞嚴經談義聽聞す
賀茂祭掃除のため岩藏人夫を所望す

自今日於等持寺首楞嚴經之御談義始也、雲窓西堂被談之、依仰所令聽聞也、殊勝〻〻、
爲賀茂祭掃除、岩藏人夫數十人所望者也、

廿日、丙午、
陰、及晚小雨灑、賀茂祭經營外無他事、

御蔭山神事

御蔭山神事云〻、借遣車幷馬於社務祐有(鴨)卿者也、

廿一日、丁未、

廣橋綱子天皇不豫に就き醫師允能の參內を需む

(44オ)

雨下、參室町殿、及晚典侍局(廣橋綱子)奉書到來、召具醫師三位房(允能)可參　內云〻、則仰遣者也、秉」
燭以前着直衣參　內、出御議定所、御不豫之樣委細被仰下者也、頃之三位房參仕之間、

內損

出御以前先相語　勅旨、其後　出御、參御脈、猶可調進良藥云〻、相語云、御內損故、

院參し上皇に報ず
兼宣妹性圓の病状惡化す
琵琶法師院參
性圓危急
義持允能に診せしむ
廣橋家は賀茂典侍を立て難し

御下腹之氣無御減云〻、爲之如何、
次參　仙洞、三位申詞之趣、直所申入也、
抑余妹尼公性圓、所労式、自夜前一段增氣」(45オ)之由、看病者相語之間、此式申入　院者也、
琵琶法師二人依召參　仙洞、」(46オ)
廿二日、戊申、
晴、彼病者猶危急云〻、御菴入來給、巳初室町殿御入　女院(崇賢門院、廣橋仲子)御所之由、御使馳來之間、
忩令歸參　女院御所給、此病者式、御菴被申入室町殿間、則被下醫師之三位房、〻〻〻(47オ)
相語云、以外獲麟也、但今明者不可有殊事歟、曾以不可有油斷云〻、次余參室町殿、被
召下三位房条畏入之由所申入也、任三位申詞者、明日之大儀雖可爲無爲候歟、事之躰以
外火急候間、今朝又以弁申入　院之趣、具所申入室町殿者也、可被如何哉之趣有種〻仰、
頃之退出、
申入　仙洞之趣、夜前も申入候、病者式如今者、明日まて全命之条甚不審事候、明日賀
茂祭女房使事、去月末被仰下候之時、依此病者、さしもくれ〳〵辞申入候し物を、就是非可令用
意之由及度〻之　勅答候之間、此上者」(48オ)隨仰候き、難儀出來ハ決定事候、典侍人躰忩可

被尋聽食之由所申入也、　勅答云、可被如何哉、所被驚思食也、私ニも可廻方便云々、

性圓逝去す

抑申終程告來云、已閉眼云々、忩又申入此子細於　院幷　內畢、

廣橋邸神事齋所たるにより藤原爲盛邸に移る

此亭をハ爲明日之　神事依爲齋所、移住他所、（藤原爲盛）法性寺三位宿所、　輕服之輩悉令同道者也、

酉初自室町殿有御使、忩參仕、（又申）此輕服事所被驚思召也、就其者、明日女房使事如何樣致沙汰哉之由、被仰下之間、昨今申入　院之旨趣、委細所申入也、

賀茂祭典侍に日野西盛光女を立つ

入夜自　院幷二位局（日野西資子）被仰下云、左大弁宰相盛光（日野西）卿息女、當年十一歲小女被尋出也、明日可入來此宿所云々、可存知之由所申入也、」

（49オ）廿三日、己酉、」

賀茂祭

（50オ）晴、賀茂祭也、出車ホ自所々到來云々、法性寺三位於此亭可致尋沙汰之由、（東坊城孝子）仙洞別當局所令入魂也、未剋典侍小女入來、乘車云々、前駈男可寄車之由加下知了、爲髮上左衞門督局同車云々、其外女房二人相副云々、

日野西盛光女廣橋邸に入る

抑車寄殿上人事、就爲親昵、資親（日野）兵衞佐、・資宗（日野西）侍從、此輩之內一人可入來之由、自昨日雖令申、稱不具不入來之間、前駈男寄之者也、典侍出門以後、余移此亭、典侍局・弁ホ同之者也、典侍未被歸入以前、余者參室町殿、今日之儀無爲之由所申入也、委旨載賀茂祭文

典侍出門の後兼宣歸宅す

義持等持寺に詣づ
足利義滿妹逝去す

義持仁和寺宮永助の訪問を辭す

書也、

(51オ)
廿四日、庚戌、

廿五日、辛亥、

廿六日、壬子、

廿七日、癸丑、

晴、自今朝室町殿御座等持寺、申斜自御室(入道永助親王)幷下河原宮(道朝法親王)被仰下云、寶鏡寺殿室町殿御姑、鹿苑院(足利義滿)御妹也、御圓寂之由有其聞、如何之由被尋下之間、參等持寺之處、今朝辰剋御事云々、自去春比御病悩事也、

廿八日、甲寅、

晴、早旦參等持參(ママ)、飛鳥井中納言入道參會、寶鏡寺殿御事爲被訪申、御室可有 御出之

(52オ)
由依被仰下、自未明雖令參候、至午剋未御參之間、申入事之由於室町殿之處、如此有御座御寺、入御事不可然、可留申入之由被仰下之間、以狀申入御室之處、已御出、於路次使者進狀云々、仍御參 女院御所、即還御云々、

廿九日、乙卯、

卅日、丙辰、

五月小

一日、丁巳、

晴、看經等如毎朔、但尊神以下之拜、爲輕服日數中之間、所加斟酌也、同車弁(廣橋宣光)參等持寺構見參、次參賀　女院御所(崇賢門院、廣橋仲子)、對御方幷北野殿(足利義滿側室西御所)(足利義滿側室、四條隆鄕女)兩尼公參候給之間參會、三獻後退出、」

等持寺に參じ足利義持に見參を構ふ

○日次記原本殘闕

（7オ）

抑輕服中奉拜　春日以下社之条、曾以不可有憚之由、春日神主師盛(大中臣)卿所相語也、假令重服之身七个日之中猶以不憚之、但奉讀進三十頌事者可加斟酌云〻、是暇之中事歟、猶可尋知、所詮　社參者不可叶、於私宅之遙拜者曾以不可有苦云〻、

服中も遙拜は苦あるべからず

○日次記原本

（53オ）
二日、戊午、
湛〔甚〕雨降、ホ持寺御八講開白也、同車辧參御堂、委旨所載御八講奉行之記六〔錄〕也、

足利義滿追善等持寺八講開白す

（54オ）
三日、己未、
晴、出仕如昨日、
四日、庚申、
晴、出仕如日〻、自仙洞（後小松上皇）被進御藥玉所申次也、伏見宮（貞成王）同被進之、綾少路三位經良（田向）卿爲御使持參、予所申次也、

後小松上皇等義持に藥玉を賜ふ

五日、辛酉、
晴、出仕之後有風爐、賀茂競馬會、馬一疋出之、但余輕服之間、預置他所馬出之、於此亭立置馬者加斟酌、可否如何、

賀茂競馬

六日、壬戌、
大雨下、御八講結願也、

等持寺八講結願す

七日、癸亥、
晴、參ホ持寺、晝程退出、室町殿（足利義持）御出嵯峨、明日御中食以後、又可有還御ホ持寺云〻、

義持嵯峨に出づ

八日、甲子、
三条大納言(正親町三條公雅)以下人々多入來、是所被賀御八講無爲申沙汰事也、有盃酌興、

九日、乙丑、
(55オ)晴、參持寺、自嵯峨還御以後、有首楞嚴經之御談義、頃之令退出者也、
等持寺首楞嚴經談義あり

晴、室町殿内々有御　院參、於二位局(日野西資子)有大飲御酒、一位入道(日野資教)・飛鳥井中納言(雅縁)入道等參會、
余も着直垂所祗候也、執權(日野有光)・日黄(烏丸豐光)等同之、裏松(義資)者痔所労不快之間、未及出仕、
義持内々院參す
裏松義資痔を病む

十日、丙寅、
十一日、丁卯、
十二日、戊辰、
十三日、己巳、
(56オ)十四日、庚午、
十五日、辛未、
十六日、壬申、
十七日、癸酉、

十八日、甲戌、

晴、參室町殿、爲御使參　內裏（稱光天皇）院、抑東院僧正光曉（兼宣弟）上洛、是慈恩院兼覺僧正去十二日圓寂、此坊跡事、任故隆圓僧正永和之置文、致光曉僧正知行之間、此事爲畏申入也、仍參室町殿構見參者也、蚊帳一帖・紙百進上、余取之令披露也、及晚有大飲御酒、入夜退出、

慈恩院兼覺逝去に就き東院光曉上洛す

義持に見參を構ふ

（57オ）十九日、乙亥、

晴、依餘醉今朝不參室町殿、今日渡御土岐小冠（持益）宿所、自此所直可有御參　院之由、昨日被仰下之間、申斜着直垂、佇立　仙洞庭上處、頃之有御參、於　御殿東面簀子有御酒、東院僧正今朝則下向南都、此間雖有腫物事、押而上洛云々、

義持土岐持益子息邸を訪ふ

次で院參す

光曉腫物を病む

廿日、丙子、

晴、餘醉難治之間休息之處、申斜自室町殿有御使、只今有御參　仙洞、忩着直垂可參之由被仰下之間、乍驚卽馳參者也、有御佇立庭上、余申事之由　院、卽出御、於昨日御座席有御盃、昨日自土岐宿所直御參之間、有御沈醉き、爲被謝申其恐、所有御參也、數獻後御退出、

義持院參す

義持昨日の沈醉を謝す

廿一日、丁丑、
晴、依連日之御酒窮屈、今日不出仕、

室町殿に宴あり

廿二日、戊寅、
晴、早旦參室町殿之處、大名達參候、有御酒云〻、仍先參　女院御所、人〻退出以後參仕、出御、〻風爐後退出、未初向一位入道亭、是依可有室町殿渡御也、日野中納言・飛鳥井才參會、頃之渡御、五獻後御入內方、三獻後御參　仙洞、抑於一位內方、余・日黃・飛鳥三人出盃之折紙、是始而臨此席間、相談致此礼者也、各千疋也、

義持日野資教邸を訪ふ
次で院參す
兼宣資教邸內方に招かる

廿三日、己卯、
晴、爲散酒氣、有風爐、

酒氣を散ぜんがため風爐あり

廿四日、庚辰、
(58オ)
廿五日、辛巳、
廿六日、壬午、
雨下、依召參室町殿、於新御厩有一獻、數盃後退出、

室町殿新厩に宴あり

廿七日、癸未、

足利義持院參す
泉殿造作始勘文を後小松上皇に進む
義持赤松義則邸を訪ふ

義持院參す猿樂あり

稱光天皇の病惡化す

廿八日、甲申、」
(59オ)廿九日、乙酉、」

(60オ)
六月大

一日、丙戌、
晴、看經ㇳ如例、午初同車弁(廣橋宣光)、參賀室町殿(足利義持)幷 女院(崇賢門院、廣橋仲子)御所、退出後、乍着直垂參 院、庭上
佇立庭上、頃之室町殿御參、同御直垂也、抑泉殿御造作事始以下勘文、在方朝臣(賀茂)注進、
余持參之、今日被進 院(後小松上皇)者也、室町殿自 院直渡御赤松(義則)宿所也、仍申斜御退出、
二日、丁亥、
晴、參室町殿、爲御使參 院、未斜又御參 院、有猿樂、入夜御退出、兩日大御酒、所
令餘醉也、
三日、戊子、
晴、可參之由、雖有室町殿之御使、依餘醉不參、入夜自 院被下 勅書、內裏(稱光天皇)御惱御增

氣事也、所驚存也、

四日、己丑、

義持に天皇の病狀を傳ふ
天皇義持に治療の事を申入る
兼宣勅使を命ぜらる

晴、早旦參室町殿、　內裏御不豫事、自　院被仰下旨、令申入者也、午剋自　內以女房奉書被仰下云、以直垂躰庭上まて可參云〻、則參仕之處、爲御使可參室町殿云〻、是御療治御事也、一身勤　勅使事、申入難治之由之間、被召一位入道(日野資教)被相副、爲兩使參室町殿、

五日、庚寅、

醫師允能等參內す

晴、參室町殿、御祈禱条〻被申　內裏、將又醫師三人參　內、初阿彌・壽阿彌・三位(允能)也、

(61オ)
六日、辛卯、

雷雨、

七日、壬辰、

祇園御靈會御輿迎

(62オ)
雷雨、祇園御靈會御輿迎如例、室町殿無御見物儀、

天皇の病更に惡化す

抑　內裏御痢樣猶以御增氣云〻、有可被仰下事、以直垂躰可參庭上之由被仰下者也、仍

允能を召す

義持等持寺に詣づ

眞知客弟子醫師を室町殿に召す

參仕之處、御痢猶不快也、三位房可召云〻、則三位參仕、御脈ハ不殊御事御座云〻、重可調進御良藥之由申之退出、其後御療治ホ事有被仰下旨、次參室町殿、御座ホ持寺之間、參彼蓮宮、勅言之趣具所申入也、內裏・仙洞・室町殿之間三个度馳走、爲之如何、」

(63オ)

八日、癸巳、

雷雨、故眞知客弟子二人有之云〻、一人者禪僧、一人ハ遁世者也、被仰裏松中納言(義資)、被召進二人之醫師、一位入道幷余相伴二人醫師參室町殿、初夜鐘以後退出、三个度參室町殿了、

九日、甲午、

兼宣霍亂を患ふ

雨下、依霍亂所勞不參、自來十五日於內裏可被行御修法、聖護院准后(道意)可參勤給之處、被申所勞由間、爲伺申入秉燭以後弁參室町殿、猶可令存知給之由、可申聖護院云〻、

十日、乙未、

晴、弁五个度參室町殿、是御修法阿闍梨事也、所詮聖護院准后者依所勞辭退替、如意寺僧正(滿意)可被參懃之由被治定了、」

義持嵯峨に出づ

(64オ)十一日、丙申、

晴、早旦弁爲室町殿御使、參如意寺僧正御坊、是自來十五日爲御祈、於　禁裏可令勤仕御修法給之由也、可存知之由被申御返事之間、弁直參室町殿之處、御出嵯峨之間、謁兵衛督(高倉永藤)退出、畫[晝]程又參申入如意寺御返事退出、此事自昨日雖被治定、依爲例日今朝殊更被進御使也、

義持甲斐常治邸を訪ふ

室町殿渡御甲斐(常治)宿所云々、

義持參內す

次で院參召さると雖も霍亂により不參

十二日、丁酉、

晴、雖有雷鳴不及降雨、室町殿以御直垂之儀御參　內裏之長橋、以女房被驚申御不豫事之處、腋戸口まて出御云々、則有御參　仙洞、忩可參申之由度々雖有御使、霍亂氣未快之間不參申、弁着狩衣參仕、御庵(秦玉、後ノ光庵、兼宣妹)依召參給云々、

法華經談義聽聞す

十三日、戊戌、

晴、雖有雷響不雨下、霍亂以後今日參室町殿、次詣冷泉室町、聽聞法花經談儀[義]、

祇園御靈會
義持細川滿元邸を訪ひ見物す

十四日、己亥、

晴、天氣又如昨日、早旦參室町殿、祇園御靈會也、室町殿渡御右京大夫(細川滿元)宿所、有御見物、

如例年也、風流笠少〻參　禁裏、於法性寺宿所（藤原爲盛）見物、笠退出後可參　內欤之由、自典侍（廣橋綱子）局有書狀之間、忩參直衣（マヽ）參　內、御盃五獻後退出、藏人權弁經直（勸修寺）參會、撤淸涼殿御帳、令洗板程也、是自明」（65オ）夜依可被行御修法也、

風流笠內裏に參ず
參內す

抑明日祇園臨時祭也、御禊儀事終後、可被構道場欤之由伺申入　院之處、於臨時祭者依御不豫可被略之間、自今日可撤御帳云〻、仍仰含奉行者也、」

天皇不豫により祇園臨時祭を停む

十五日、庚子、（66オ）

晴、三个度參室町殿、是依　禁裏御不豫𰻞御事也、入夜相伴執權（日野有光）參　仙洞、依室町殿仰也、有大飮御酒、

十六日、辛丑、

晴、依昨夜之餘醉不出仕、」

十七日、壬寅、（67オ）

早旦參室町殿之處、依𰻞持寺入院御座彼寺云〻、仍欲退出之處、依召參𰻞持寺、頃之退出、次相伴幸基（丹波）朝臣參　內、幸基候御脈、同道此朝臣參室町殿、」〔○紙繼目ニ「町」「御意」「事」「室」ノ殘畫見ユ、〕

義持等持寺新命入院に臨む
丹波幸基と參內す

抑　仙洞泉殿御造作事始可爲明日也、此事奉行可爲誰人哉由、自去比度〻雖被申談室町（68オ）

義持仙洞泉殿造作奉行に日野資教を推す

上皇兼宣を望む
義持兼宣繁忙に就き猶資教を推す

殿之　勅言、所詮可被仰付一位入道歟之由、被獻〔令〕室町殿御意見〔給〕之處、一位▨人者〔老躰之〕可
〔間〕爲徒事、被仰余予之条可然之由有　勅答、又自室町殿被申云、予者就内外致奉公之間、
不可得隙歟、一位其身者雖令老躰、執權幷左大弁宰相（日野西盛光）・左中弁秀光（日野）朝臣ホ徒祇候、不可

上皇兼宣資教兩人を望む
義持猶資教を推す

有煩歟之由、重猶令申御所存給之處、然者一位与予兩人可致奉行歟之旨有　勅答之處、
又令申給云、兩人奉行無益存候、兼宣ハ青侍人數も候へぬけに候、旁一位奉行不可有豫

資教に決す

儀之旨、就令申御所存給、一位奉行事落着了、依室町殿御恩言遁此役了、畏悦至、言語
難覃者哉、自愛〻〻、就此ホ題目數个度參　院者也、

七觀音に詣づ

及秉燭詣七觀音、入夜雷雨、雖然不及甚雨者也、

義持清水寺等に詣づ

抑室町殿自今日有御參　清水寺・六角堂ホ、可爲七个日云〻、　」
（69オ）（紙繼目文字ノ殘畫）「町殿被申御意見、依此事爲室町殿御使參　院者也、」

十八日、癸卯、

仙洞泉殿造作事始

晴、早旦參室町殿、就今日御事始事、三个度爲室町殿御使參　院、一位奉行事頻雖難澁
申、依室町殿仰一位申領狀了、事始吉時可爲巳剋之由雖載勘文、依奉行人〻未定ホ徒移

義持番匠を進む

（70オ）剋、酉剋有事」〇第69紙紙繼目ニ「始儀」ノ殘畫アリ、始儀、番匠事、是又被經御沙汰、自室町殿被召進者也、大

義持馬を進む
政所代飯尾清藤
廣橋綱子等内裏御祈のため七觀音に詣づ

工着束帯、小工ホ着衣冠幷狩衣、五位、自室町殿被牽進御馬、黒鴾毛、居飼・御厩舎人引之、舎人・居飼御訪幷餝具ホ事、奉仰下知飯尾加賀守(清藤)、依爲政所代也、御大工給之、典侍局

(71オ)

令詣七觀音給、爲 内裏御祈也、卅三人云〻、」○第71紙紙繼目ニ「始儀」ノ殘畫アリ、青侍十人着十德被召具者也、

十九日、甲辰、

廿日、乙巳、

春日社内裏御祈始行

晴、爲 内裏御祈、於 春日社七个日可被行、

廿一日、丙午、

田向經良女崇賢門院に初て參ず

晴、參室町殿、次又參 女院御所、綾少路前宰相經良(田向)卿息女十二歳云〻、今日新參 女院御所、」

(72オ)

廿二日、丁未、

廿三日、戊申、

素玉等愛宕地藏に詣づ

雷雨、終日祗候室町殿、飛鳥井入道(雅縁)同祗候、御菴幷聖芳(兼宣女)御房被參 愛宕護地藏、

廿四日、己酉、

光海兼宣の代官として愛宕地藏に詣づ

晴、瑞雲院(光海、兼宣弟)被參詣愛宕護地藏、爲余代官、

廿五日、庚戌、

義持伏見を訪ふ

義持江氷を上皇に獻ず

義持院參す

御氷あり

梅若音曲あり

晴、室町殿渡御伏見、還御時分、午剋許參室町殿、今日御　院參剋限爲伺申入也、被進御書於　仙洞、又江氷廿籠同被進、當年初氷也、爲御使余參　院者也、次着狩衣、向一位宿所、頃之室町殿渡御、則令着御小直衣給、御參　仙洞、今日爲　仙洞御沙汰有御氷事、梅若祿物二万疋自室町殿被下之、梅若被召　仙洞御壺、有音曲、及晩御退出、弁依番參　内、

廿六日、辛亥、

廣橋兼綱月忌

晴、御月忌如每月、瑞雲院ハ爲祈禱被向細河兵部少輔(滿久)宿所云々、

廿七日、壬子、」

〇以下闕、

○國立歴史民俗博物館所藏後小松院八幡御幸記

「(標紙題簽)
後小松院八幡御幸記　應永二十九年　兼宣公自筆記　壹卷」

〔九月〕

○首闕、

後小松上皇石清水八幡御幸行列次第

公卿

(1オ)

藏人左中將□□□□

次公卿、以下﨟爲先、一列、

左大弁宰相(日野西)盛光卿、

新藤中納□(言)(柳原)行光卿、

勸修寺中納言經豐(興)卿、

日野新中納言(裏松)義資卿、

日野中納言（烏丸）豐光卿、
日野大納言執權、有光卿、
權大納言（裏辻）實秀卿、
洞院大納言滿季卿、
三条大納言〔公〕□雅卿、（正親町三條）
余

下北面

次下北面、六人共以淨衣、先下﨟、二行步列、
源　康行　　藤原久國路次間持柄長杓、結付御手拭於柄也、
□□□□（藤原定衡）〇看聞日記ニヨリ補フ、　源　康久
同　康基　　家國騎馬、在上北面次、五位一人也、

（2オ）

隨身

次御隨身、八人、皆以着狩襖布也、先下﨟、
下毛野武〔忠〕□　秦　吉久
同　兼名　　同　久倫
同　久忠　　同　延有久武騎馬後、路次之間持御釼、走御輿御左方、

御壺召次

上皇輿は三寶院滿濟奉行により室町殿輿を修理す

（3オ）

後騎

同　兼勝將曹、騎馬、在下北面次、將曹、　同久武將曹、騎馬、在下北面次、同、

次御壺召次、二行歩列、

幸末佐自三条邊改直垂、着單物・折烏帽子、走御輿邊、還御之時經閑路、騎馬、件馬、依室町殿（足利義持）仰細河兵部少輔（滿久）若黨一宮備後入道馬引之歟、

龍夜叉　菊千代

光若　幸代

千代松　光鶴

菊松

以上、各着繪書直垂・大口・下烏帽子尻、

次御輿、（後小松上皇）此御輿□被新調、依無日數被進室町殿御輿、悉被修理畢、三寶院僧正（滿濟）致奉行者也、余奉室町殿仰申遣之、

御力者事、仁和寺宮（入道永助親王）・妙法院宮（堯仁法親王）・青蓮院准后（義圓）、以上自三門跡各一牛被召進者也、御登山之時、着改衣袴、各重練大口、

御笠持・御雨皮持ホ□御後、

次後騎、

花山院宰相中將持忠卿、

上北面
次上北面二人、騎馬、一列、
仲則(源)□□　懐俊(藤原)五位、徳大寺家礼、

五位下北面
次五位下北面一人、騎馬、
家國(藤原)

隨身將曹
次御隨身將曹二人、騎馬、一列、
秦久武　同兼勝」

上皇放生河高橋を經て宿院に著す
足利義持予め北棟門に候ず
(4オ)
巳初剋着御宿院、放生河雖儲假橋、其躰假令也、供奉人經放生河高橋、御輿又以令經此橋御坐也、　於北棟門□南也、□□□(下　御カ)奉安御輿於南面、御力者取綱退去、殿上人前行入門列居、北上西面、　室町殿豫有御祗候此所、御共殿上人中將持康(北畠)朝臣持御釼、侍從永豐(高倉)候御沓、兼余伺定、所仰含兩人也、　花山院宰相中將持御釼、　跪門內東腋、路次間秦延有所持也、御釼奏久武□□宰相中將者也、　次左大弁宰相□御沓於御輿之御前、件御沓路次間居柳筥、召次持之、臨期上北面仲則取之、傳左大弁、

下輿
次下輿、召次・下北面・上北面先行、二行、次殿上人一列、次御隨身二行、各先行、　御歩、」(5オ)室町殿御參、以下公卿皆以奉扈從者也、　經外院東南、　昇御宿院南階、御沓役人給御沓、給上北面也、　自南面廂□間入御、　令立母屋東一間御簾下御坐、　次室町殿自南階御堂上、永豐取御裏無、　經庇西一間、　御參母屋東一間御簾下、　跪令褰御簾給、

上皇宿院に入御
上皇入御、　次室町殿經本路御退出、　自西□□參簾中、　次宰相中將持御釼堂上、　參進跪母

公卿以下座に著す

（6オ）

屋西第一間御簾下、指入御釼於簾中、經本路」下庭上、次公卿以下入西廊公卿座簾中、

余依召參　御前、被仰下云、御禊□可申沙汰云〻、

御禊の装束

御禊御装束儀

南面三个間庇御簾豫卷之、庇東面二个間・西二个間・北母屋三个間御簾垂之、中央敷小筵二枚、東西行、其□□高麗端大文半帖南面、上北面一人持筵二枚、一人持參半帖敷之、爲御禊御座、南庭當御座間去五許丈、立高机一脚、下敷薦如例、倚白妙御幣并色紙御幣、机北立八足机、其北置軾爲陰陽師座、□巽方引立神馬、額付鈴、尾結木綿、御厩舍人二人引之、臨期兩將曹秦久武・兼勝引之、御禊畢如元舍人引之登山、

奉行院司可覽日時勘文之由、雖被載御次第被略之、

御禊座に出御

陪膳洞院滿季

（7オ）

事具後、出御〻禊御座、□□(室町カ)殿御參御簾、□□西園寺前右大臣實永公、參社頭、次教豐(山科)朝臣・雅兼(白川)朝臣自東方進出、至御幣案下取御幣立、向坤、次洞院大納言淨衣、自西方經簀子參進、入西一間、跪長押上、候陪膳、次雅永(飛鳥井)朝臣□□□西方參進、持參御禊物、入西一間、傳陪」膳、次又基世(園)朝臣淨衣、持參御禊物、進退同雅永朝臣、傳陪膳、〻〻

祓賀茂在方

供兩種於□(御)前、次陪膳聊退候西方、東面、次前陰陽頭淨衣、在方(賀茂)朝臣自西方進出、着圓座、□坤、祓詞畢在方顧陪膳方、雅永朝臣自南階降庭上、跪陰陽師右後方、在方朝臣授祓於雅永朝臣、□□□經本

上皇扇にて祓を撫づ

路昇南階授陪膳、先之陰陽師退出、主(×師退出)典代懸祿大褂一領也、陪膳取之、持參御前、以御扇令撫之給、次陪膳返給御

人々庭に降り立つ

御禊座を出で庭に出御

高良社遥拝

歩行にて登山社頭に參ず

義持樓門の東腋に候ず

御幣を持ち兩段再拝す

祓於本役人之間、雅永朝臣取之、經簀子退、於西方給廳官中原盛尙、此事□□御祓物追可撤歟、次雅永・□(基)世朝臣參進、陪膳取御祓物返給兩人、陪膳則起座退去、次教豐・雅兼如元置御幣退去、引出神馬撤御幣等、舍人二人如元引神馬參社頭、主典代(島田益直)等相副御幣同登山、抑高良社御幣事、教豐朝臣爲奉幣使、自□□可參、可持幣廳官盛尙一人外無人間、先參社頭、若宮御奉幣以後、教豐朝臣參高良社、盛尙持御幣并祿褂、相從參仕者也、次公卿下立前庭、先之宰相中將參進、取御釼降庭上、跪階東腋、室町殿同下御、南階西腋、北□□(上東面)、殿上人當南方列立、西上北面、御隨身候階東腋、上北面(×北面)殿上人之列末ニ聊入南列、下北面御隨身之北東方ニ列、召次東方一列、北上西面、御登山時(×發)持御沓召次一人外被止之也、」

(8オ)事具後、自御禊御座直下御南階、左大弁宰相持參御沓、兼儲南階東邊、上北面仲□(則)持之、尤雖可參儲西方歟、□祇候間、如此進退歟、(9オ)下御間、公卿以下」跪地、次第御步行、當高良社御遙禮、任先例儲大文半帖於宿院南庭、不被正御座、事更有御合掌儀、出御南門、於此門下令改御沓於御藁沓給、御步行御登山、爲用意撤御輿、蓋令舁御前者也、御參社頭、余奉仰先行□社頭、御奉幣御座等爲加檢知也、前行侍(10オ)臣御隨身等、留候樓門南壇下、於此所令改御藁沓於淺履御座、自南階昇御、直着」御々奉幣御座、大文半帖豫儲之、自舞殿北第三間□□莚二枚、其上敷半帖也、御沓役人給之、乍持候樓門下、室町殿御蹲居樓門下東腋廊御釼役人持御釼、候樓門西腋(内)也、室町殿有(×令)御祇候同東腋、余依仰候此邊者也、次前右府自東方進出橘樹邊、取御幣雅兼朝臣豫持白妙御幣進立、入第二間、跪御□□(前カ)沓、進御幣、三本於結合也、當御幣之上於　上皇右進(11オ)上之處、　上皇被召之、令成御幣之上於左御座、上皇被召之゜゜前右府經本路退去、兩段御再拜、次前右府」如元參進、給御幣於舞殿北第二間

祝
拍手

神馬を引き廻す

上皇樓門西腋御所に入る

神樂

御經供養

導師忠慶

說法
義持の座

(12オ)

西軒下跪、（西面、）俗別當（紀兼永）進出、（豫可參儲西方處、自東方經御前進西、尤不便也、）給御幣、（不着沓、）解紙捻▨▨（寄懸）御幣三本於御幣棚、（古物、）次申祝、（膝突豫敷之、小莚一枚之上ニ布一段敷之、北第一間之莚ハ宮寺用意、布ハ臨期主典代渡之、）次申□拍手、次祝師東方ニ退入之時、主典代（盆直、着衣冠、下絬、）給祿（大褂一領、懸榊枝給之、祝師取之退去、）祝間、引廻神馬、（將曹二人引之、三度也、）俗別當退去後、渡御樓門西腋御所、（左大弁進御沓、室町殿令褰御簾給也、）次自南門引上神馬、引立舞殿西庭、神人二人（着黄衣、）請取之、自西門退出、次上北面二人參進、撤御拜御座并小莚二枚、次小文疊一枚ｏ（舞殿）北第二□（間）東西中央迫南敷之、（東西行、）ｏｏ又同疊二枚同第三間迫北敷之、共以東西行也、次又紫端疊二枚舞殿北一間之東（アキママ）外敷之、（南北行、）□（次カ）舞女二人自東方進出、着座小文疊南座、（北面、）次人長一人進立神前、次所作人三人（笛、拍子、和琴、）着紫端疊、（北上西面、）神樂事終舞女退出之時、主典代給祿」於二人、（各疋絹一疋、）次又唱人四人各白布一端同給之、

次有御經供養事、

舞殿中央間立礼盤、其前立机備香花、同西邊敷小文疊一枚（南北行、）爲導師座、東邊敷同疊二枚（南北行、）爲題名僧座、（題名僧宮寺僧也、爲僧綱間儲小文、爲凡僧者可爲紫端、）其前立机二脚置御經、（御神樂時者、每舞殿柱付榊枝、御經供養時悉撤之、懸幡・花幔、堂荘嚴儀一向宮寺法師共（共以）致沙汰也、）次御導師忠慶僧正自西方參進（先之從僧置香呂箱・居箱於前机上、）着座、（東面、）次宮寺僧二人自東方參進、着東疊、次御導師着礼盤、（先之奉行院司藏人右少弁俊國（坊城）候樓門下、御導師氣色俊國後着之、）說法畢歸着本座、（御神樂并御經供養間、室町殿有御着ｏ（座）樓門西第三間小

（13オ）

文疊、次左大弁宰相取御布施、上北面爲手長、自東方參進、被物一也、次時基（西洞院）」朝臣同取裹物、次行豐（世尊寺）朝臣・爲之（冷泉）朝臣取題名僧二人裹物、次御導師從僧自西方參進、撤御導師御布施并導〔道〕具、次忠慶僧正經本路退去、

御誦經

次御誦經導師題名僧二人内上首、移着礼盤、此次一人題名僧取裹物退去、御誦經鐘事用磬、臺磬也、事終降礼盤之時、教豐朝臣給御布施、平絹、被物一也、導師取之退去、此間檢校（田中融清）并別當（西竹保清）着東廊座給祿、五位殿（一條）□〔上〕人公知給・隆遠（鷲尾）給之、檢校法印融清着香染鈍色、出舞殿東庭蹲居、則退出、別當保清法□〔印〕□□白鈍色、同跪退出、

宮廻
武内社に詣づ

次御宮廻、先御參武内社、其儀、」

（14オ）

自樓門西腋御所出御、室町殿□裹御簾給、左大弁宰相持參御沓、宰相中將持御釼、豫跪樓門内邊、於廊北長押下獻御沓、經南西廊砌給、

（15オ）

於西門内地、聊有御礼敬、余依仰奉從」御前者也、入御西腋戸、着御〻座、□備大文御座一帖、是宮寺用意也、南北行敷之、御沓役人給御沓、乍持祗候、御釼役人亦以同之、次前右府豫參候、雅兼朝臣取御幣傳之、取御幣自北方、參進、進之、次兩段御再拜、次前右府又參進給御幣、給俗別當、於南方給之、俗別當申祝、膝突莚ノ上ニ布一端敷之、自兼敷儲也、返祝畢俗別當北ノ方ヘ退出、□□〔於此〕所主典代給祿、大褂

若宮に詣づ

（16オ）

一領、次御○紙繼目ニ文字ノ殘畫見ユ、」參若宮、左大〔弁〕獻御沓、經武内社西北并北廊砌、於北門西腋聊有御礼敬、先之公卿已下降西門、候北中門階下、公卿在西、南上東面、侍臣在北、□御隨身儲階東邊、

（17オ）

北面輩候公卿後方、令降北門給、此間御釼・御沓役人進降、候階下、着拜殿御座、大文疊也、宮寺儲也、次御奉幣如先、先之侍臣前行、列居拜殿東方、」北上西面也、公卿經拜殿西、列□〔居〕西方、西上北面也、御隨身并北面輩候西方、依仰余候御座之近〻西方、御釼・御沓ホ役人在余傍者也、俗別當膝突豫敷之、若宮・若殿兩社御前也、若宮ニハ白妙御幣一本、若殿ニハ白妙御幣□帋御幣一本相副之間、合三

里神樂

還御

樓門西腋御所に宴あり

社務融清沙汰の儲美麗

還幸

義持沙汰により宿院に宴あり

兼宣事損ずるにより義持蘇合圓を賜ふ

仙洞に還御

義持允能を廣橋邸に遣す

義持明日より伊勢參宮

義持引出物を上皇に進む

本御幣ヲ進上スルナリ、俗別當兩宮ニ頒置者也、兩社祝申畢後、主典代給祿於俗別當、兩宮分大掛二領也、掛榊枝給之、 次里神樂、若宮社頭西面ノ方之地上ニ紫緣疊二枚、東西行ニ並敷之、唱人四人着□□人自御相殿出テ於社頭之堂上舞也、事終如大宮里神樂、主典代給祿、但未事終還御也、 未事終以前 還御、(〻自)經拜殿之南方、自 社頭東門□□昇、於此所被改御沓於御裏無、公卿以下經 社頭東廻南方也、 經東南廊外、入御樓門西腋御所、自南面御簾入御、室町殿令褰御簾給也、 次有一獻、社務融清法印申沙汰者也、 御儲之儀可謂美」麗、珍重〻〻、前右府殿以下人〻被召御前、三条大納言候御陪膳、

(18オ)

近習雲客懃役送、於室町殿御前者、余以下懃之、數獻後還幸、〔於〕□南門外乘御〻手輿、室町殿被召御藁沓、御步行、以下公卿同之、自馬場東腋又御步行、令降猪鼻御座 臨幸宿院、此所一獻者室町殿御沙汰也、日野新中納言奉仰奉行之、 抑一獻已自欲始之折節余損事之間、潛起御前、傍ニ休息、自室町殿被下蘇合圓ホ、 還御以後用輿歸洛、

酉初 還幸、自鳥羽邊被執松明云〻、室町殿直御參 院云〻、御退出後弁(廣橋宣光)退出云〻、

十七日、甚雨下、余猶不出仕、自室町殿被召下醫師三位房(允能)、中風所爲云〻、良藥兩種与之、可愼云〻、弁參室町殿、是明旦爲御〔參〕□宮、可有御進發伊勢間、公卿殿上人ホ散狀以弁進上者也、被仰下云、昨日於八幡被進御引出物於 院、件御重寶弁可持參云〻、於目六者余書之、

(19オ)

可副進〔之〕□由被仰下云〻、被閣執權以」下、以宣光朝臣被進之条、面目之至也、 件御重寶種〻如此、目六者愚老、

○日次記原本

「(標紙題簽)
兼宣公暦記　應永二十九年十二月四日—二十九日
自筆本
一巻」

〔十二月〕

○首闕、

○日次記原本殘闕

(5オ)

(二日)晴、早旦參室町殿、次詣大宮庵、是麗光菴佛事今日爲沙汰終、御庵(後ノ光庵、兼宣妹)素玉御房、以下尼御前達被座此所之間、爲燒香所詣也、次詣廬山寺、達〇(奉)謁(示鏡辨空)長老之處、自室町殿(足利義持)有御使、忩可參申云々、直參仕之處、御座寸持寺之間、則參彼梵宮、被仰下云、仙洞祗候上﨟(三條)故實冬公息女、只今被進狀、此書狀趣更以無御心得、不堪御不審之間、件狀ヲハ被返遣畢、何樣就進退難儀

大宮庵に詣づ
次で廬山寺に詣づ
足利義持等持寺に詣づ
仙洞上﨟局義持に書狀を進らす

出來歟、若〔有〕觸耳之子細哉之由有被仰下旨、就此事詣　仙洞別當局、（東坊城孝子）則又歸參室町殿、」

稱光天皇御湯始
天皇壽阿彌に重寶を賜ふ

〇中間闕、
（4オ）
抑昨日（三日）　禁裏（稱光天皇）御湯始之間、自　禁裏被下種〻御重寶於壽阿彌陀佛、

御釼白、　　食籠　　胡銅香爐　　香合

盆二枚　　引合十帖　　御馬一疋昨日自室町殿被進御馬也、

仙洞劍馬を賜ふ

自　仙洞、（後小松上皇）

御釼白、・御馬一疋被下之、

兼宣も馬代を與ふ

依　禁裏仰、弁（廣橋宣光）召具壽阿彌參　內之間、壽阿彌則入來此第、

余号馬一疋料足二百疋遣之、面〻皆以如此相談者也、（×後　同）・自・室町殿ハ貳千疋被下之云〻、

御臺（裏松榮子）よりも（×殊）・殊勝御小袖三重被下之云〻、」

〇日次記原本

足利義滿追善法華八講

（1オ）
四日、丁巳、

晴、參御八講如昨日、

五日、戊午、

晴、參御八講如日々、

六日、己未、

（2オ）

結願

晴、御八講結願儀、委在奉行草子、

七日、庚申、

晴、參才持寺、被仰下云、〇以下書カズ、

八日、辛酉、

如意寺滿意准后宣下

晴、如意寺准后（滿意）　宣下事、

九日、壬戌、

十日、癸亥、

十一日、甲子、

（3オ）

十二日、乙丑、

廣橋仲光月忌

晴、御月忌如例、爲燒香詣瑞雲院、

十三日、丙寅、

學問所室禮周備

晴、學問所室礼周備之間、今朝弁招請、余幷女房達有朝飡、幸甚〻〻、
十四日、丁卯、
十五日、戊辰、
十六日、己巳、」

（4オ）

仙洞節分方違御車を路頭に立つる例

晴、入夜着狩衣練貫、參　院、弁同着狩衣伴參、先之人〻多祗候、
抑今夜節分之御方違也、事更可被立御車於御所之北方之由、在方卿(賀茂)計申入者也、是可有
臨幸所依無之也、被立御車於路頭之条、康永例在方卿注進如此、　仙洞御車此間爲御修
理被舁居之間、　女院(崇賢門院、廣橋仲子)御車可廻進之由被仰下之間、進上者也、

後小松上皇出御

半更程寄御車於懸御壺之西面之御妻戸、三条大納言(正親町三條)公雅卿、直衣、候御車寄、
出御、唐織物御小直衣、張目綾御指貫、　姫宮(護溪理永、後小松上皇皇女)御喝食密〻御同車、召次四人、御牛飼四人、各直垂也、被略松

（5オ）

室町殿四足門の前に御車を立つ

明、依月明也、」自西面之北之棟門出御、手引也、於一条今出河邊被懸御牛、北行□(今)出河、
自北少路西行、至室町北行、室町殿西□(面)四足門前暫被立御車、懸放御牛、勸修寺中納言(經興)幷伯中
將雅兼(白川)朝臣持參御盃之處、不思召寄之由有御氣色、則可懸御牛之由被仰下、臨幸安樂光

安樂光院に臨幸す

院、被立御車於庭、不下御、長老參庭上給、余申入事由、被突鐘、被聽食曉鐘之後、則還御、

還御

仙洞に宴あり

參仕の人々

於　仙洞又有御酒、

今夜參仕輩、各歩儀、不執松明者也、

余　三条大納言公雅、　權大納言（裏辻）實秀、　執權（日野）有光、

三条中納言（三條西）公保、　勸修寺中納言經興、　新藤中納言（柳原）行光、

左大弁宰相（日野西）盛光、　右大弁宰相（葉室）宗豐、

少納言長政朝臣（西坊城）　前兵衞佐永宣朝臣（冷泉）　右中弁宣光朝臣

侍從益長（東坊城）　伯中將雅兼朝臣者追參仕、

後小松上皇女房奉書

（6オ）

「ゆふさりの御かたゝかへ（方違）御くるま（車）たてられ候事、せんれい（先例）しさい（子細）候ハさりけるほとに、そのふんにて候、きんしゆ（近習）のともからくふ（供奉）候へく候、内〻御しこう（祇候）候へく候、さて御くるま、それに候女院の御くるま、申わたされたく候、」ゆふかたまいらせられ候

（7オ）

へく候よし、心え候て申とて候、昨日申され候兩条、御返事を申され候、

（切封墨引）

ひろハしとのへ」

賀茂在方注進状

（8オ）

爲御方違、被立御車於路頭例、一紙注進之候、　仙洞様内々進覧仕候、且下御所(足利義持)可有
御披露候歟、在方(賀茂)恐惶謹言、

十二月十五日　　在方上

光嚴院の例

（9オ）

(光嚴院)康永三年正月十四日、今夜節分之間、雖可有御方違　御幸、依無儲御所、夜半許北(惣)門、大理(四條)隆蔭卿、棟門前被立御車、手引也、召次二人、御牛飼四五人、大宮宰相(四條隆持)以下殿上人小(ママ)々被供奉、自東向御妻戸出御、被立御車於路頭之間、召次二人立明、其間可鏗鐘之由被仰、被走廳守於彼堂已下、其後則還御云々、

十二月十五日　　宮内卿在方

立春

（10オ）

十七日、庚午、

晴、立春也、幸甚、珍重々々、

午天同車弁參室町殿、次參　女院御所、

十八日、辛未、

七観音に詣づ
護溪理永得度
朔旦冬至敍位

朝間晴、夕方雨下、早旦詣七觀音、今日大聖寺御喝食御所理永、於嵯峨寶積院有御得度、
朔旦冬至敍位也、藏人左少弁房長（甘露寺）申沙汰、

敍位散状

（11オ）

（宿紙、折紙）
朔旦冬至敍位儀

執筆
洞院大納言（滿季）

公卿
勸修寺中納言　定親朝臣（中山）

少納言
長廣朝臣（高辻）

辨
俊國（坊城）

敍位小折紙

（12オ）

（折紙）
從二位　藤原永俊（高倉）
從三位　藤原定親

宣光従四位上に敍せらる

同　宗豐
正四位下清原宗業
藤原（日野）秀光
從四位上賀茂在貞
藤原宣光
從四位下賀茂秀康
藤原（中山）有親
（以下見返シ）正五位上藤原俊國
正五位下清原賴賢
從五位上賀茂在豐
菅原在行
同（唐橋）在敎
同　益長
藤原敎尙

從五位下中原師說

敍人交名

(13オ)

從二位　藤原永俊

從三位　藤原定親　　藤原宗豐

正四位下清原宗業　　藤原秀光

從四位上賀茂在貞暦博士、　　藤原宣〔光〕｜

從四位下賀茂秀康暦道、　　藤原有親

正五位上藤原俊國

正五位下清原賴賢

從五位上源　豐治從下一、　　賀茂在豐權暦博士、

　菅原在行　　菅原在教

　菅原益長　　藤原敎尙

從五位下資勝王寬和(花山天皇)御後、　　大江安倫式部、

　藤原時直民部、　　源　信繁氏、

(14オ)

藤原清康氏、　橘　以(薄)益氏、
藤原長冬院御給、　藤原行則諸司、
平　春信諸司、　平　信友左近、
源　冨久外衞、　惟宗安有外衞、
大江近友外衞、　和氣明世氏、
百濟有雄氏、　中原師説

應永廿九年十二月十八日

」

(15オ)
十九日、壬申、

義持に敍位小折紙等を進む

(16オ)
雨下、早旦參室町殿、弁同車所參也、是夜前敍位小折紙幷散狀可入見參之由、藏人左少弁房長付送之間、所持參也、弁又一級之間、爲畏申入同道參者也、幸甚〻〻、

護溪理永等院參

今日大聖(護溪理永)寺御比丘尼御所渡御　仙洞之間、室町殿姫」○以下、日次記原本殘闕ニ接續ス、

」

○日次記原本殘闕

(14オ)
君兩御喝食御所同可有御參也、素玉御房可被伴申之由可申旨、有室町殿仰、

義持乘蓮坊を訪ふ

義持院參す

義持女初て院參す

萬疋の折紙を獻ず

室町殿渡御乘蓮坊(兼宗)之後、余以下退出、晩頭着直垂候　仙洞庭上、弁ハ着狩衣祗候、御比丘尼御所并兩御喝食・大聖寺方丈御所(聖□、後圓融天皇皇女)・御菴ホ、皆以有御座二位局(日野西資子)、秉燭後室町殿御參、まつ御座棟門番屋、被召余被仰下云、兩御喝食御所の御姉御所ハ、去四月一日御參　仙洞之時、御見上ニ料足万疋被進、只今又御妹の御喝食御初參也、仍任先例被進万疋之折紙也、余まつ可申入此旨於　院云〻、則所經奏聞也、次室町殿御參、御直垂也、頃之御比丘尼御所以下還御、〻菴素玉御房、者歸參　女院御所給也、室町殿御退出後人〻退出、以外御沈醉也、仍早速還御、」

(17オ)雨下、參室町殿、

廿日、癸酉、

晴、參室町殿、大飲御酒、終日祗候、入夜退出、

義持院參

(18オ)廿一日、甲戌、

晴、金吾禪門息小生立春以後十八歳、遂首服、申斜室町殿有」御　院參、忩可參云〻、二位局まて

○日次記原本

仙洞に猿樂あり

御參之間御直垂也、余同以直垂躰所馳參也、御菴も依召參、猿樂梅若參仕、

廿二日、乙亥、

雨下、

廿三日、丙子、

廿四日、丁丑、

廿五日、戊寅、

上皇兼宣に高椋庄年貢を賜ふ
後小松上皇女房奉書

晴、自　院有女房奉書、高椋庄(越前坂井郡)御年貢二千疋被下之、自愛〻〻、

「(19オ)けさ御文ともまいり候つる、それへの御ちさん(持参)候やらん、心もとなさ申ハかりなく
候、さてことさらたかむく(高椋)の御あしにて候二千疋まいらせられ候、御いわゐ(祝)候へく
(20オ)候、としくのも、たゝいままいらせたく候へとも、あまりに」とゝこほり候、春め
てたくまいらせられ候へく候よし、心え候て申せとて候、かしく、

(切封墨引)

ひろハしとのへ」

(21オ)廿六日、己卯、

兼宣母月忌
煤拂

晴、御月忌作善如例、自　院」

(22オ)

廿七日、庚辰、

人々室町殿に參賀す
仙洞貢馬

雨下、煤拂如例、有風爐、參室町殿、人ゝ參賀、於御會所南向有御對面、入夜着直衣參
院、貢馬拜見之、第九御馬鴾毛駮所預置也、幸甚ゝゝ、抑自院被仰下云、節會　主上不
可有出御歟、驚思食由也、依仰相尋先例於常宗(清原良賢)入道者也、」

後小松上皇女房奉書

(23オ)

けふになり候ぬる、いつくもをしハかりまいらせられ候、めてたく候、御くたひれ
なり返りたる御しき、申ハかりなくて候、ゆふさりハ御まいりに申され候へく候、さ

稱光天皇節會等出御を略さんとす

てくせちえ(節會)にハならせ(成)をハしまし候ぬへくも候ハて、御りやく(略)候ハんするをもむき(趣)
を申され候ほとに、大かたの御くたひれハ」さる御事にて候へとも、御神樂・四はう(方)

(24オ)

はゐ(拜)なとハにて候、御くすり(藥)・せちえ(節會)出御候ハさらん、さる事や候けるにて、さやう
のしきを申されて候、いかさまにも、へつ時にても、まつ元日を御きハりわたらせを

上皇諭す

ハしまし候へと申されて候か、三せちえ(節會)までの事ハ、いかゝと思ひまいらせられ候、
せんれい(先例)もなにかも入候ハぬ、かならすとの時ハ申にをよひ候ハす、れゐ(例)も候とおほ
え候、よのつねの御事にてハ、天下事ある時ならてハにて候ほとに、あさましく候

(23オ)
て、このあわゐいかゝせられ候へきにて候、万一せちえ（節會）も出御候ハさらん時ハ、」御しやうそく（裝束）のきなともかハり候へき事、あさましく候、いかやうにも御きハり候へきよしをハ申されて候へとも、もし猶さりにて出御候ハぬれゐ（例）も候ハゝ、かさねて申されれ候ハんと申こしらへられて候ほとに、いかやうにせられ候へき、こと〱しくハ候

［出御せざる例を内々に清原良賢に尋ねしむ］

(24オ)
ハて、猶さりの時出御候ハぬれゐ（例）や候と、しやうそう（常宗）なとにも、御わたくしなるやうに、みつ〱（密）に御たつねも候て、ことのやうをゆふかたの御まいりに申され候へ、」猶ゝけさハ三日の御くすり、又一せちえ（節會）なとの御ふくの御くたひれにて候、三せちえの事、いかゝときゝまいらせられ候、あさましく候て、そと〱申たむ（談）せられ候、御

(23オ)
さいかく（才覺）をくハしく御まいりに申され候へ、」よろつ〱御文につくしかたく候と申せとて候、かしく、」

［清原良賢注進勘例］

(25オ)
少納言入道常宗注進、
依不豫節會不出御例、
寛徳元年正月七日
建仁二年正月一日

康安二年正月一日

(26オ)廿八日、辛巳、
廿九日、壬午、
晴、參室町殿、

新訂増補 兼宣公記（かねのぶこうき） 第1　　史料纂集 古記録編〔第196回配本〕

2018年5月10日　初版第一刷発行　　定価（本体19,000円＋税）

新訂増補版　校訂　榎　原　雅　治
小　瀬　玄　士

発行所　株式会社　八木書店 古書出版部
代表 八　木　乾　二
〒101-0052 東京都千代田区神田小川町3-8
電話 03-3291-2969（編集）-6300（FAX）

発売元　株式会社　八　木　書　店
〒101-0052 東京都千代田区神田小川町3-8
電話 03-3291-2961（営業）-6300（FAX）
https://catalogue.books-yagi.co.jp/
E-mail pub@books-yagi.co.jp

組　版　笠間デジタル組版
印　刷　平　文　社
製　本　牧製本印刷
用　紙　中性紙使用

ISBN978-4-8406-5196-7